CONTRATAÇÃO E GESTÃO GOVERNAMENTAL

Perguntas e Respostas

Antônio Flávio de Oliveira

CONTRATAÇÃO E GESTÃO GOVERNAMENTAL

Perguntas e Respostas

Belo Horizonte

2011

ef Editora Fórum

Luís Cláudio Rodrigues Ferreira
Presidente e Editor

Coordenação editorial: Olga M. A. Sousa
Revisão: Leonardo Eustáquio Siqueira Araújo
Bibliotecárias: Tatiana Augusta Duarte – CRB 2842 – 6ª Região
Lissandra Ruas Lima – CRB 2851 – 6ª Região
Projeto Gráfico: Walter Santos
Capa
Criação: Luiz Alberto Pimenta
Interferência: Virgínia Loureiro

Av. Afonso Pena, 2770 – 15º/16º andares – Funcionários – CEP 30130-007
Belo Horizonte – Minas Gerais – Tel.: (31) 2121.4900 / 2121.4949
www.editoraforum.com.br – editoraforum@editoraforum.com.br

O48c

Oliveira, Antônio Flávio de

Contratação e gestão governamental: perguntas e respostas / Antônio Flávio de Oliveira. Belo Horizonte: Fórum, 2011.

352 p.
ISBN 978-85-7700-475-1

1. Direito administrativo. 2. Direito constitucional. 3. Direito financeiro I. Título.

CDD: 341.3
CDU: 342.9

Informação bibliográfica deste livro, conforme a NBR 6023:2002 da Associação Brasileira de Normas Técnicas (ABNT):

OLIVEIRA, Antônio Flávio de. *Contratação e gestão governamental*: perguntas e respostas. Belo Horizonte: Fórum, 2011. 352 p. ISBN 978-85-7700-475-1.

Dedico o presente trabalho aos amigos e colegas de Procuradoria-Geral do Estado de Goiás, que dedicam seus esforços pela realização do interesse público, concretizando os objetivos estatais de atingimento do bem comum.

Sumário

A

B

C

D

E

F

G

H

I

L

M

N

O

P

Q

R

S

T

U

V

Introdução

Após vários anos cuidando de negócios públicos, contratos, convênios e assuntos dos mais variados relacionados com o tema, que vai do Direito Constitucional ao Direito Processual, passando pelo Direito Financeiro, Direito Tributário e tantos outros, concluímos que seria relevante para aqueles que trabalham com a matéria poder contar com acervo de perguntas e respostas, aquelas resultantes de formulação feita por interessados no assunto e que as conceberam em razão de problemas reais, no momento em que as dúvidas pertinentes lhes afligiam.

Exatamente porque tais dúvidas são comuns a todos aqueles que laboram com a matéria, torna-se relevante consolidar anos de estudo e atendimento a estas consultas em uma obra de fácil consulta e acesso rápido, mediante a conexão com o tema pela simples identificação de uma palavra-chave que o qualifica.

Obviamente que não houve a pretensão de se esgotar o tema, especialmente quando se sabe da dinâmica relacionada com os problemas jurídicos relacionados com a atuação estatal, mas pretende-se, ao menos, possibilitar o compartilhamento e o acesso a esse acervo de modo prático e rápido.

A apresentação das questões formuladas e suas respectivas respostas será em ordem alfabética, porquanto se trate esta de ordenação comum e, por isso mesmo, intuída por aqueles que venham a utilizar deste trabalho no seu dia a dia.

Acréscimo de 25%

Pergunta

O acréscimo de até 25% no valor do contrato previsto no art. 65, §1º, da Lei nº 8.666/93 deve ser justificado através dos motivos constantes nas alíneas do mesmo dispositivo ou a unidade requisitante pode apenas dizer que é necessário por alguma razão não elencada na lei?

Resposta

A supressão ou acréscimo feito em contrato administrativo unilateralmente pela Administração deverá estar adequada às situações apresentadas no inciso I, alíneas "a" e "b", ao passo que a alteração por acordo deverá encontrar lastreada no disposto no inciso II, alíneas "a" a "d".

Ora, a redução ou acréscimo de 25% ou 50% é aquela unilateral, pois quanto à supressão ou acréscimo decorrente de acordo entre as partes não há que se falar em limite por tais percentuais.

Sendo assim, as justificativas decorrentes de acréscimo de 25% ou 50%, porque decorrente de alteração unilateral do contrato firmado entre a Administração e o particular, deverão supedanear em alguma das causas preconizadas no inciso I do art. 65 da Lei de Licitações e Contratos Administrativos.

Acréscimo em contrato

Pergunta

Nos contratos de prestação de serviços com fornecimento de material, especificamente os de manutenção de veículos com fornecimento de peças, o limite estabelecido na Lei nº 8.666/93, de 25% do valor atualizado do contrato, deverá considerar as estimativas de gastos por elemento de despesa? Ex.: Um contrato de R$100.000,00, com previsão de 50% para aquisição de peças e 50% para despesas com prestação de serviços. Pergunta-se: Poder-se-ia autorizar aditivo de R$25.000,00 (25% do valor inicial atualizado do contrato) para um só elemento de despesa — material ou serviço? Caso negativo, (o que nos parece) não estaria a Administração "engessada" quanto à manutenção do contrato, impossibilitada, assim, de remanejar as estimativas preestabelecidas no Termo Inicial, haja vista estar evidenciada a imprevisibilidade de se auferir o *quantum* necessário para cada item?

Resposta

Não obstante a conclusão a que aparentemente chegou o orientando, convém dissentir a respeito da mesma, pois não sobressai do disposto no art. 65, §2º, da Lei de Licitações e Contratos Públicos que a alteração contratual, para acrescer ou diminuir o contrato nos percentuais de 25% ou 50%, deva ser incidente sobre cada um dos itens constantes no contrato.

Deve-se observar que o legislador não estabeleceu que o acréscimo ou supressão tivesse incidência sobre todo o objeto do contrato, mas sobre o seu valor, de tal modo que pudesse o Administrador ter liberdade para atender às necessidades específicas de acréscimos ou supressões na obra, serviço ou fornecimento.

Assim, o percentual de 25% ou 50% incide sobre o valor do contrato, mas tal alteração não poderá implicar em burla à obrigatoriedade de se licitar a aquisições de bens, serviços e a contratação de obras públicas.

Acréscimo em objeto

Pergunta

Após realizada pesquisa de mercado e antes da assinatura do contrato (trata-se de adesão a ata de registro de preços), houve a necessidade de ampliar o objeto contratado. Trata-se de uma compra de vários itens os quais com a nova demanda sofrerão um aumento quantitativo de 25%. Como as propostas inicialmente colhidas contemplam os valores por item e não só pelo todo da compra, seria necessária nova pesquisa de mercado para comprovar a economicidade deste aumento, uma vez que a pesquisa inicial não contemplou o aumento citado? Ressaltamos que ainda não houve assinatura de contrato e que este aumento é quantitativo.

Resposta

Somente haverá de se falar em acréscimo contratual, nos moldes preconizados no art. 65, §1º, da Lei de Licitações e Contratos Administrativos, quando este já tiver sido pactuado entre as partes. Aliás, o dispositivo em questão está situado no Capítulo III – Dos Contratos – Seção III – Da Alteração dos Contratos.

Desse modo, inexistindo ainda contrato não há que se falar em aditamento contratual com o fim de ampliar o objeto contratado, mas de adotar providências que contemplem a contratação da quantidade de bens ou serviços necessários para atender as necessidades públicas que estão a orientar a contratação.

Assim, caberá à Administração verificar a possibilidade de ampliar a solicitação de autorização para a adesão na Ata de Registro de Preços e, uma vez seja isto possível e obtida a autorização, proceder à contratação já com o quantitativo adequado para o atendimento da necessidade da Administração.

Portanto, cabe, para atendimento do que foi solicitado, realizar nova consulta a respeito da adesão, não acréscimo, haja vista a inexistência de contrato.

Acréscimo em Sistema de Registro de Preços

Pergunta

Jorge Ulisses Jacoby Fernandes, em seu livro *Sistema de registro de preços e pregão presencial e eletrônico*, afirma que "Limite de acréscimo contratual previsto no art. 65, §§1º e 2º da Lei nº 8.666, de 21 de junho de 1993. É importante notar que a regra da admissibilidade do acréscimo, ora referida, tem seu limite definido por item, e não sobre o valor do contrato, como à primeira vista pode parecer, porque para fins do SRP cada item é um objeto autônomo e distinto, incidindo sempre sobre o valor total do item. Assim, gostaria de saber qual é o fundamento legal e jurisprudência do TCU que embasa tal assertiva, uma vez que o órgão em que trabalho entende que mesmo sendo uma licitação POR ITEM, para fins de aditamento do quantitativo de um dos itens deve-se considerar 25% do valor total do contrato e não do valor total consignado na Ata de Registro de Preços para esse item".

Resposta

O posicionamento doutrinário do ilustre autor citado, conforme enuncia o texto em questão logo abaixo da parte transcrita no questionamento acima,[1] encontra-se balizado em julgado do Tribunal de Contas do Município de São Paulo. Processo TC nº 72-003.188/98-70.

Já o fundamento legal para tal posicionamento está contido no próprio art. 12 do Decreto nº 3.931/2001, porquanto este estabelece que "*A ata de registro de preços* poderá sofrer alterações, obedecidas as disposições contidas no art. 65 da Lei nº 8.666, de 1993".

Ora, ao afirmar que a ata se encontra sujeita às alterações contidas no art. 65 e não os contratos dela resultantes fica claro que somente poderá estar se falando em alteração do quantitativo dos itens e não do valor dos contratos eventualmente realizados em virtude do registro de preços.

Os acréscimos em questão foram concebidos para permitir a ampliação do objeto a ser contratado não sendo razoável que se pretenda fazê-lo incidir sobre os valores dos contratos, destarte, tanto a redação conduz a esta compreensão como também assim o determina uma análise teleológica da aplicação do dispositivo do Decreto nº 3.931/2001 e da Lei nº 8.666/93.

Acréscimos e supressões em contratações originadas de SRP

Pergunta

Trata-se de consulta a respeito do cabimento de acréscimos ou supressões em contratações oriundas do Sistema de Registro de Preços (SRP). O Decreto nº 3.931/01 regulamenta o Sistema de Registro de Preços previsto no art. 15 da Lei nº 8.666, de 21 de junho de 1993, e dá outras providências. O parágrafo único do art. 1º do Decreto dispõe: "Art. 1º (...) Parágrafo único. Para os efeitos deste Decreto, são adotadas as seguintes definições: I – Sistema de Registro de Preços – SRP – conjunto de procedimentos para registro formal de preços relativos à prestação de serviços e aquisição de bens, para contratações futuras; (Redação dada pelo Decreto nº 4.342, de 23.8.2002) II – Ata de Registro

---

[1] JACOBY FERNANDES, Jorge Ulisses. *Sistema de registro de preços e pregão*. 3. ed. Belo Horizonte: Fórum, 2008. p. 391 (nota de rodapé).

de Preços – documento vinculativo, obrigacional, com característica de compromisso para futura contratação, onde se registram os preços, fornecedores, órgãos participantes e condições a serem praticadas, conforme as disposições contidas no instrumento convocatório e propostas apresentadas". Como se sabe, a Lei nº 8.666/93 institui normas para licitações e contratos da Administração Pública e tratou também do Sistema de Registro de Preços, que veio a ser regulamentado pelo Decreto acima referido. No âmbito dos contratos administrativos, a Lei nº 8.666/93 estabelece no parágrafo primeiro do art. 65 a obrigatoriedade de o contratado aceitar, nas mesmas condições contratuais, os acréscimos ou supressões que se fizerem nas obras, serviços ou compras, até 25% (vinte e cinco por cento) do valor inicial atualizado do contrato. Uma vez que o Sistema de Registro de Preços (SRP) encontra previsão legal na Lei nº 8.666/93, as contratações dele oriundas também devem, melhor é dizer, são regidas pelo mesmo diploma legal. Assim, forçoso é concluir que os acréscimos ou supressões no limite de 25% previstos no parágrafo primeiro do art. 65 da mesma Lei se aplicam a essas contratações. Pergunta-se: 1. Procede a conclusão acima mencionada? Se sim. 2. Considerando que o fornecimento de bens ou prestação de serviços em SRP se dá em parcelas, em que momentos (ou até que momento) se podem promover acréscimos ou supressões: – somente se houver saldo de bens a fornecer ou serviços a prestar – ou após atingir o quantitativo total previsto na licitação de bens a fornecer ou serviços a prestar? 3. Qual instrumento pode ser considerado para fins de acréscimos ou supressões: somente o termo de contrato celebrado ou instrumento equivalente emitido (Nota de Empenho, por exemplo), ou a Ata de Registro de Preços que é documento vinculativo e obrigacional já poderia ser considerado? 4. Qual valor seria considerado como base de cálculo para aplicação dos 25%: o valor correspondente ao quantitativo total previsto na licitação que é refletido na Ata de Registro de Preços? O valor correspondente ao quantitativo total previsto na licitação, somente se a contratação se der mediante termo de contrato? O valor correspondente a cada fornecimento, refletido em cada Nota de Empenho? Ou somente o valor correspondente ao último fornecimento? O procedimento de acréscimo ou supressão seria prévio à emissão da última Nota de Empenho? Ou seria emitida a última Nota de Empenho para depois se processar o acréscimo ou supressão?

Resposta

Formulado questionamento de modo pontual, desse modo far-se-á sua resposta.

R.1: Sim, os contratos administrativos resultantes de contratações com fundamento em ata de registro de preços são regidos pelas regras da Lei nº 8.666/93, inclusive podendo sofrer acréscimos e supressões, nos moldes preconizados no art. 65 daquela Lei.

R.2: Entende esta consultoria que ao se realizar acréscimo ou supressão contratual, com fundamento no art. 65, esta decisão e o ato dela resultante não impactam sobre a ata de registro de preços, ou seja, independe da existência de bens ou serviços registrados suficientes para o atendimento do acréscimo, ou da vigência da ata para o caso de supressão, do mesmo modo como o acréscimo e a supressão não alteram o objeto da licitação já realizada, quando por esta forma deu-se a contratação.

R.3: Tanto o acréscimo ou a supressão, quando resultante de alteração unilateral (art. 65, §1º), devem ser formalizados por intermédio de apostilamento, haja vista que se trata de ato de império e não de ato negocial, o qual exigiria o consórcio das vontades de contratante e contratado. Nos casos de ato negocial, ou seja, de acréscimo ou supressão com fundamento no §2º, inciso II, do art. 65, e não no inciso I, sua formalização deverá ser concretizada por termo de aditamento contratual.

R.4: O valor, assim como os quantitativos a serem considerados, são aqueles presentes na contratação.

Cabe alertar que em razão do teor do art. 60 da Lei nº 4.320/1964, a supressão ou acréscimo serão sempre posteriores à elaboração da Nota de Empenho, que há de ser prévia à contratação. Assim, quando houver supressão, far-se-á anulação parcial do empenho; no caso de acréscimo — empenho complementar.

Acréscimo por aditamento contratual

Pergunta

Concorrência para SRP. Serviço de obra. O Setor de Infraestrutura solicitou o aumento quantitativo do objeto, sabemos ser possível até 25%, mas no contrato consta que o valor do mesmo será até um valor "X" e se aditarmos os 25% vai ultrapassar o valor "X" descrito no contrato, o que fazer?

Resposta

A cláusula contratual em questão viola o disposto no art. 65, §1º, da Lei de Licitações e Contratos Administrativos, por duas razões:

primeira porque estabelece limitação ao exercício da supremacia estatal que determina a existência das chamadas "cláusulas exorbitantes" nos contratos administrativos; *segunda* por fixar limite inferior aos 25% (vinte e cinco por cento) de acréscimo unilateral em caso de obras, serviços e fornecimento e aos 50% (cinquenta por cento) nos casos de reformas.

Tal expressão contratual deverá ser desconsiderada para efeito do que expressa o art. 65, §1º, procedendo-se o acréscimo necessário, conquanto não ultrapasse o percentual ali fixado, por intermédio de simples apostilamento.

Adesão a ata de registro de preços – Vantajosidade

Pergunta

Como se deve aferir a vantajosidade de se aderir a uma ata de registro de preço? Se na ata consta o produto de marca "X" devo pesquisar se a aquisição desse produto específico é vantajosa consultando o mercado qual seria seu valor de venda? Ou devo reproduzir as referências constantes dos anexos do edital que ensejou a ata sem indicar o produto que efetivamente fora adquirido pelo órgão gerenciador?

Resposta

A vantajosidade de se aderir, na condição de carona, ao registro de preços efetuado dependerá da avaliação do órgão interessado nessa possibilidade, levando-se em consideração a totalidade do registro realizado, inclusive indicativos de qualidade dos produtos cujos preços foram registrados, bem como suas próprias necessidades.

Ora, se a maioria dos bens e serviços cujos preços foram registrados está relacionada com peculiaridades do órgão licitante, pode ser, a menos que haja coincidência de interesses, que não exista vantagem para que se faça adesão, sendo preferível a realização de registro próprio.

Como o órgão ou entidade carona não está obrigado ao registro de preços realizado por outra entidade ou órgão, poderá fazer opção entre postular a anuência do gerenciador do SRP ou realizar procedimento licitatório para a aquisição do objeto pretendido.

É sempre louvável que se faça pesquisa de mercado, no caso de carona, verificando se realmente há vantajosidade na adesão frente à situação atual do mercado na comercialização dos bens ou serviços.

Se há a pretensão de escolha entre realizar adesão ou licitação própria, a pesquisa de mercado destinada a esse fim deverá utilizar dos mesmos parâmetros da licitação que produziu a ata de registro de preços.

Adesão de carona em ata de registro de preços – Prazo

Pergunta

Poderá a Administração assinar determinado contrato de aquisição de bens em 30.01.2009, em razão de adesão a Ata de Registro de Preços vencida em 28.12.2008, cuja anuência para adesão ocorreu em 03.12.2008 e autorização para aquisição e emissão de Nota de Empenho em 23.12.2008? Em que momento se considera que houve a adesão a uma Ata de Registro de Preços? No momento em que o gestor concorda com a adesão, no momento em que a empresa concorda em fornecer o bem ou prestar os serviços, no momento em que a autoridade competente assina a autorização para a aquisição/contratação para prestação de serviços, no momento da emissão da Nota de Empenho ou da assinatura do contrato? Resumo de exemplo prático: vencimento da Ata de Registro de Preços: 28.12.2008; data da concordância da empresa e do gestor da Ata: 03.12.2008; assinatura da autorização: 23.12.2008; emissão da NE: 23.12.2008; assinatura do contrato: 30.01.2009.

Resposta

O que se verifica no caso vertente é dúvida quanto a possibilidade de concretização da adesão em ata de registro de preços, na condição de "carona" em razão da expiração de sua vigência ou aproximação desta data, perquirindo-se qual deverá ser considerado o termo "*a quo*" para a adesão, bem como o termo "*ad quem*" para que isto possa se realizar.

A pergunta foi elaborada indicando diversas datas, dentre as quais aquela da formalização do contrato entre a Administração e a empresa contratada, a data em que se expirou a validade da ata de registro de preços e, ainda, as datas da anuência à adesão e aquela da respectiva autorização para a realização do ajuste.

Deve-se solucionar o problema identificando-se, inicialmente, qual o ato a que se pretende atribuir validade por ter sido praticado dentro ou fora do prazo de vigência da Ata de Registro de Preços — *a adesão como "carona"*.

Ora, o ato de adesão deverá ser considerado válido, ou não, conforme tenha sido praticado antes ou após a expiração do prazo de validade da ata de registro de preços, o que, aliás, é evidente ante a informação de que tais procedimentos deram-se antes da expiração. Entretanto, remanesce, ainda, a mesma dúvida sobre o contrato firmado, haja vista que este foi firmado após a expiração da vigência da Ata de Registro de Preços.

Percebe-se que embora se tenha dado de forma tempestiva a adesão à ata de registro de preços, não foi realizada a contratação dentro do mesmo período de vigência, ficando maculado o ajuste neste aspecto.

Destarte, não há como olvidar o que dispõe de modo expresso o art. 8º do Decreto nº 3.931/2001, que afirma que *durante sua vigência a ata de registro de preços poderá ser utilizada por qualquer órgão ou entidade da Administração*. Assim, fica claro que somente poderá ocorrer utilização e, portanto, contratação, quando esta tenha como marco inicial, no máximo, o último dia da vigência da ata de registro de preços, sob pena de se descumprir o que estabelece o regulamento em questão.

Adesão de participante em lote do qual não participa

Pergunta

No caso de licitação na modalidade Pregão/SRP, em uma Ata com 02 lotes registrados, tendo 02 Órgãos como Participantes, sendo que o primeiro contempla em sua participação apenas os itens constantes no Lote 01 e outro Órgão os itens dos dois lotes. Pergunto: o primeiro Órgão, como Participante apenas do Lote 01 pode aderir aos itens do Lote 02?

Resposta

Conquanto não haja limitação impedindo a participação de carona do registro de preços, nada impede que aquele que tenha participado do registro, em apenas um dos itens, possa aderir aos demais nesta condição.

Ora, a regra do carona é aberta. Ao diferenciar o participante do SRP do "carona", Jorge Ulisses Jacoby Fernandes permite concluir pela possibilidade, conquanto atendidos os requisitos que no mesmo texto elenca:

> A distinção entre órgãos participantes e meramente usuários não é só relativa ao tempo do ingresso no SRP do órgão gerenciador. Em síntese, os órgãos participantes têm a seguinte vantagem:
>
> a) têm suas expectativas de consumo previstas no ato convocatório;
>
> b) têm dos fornecedores o compromisso de fornecimento;
>
> c) têm direito de requisitar, automaticamente, todos os objetos previstos no SRP.
>
> Já o atendimento dos pedidos dos órgãos meramente usuários fica na dependência de:
>
> a) prévia consulta e anuência do órgão gerenciador;
>
> b) indicação pelo órgão gerenciador do fornecedor ou prestador de serviço;
>
> c) aceitação, pelo fornecedor, da contratação pretendida, condicionada esta à não gerar prejuízo aos compromissos assumidos na Ata de Registro de Preços;
>
> d) embora a norma seja silente a respeito, deverão ser mantidas as mesmas condições do registro, ressalvadas apenas as renegociações promovidas pelo órgão gerenciador, que se fizerem necessárias.[2]

Destarte, uma vez que tenha em relação ao segundo item aderido, o interessado na contratação contará com as limitações de sua condição em relação a estes, ao passo que naquele item em que ingressou como participante contará com as vantagens acima elencadas. Mas não há óbice a ser apontado acerca da possibilidade de que simultaneamente apresente-se nas duas situações.

Aditamento unilateral de ajuste

Pergunta

Qual o instrumento jurídico que pode ser utilizado para aditivar (25%) processo licitatório sem contrato (foi emitida apenas AF)?

Resposta

Na verdade não é tecnicamente correto afirmar que não houve contrato decorrente de qualquer procedimento licitatório. Correto seria

[2] JACOBY FERNANDES, Jorge Ulisses. *Sistema de registro de preços e pregão*. 3. ed. Belo Horizonte: Fórum, 2008. p. 180-181.

afirmar que o instrumento no qual estão presentes os termos contratuais não corresponde a um instrumento formal de contrato, mas corresponde a outra das formas de ajuste, consoante preconiza o art. 62 da Lei nº 8.666/93, que admite, excetuando-se apenas os casos de concorrência e tomada de preços, assim como nas dispensas e nas inexigibilidades, cujos valores correspondam àqueles compreendidos nas modalidades Concorrência e Tomada de Preços, que se firme o ajuste mediante carta-contrato, Nota de Empenho de despesa, autorização de compra ou ordem de execução de serviço.

Marçal Justen Filho alerta para o equívoco de se considerar inexistente nas hipóteses em que se substitui tal instrumento por uma das outras formas preconizadas no art. 62:

> A distinção entre "termo" ou "instrumento" de contrato e outros instrumentos escritos que formalizam a avença é meramente formal. O "termo" de contrato destina-se especificamente a documentar a avença, contendo todas as cláusulas contratuais de modo minucioso e detalhado. Já as outras figuras indicadas no texto da lei são instrumentos escritos cuja finalidade específica não é formalizar a avença. Possuem outras finalidades para fins administrativos, tais como promover o empenho de verbas, autorizar determinada atividade etc. A distinção não apresenta maior relevância. Em qualquer caso, existe contrato administrativo e o documento escrito é um "instrumento contratual".
>
> A única diferença reside em que o termo de contrato é um escrito completo, contemplando todas as cláusulas cabíveis, emitido para o fim específico de documentar a avença. Já as outras formas de documentação envolvem a utilização de instrumentos destinados a outros fins para, de modo concomitante, promover a formalização da contratação.
>
> Vale ressaltar o equívoco a que a redação do dispositivo poderia conduzir. Não é raro imaginar-se que o art. 62 restringe as hipóteses em que existirá contrato administrativo. Alguns pensam que as regras sobre contrato administrativo apenas se aplicam quando for assinado um termo de contrato, concepção incompatível com a ordem jurídica. Essa colocação é totalmente incorreta e pode ter efeitos muito graves. Deve ter-se em vista que a existência de um contrato administrativo não depende da forma adotada para sua formalização. Existe contrato administrativo mesmo quando documentado por via da assinatura de uma nota de empenho. Aperfeiçoa-se o contrato administrativo quando completados os atos jurídicos necessários à formalização que exterioriza o acordo de vontades.
>
> Por isso, todas as regras previstas na Lei aplicam-se, independentemente da escolha de uma das formas previstas no artigo ora examinado.[3]

---

[3] JUSTEN FILHO, Marçal. *Comentários à lei de licitações e contratos administrativos*. 10. ed. São Paulo: Dialética. 2004. p. 517-518.

No caso vertente, aparentemente utilizou-se umas dessas opções, certamente porque o valor do ajuste enquadra-se abaixo do limite em que seria exigível a utilização de concorrência ou tomada de preços, uma vez realizado procedimento licitatório.

Qualquer que seja a opção de ajuste utilizado, ao se aplicar a alteração unilateral do ajuste, para acrescer-lhe 25% (vinte e cinco por cento) no objeto, deverá ser utilizado termo aditivo, sem a necessidade de buscar-se a composição da parte "contratada".

Significa que o termo aditivo em questão corresponde a ato unilateral praticado pela Administração Pública que realizou a aquisição do serviço ou de bens, do qual deverá apenas ser dado conhecimento inequívoco ao fornecedor, sem a necessidade de que haja composição com a sua manifestação de vontade, haja vista que se trata de ato de império fundamentado no art. 65, §1º, que determina a obrigação do "contratado" de aceitar nas mesmas condições "contratuais" acréscimos ou supressões, que se fizerem nas obras, serviços ou compras.

Administração contratada

Pergunta

O regime de execução contratual denominado "administração contratada" foi recepcionado pela Lei nº 12.232/2010?

Resposta

A questão apresentada versa sobre o dispositivo vetado do art. 6º, inciso VIII, alínea "c", da Lei nº 8.666/93, que tratava da intitulada "administração contratada", mencionado no art. 7º, §5º, da mesma Lei Geral de Licitações e Contratos.

O dispositivo vetado, constante do art. 6º, VIII, "c", da Lei nº 8.666/93, possuía o seguinte teor:

> c) administração contratada – quando se contrata, excepcionalmente, a execução da obra ou do serviço mediante reembolso de todas as despesas incorridas para sua execução e pagamento da remuneração ajustada para os trabalhos de administração;

Já o art. 7º, §5º, da mesma Lei Geral de Licitações estabelece:

> Art. 7º [...]

[...]

§5º É vedada a realização de licitação cujo objeto inclua bens e serviços sem similaridade ou de marcas, características e especificações exclusivas, salvo nos casos em que for tecnicamente justificável, ou ainda quando o fornecimento de tais materiais e serviços for feito sob o regime de administração contratada, previsto e discriminado no ato convocatório.

Todavia, o regime de "administração contratada" a que se refere o §5º do art. 7º, da Lei nº 8.666/93, em razão do veto ao inciso VIII, "c", do art. 6º, ficava sem sentido, haja vista que não havia definição do que viria a ser administração contratada.

Essa situação levou o TCU, após o denominado escândalo do "mensalão", a determinar que a Secretaria-Geral da Presidência da República normatizasse os editais de licitação e os contratos na área de publicidade e propaganda e, ainda, que orientasse a execução de tais contratos, evitando que estes serviços fossem realizados sob regimes não permitidos pela Lei nº 8.666/93, como é o caso da "administração contratada".[4]

Portanto, a intitulada "administração contratada" não é admitida pela Lei nº 8.666/93, porquanto tal regime foi objeto de veto presidencial quando da sanção daquela norma.

De outra parte, há que se evitar a utilização da expressão recepcionada, porquanto tal designação está afeta ao Direito Constitucional, significando a conformidade entre dispositivo legal existente e a nova Constituição ou alteração ao texto constitucional por meio de emenda, de maneira que a norma anterior pudesse continuar tendo vigência. Do contrário teria ocorrido a não recepção ou revogação.

Embora haja certa semelhança com a figura da "administração contratada", a licitação de serviços de publicidade, ao nosso sentir, buscou cuidar das especificidades pertinentes àquele tipo de serviços a serem adquiridos, os quais pelas suas peculiaridades sempre encontram dificuldade de serem enquadrados em algum dos outros regimes de licitação.

Portanto, não é possível dizer que houve "recepção" da chamada "administração contratada" pela Lei nº 12.232/10, mas tão somente que esta norma cuidou de estabelecer regras específicas para a licitação de serviços de publicidade.

---

[4] *Vide*: CHARLES, Ronny. *Leis de licitações públicas comentadas*. Salvador: JusPodivm. 2008. p. 39.

Alíquota de ISS em planilha divergente da realidade

Pergunta

Solicito orientação quanto a seguinte questão: 1. A Administração celebrou contrato de prestação de serviços com fornecimento de mão de obra. A empresa contratada apresentou planilha de preços com o mesmo percentual de ISS (5%), para várias cidades do Estado. No momento da contratação, a Administração não atentou para isso. Ocorre que, quando da repactuação foi observado que o ISS era diferente para as diversas cidades em que o serviço era prestado, inclusive a menor. Daí, pergunta-se: a) A Administração deve solicitar o ressarcimento de todo o ISS pago a maior? b) Após o ressarcimento, se for o caso, a empresa pode corrigir a planilha da licitação e passar a incorporar a diferença de ISS no seu lucro e/ou despesas administrativas daí em diante? Ou seja, a fim de corrigir a planilha, mas manter o preço atual, a empresa pode realocar os custos na planilha? c) A planilha tem caráter informal? Art. 24 da IN nº 02/2008 MPOG, com redação dada pela IN nº 03/2009: "... a planilha de custos e formação de preços deverá ser entregue e analisada no momento da aceitação do lance vencedor, em que poderá ser ajustada, se possível, para refletir corretamente os custos envolvidos na contratação, desde que não haja majoração do preço proposto". (...) §2º do art. 29: Erros no preenchimento da Planilha não é motivo suficiente para a desclassificação da proposta, quando a Planilha puder ser ajustada sem a necessidade de majoração do preço ofertado, e desde que se comprove que este é suficiente para arcar com todos os custos da contratação". Se a planilha possuir, portanto, um caráter informal há impedimento jurídico de que seja realizada a ação descrita no item "b"?

Resposta

O pedido de orientação formulado pelo consulente foi dividido em três partes, relacionadas como "a", "b" e "c", as quais serão respondidas individualmente, sem, contudo, deixar de lado a vinculação existente entre elas.

Questionamento a): *"A Administração deve solicitar o ressarcimento de todo o ISS pago a maior?"*

R.a): É relevante ter-se em consideração o que expressa o art. 65, II, alínea "d", da Lei nº 8.666/93, para a solução do problema relativo à diferença de alíquota do Imposto Sobre Serviços de Qualquer Natureza (ISSQN).

Trata-se, na situação mencionada de restabelecimento do que foi pactuado no contrato em função da planilha apresentada pela licitante vencedora, que informava alíquota de 5% (cinco por cento) de ISSQN, quando em algumas localidades onde o serviço seria prestado tal alíquota apresentou-se como inferior a esse percentual.

Sendo assim, relevante trazer à colação o que expressa o art. 65, II, "d" e §5º, cujos dizeres são os seguintes:

> Art. 65. *Os contratos regidos por esta Lei poderão ser alterados, com as devidas justificativas, nos seguintes casos:*
>
> [...]
>
> II – *por acordo das partes:*
>
> [...]
>
> d) *para restabelecer a relação que as partes pactuaram inicialmente entre os encargos do contratado e a retribuição da administração para a justa remuneração da obra, serviço* ou fornecimento, *objetivando a manutenção do equilíbrio econômico-financeiro inicial do contrato, na hipótese de* sobrevirem fatos imprevisíveis, ou previsíveis porém de conseqüências incalculáveis, retardadores ou impeditivos da execução do ajustado, ou, ainda, em caso de força maior, caso fortuito ou *fato do príncipe*, configurando álea econômica extraordinária e extracontratual. (Redação dada pela Lei nº 8.883, de 1994)
>
> [...]
>
> §5º Quaisquer tributos ou encargos legais criados, alterados ou extintos, bem como a superveniência de disposições legais, quando ocorridas após a data da apresentação da proposta, de comprovada repercussão nos preços contratados, implicarão a revisão destes para mais ou para menos, conforme o caso.

Obviamente que não se trata em nenhum dos casos da situação apresentada no fato relatado, entretanto é possível que a alteração contratual em questão possa ser realizada para a adequação do valor contratado, porquanto a solução alternativa, que seria o desfazimento do contrato, haja vista a inconsistência na planilha apresentada pelo licitante vencedor, apresenta-se como mais gravoso tanto para o licitante quanto para a Administração que teria que repetir todo o procedimento.

Ademais, tal alteração poderia, além de se valer analogicamente dos dispositivos acima citados, valer-se do fundamento de que da alteração não resulta prejuízo ao contratado, ao contratante ou mesmo ao interesse público, aplicando-se na situação a máxima *pas des nullité sans grief*,[5] de amplo uso no Direito Administrativo.

Embora não se trate de fato superveniente, houve equívoco na apresentação do valor apresentado por alíquota de ISSQN não praticada na localidade, caracterizando mero erro material que poderá e deverá ser corrigido com a alteração do valor contratual, para adequá-lo ao valor correto mediante a aplicação da alíquota realmente cobrada pela municipalidade, apresentando-se, ao mesmo tempo, nova planilha com a adequação realizada.

Há, ainda, que argumentar que não houve por parte da contratada, quando da oferta realizada à Administração que realizava o procedimento licitatório, o intuito de ofertar valor maior, porquanto especificou que o valor ali ofertado somente tinha aquela dimensão em razão da incidência de alíquota que equivocadamente foi estimada em percentual superior àquele realmente praticado.

Portanto, a resposta a respeito do dever de solicitar a restituição de valores pagos a maior é no sentido positivo, haja vista que a cobrança superior deu-se em razão de erro material.

Questionamento b): *"Após o ressarcimento, se for o caso, a empresa pode corrigir a planilha da licitação e passar a incorporar a diferença de ISS no seu lucro e/ou despesas administrativas daí em diante? Ou seja, a fim de corrigir a planilha, mas manter o preço atual, a empresa pode realocar os custos na planilha?"*

R.b): Já na própria pactuação firmada entre as partes contratantes deverá o termo de aditamento ao contrato, entabulado com essa finalidade, vir acompanhado da planilha corretamente elaborada.

Todavia, somente há que se falar em realocação de custos se tal situação puder ser comprovada, não sendo admissível, pela infidelidade com a proposta original a simples confecção de acerto contábil sem amparo nos fatos que orientaram a formulação da proposta.

Questionamento c): *"A planilha tem caráter informal? Art. 24 da IN nº 02/2008 MPOG, com redação dada pela IN nº 03/2009: "... a planilha de custos e formação de preços deverá ser entregue e analisada no momento da aceitação do lance vencedor, em que poderá ser ajustada, se possível, para refletir corretamente os custos envolvidos na contratação, desde que não haja majoração do preço proposto". (...) §2º do art. 29: Erros no preenchimento da*

---

[5] Não há nulidade sem prejuízo.

Planilha não é motivo suficiente para a desclassificação da proposta, quando a Planilha puder ser ajustada sem a necessidade de majoração do preço ofertado, e desde que se comprove que este é suficiente para arcar com todos os custos da contratação". Se a planilha possuir, portanto, um caráter informal há impedimento jurídico de que seja realizada a ação descrita no item 'b'?"

R.c): Embora expresse o art. 24 da IN nº 02/2008 ter a planilha caráter informal, somente será possível realizar reequilíbrio econômico-contratual quando esta tiver sido apresentada, pois de outro modo haveria impossibilidade fática, haja vista a inexistência de parâmetros que permitissem a aferição da variação causadora de desequilíbrio da álea contratual.

Portanto, se se presta a planilha para a fundamentação de pleito de reequilíbrio formulado pela parte contratada, apesar da afirmação da instrução normativa de se caracterizar como elemento informal, deve-se atentar para que tal caráter de informalidade não seja compreendido como dispensabilidade de sua veracidade para o efeito de verificação da composição de custos, mas apenas para compreender a possibilidade de que sua elaboração não obedecer a fórmulas rígidas.

Alteração Contratual em razão de acréscimo

Pergunta

Na condição de assinante dessa conceituada revista especializada, solicitamos os seus bons préstimos a fim de nos prestar auxílio a esclarecer e possivelmente pacificar entendimento sobre procedimento a ser feito no tocante a contrato administrativo. Trata-se de um contrato de empreitada por preço unitário, para construção de uma obra de engenharia. A licitação ocorreu na modalidade Concorrência com critério de julgamento por preço global, sendo adjudicada em favor de uma única empresa (item único). Houve a previsão no edital de licitação de critérios de aceitabilidade dos preços unitário, e a análise detalhada da planilha da empresa vencedora para aferir sua compatibilidade e proporcionalidade com os preços de referência do mercado. Ressalte-se que todos os preços unitários estão abaixo do preço de referência, seguindo uma mesma proporção em relação à redução final do preço global. Pode-se afirmar que não há desequilíbrio de preços unitários na planilha, sendo descartada qualquer hipótese de "jogo de planilhas" tão combatido pelo TCU. O contrato foi assinado cumprindo todas as formalidades de praxe e emitida a consequente ordem de serviço pelo setor técnico competente. Iniciada a obra, já nas primeiras atividades de escavação para execução dos serviços de infraestrutura previstas, do tipo fundação direta com sapatas de concreto armado, verificou-se que o solo, na profundidade indicada no projeto para assentamento das sapatas, não teria resistência suficiente para suportar as cargas da estrutura. Também não haveria sustentação para se efetuar a escavação sem que fossem executadas obras complementares de contenção das barreiras (ensecadeiras) e rebaixamento do lençol freático. O projeto estrutural inicialmente concebido, e que foi parâmetro para a elaboração da planilha orçamentária, foi calculado com base em situações consolidadas de imóveis vizinhos e projeto recém-executado pela Universidade Federal do XXXX, com solução também em sapatas. Para haver a viabilidade técnica da obra a solução inicialmente projetada para as fundações — sapatas — deverá ser substituída por estacas pré-fabricadas de concreto armado cravadas. Caso contrário vários serviços complementares terão que ser executados para colocar as sapatas em um nível de solo que suporte a carga da estrutura, aproximadamente 4m mais profundo. Insistir na solução inicial de fundação em sapata seria muito oneroso ou antieconômico para o Tribunal. A obra está em seu início, o item ESTRUTURA DE CONCRETO licitado não se adequa à situação prática e mister se faz uma alteração no contrato, que se dará de forma qualitativa. O preço proposto pela Contratada para execução do novo item — estaca — está abaixo do preço do SINAPI/XX e compatível, portanto, com o mercado local hodierno. Para haver a substituição da fundação em sapatas pela solução em estacas alguns serviços novos serão inseridos na planilha orçamentária (estacas, blocos de coroamento e vigas de equilíbrio), e outros serviços serão reduzidos ou suprimidos (escavação, reaterro, sapatas, pescoço de pilar, cintas). Considera-se que haverá anuência da Contratada para a supressão dos itens necessários ou a sua redução num percentual superior a 25%. As alterações pretendidas promoverão um acréscimo da ordem de 5% (cinco por cento) do valor global do contrato, um acréscimo da ordem de 18% do total do item "3. Estrutura de concreto armado"; porém uma variação positiva da ordem de 28% do total do subitem "3.1. Infraestrutura". Este último comparativo excedendo o limite previsto em Lei, exclusivamente pela inserção na planilha de novos serviços que não possuem referencial inicial para aferição da variação. A consulta é no seguinte sentido: 1. Considerando-se o equilíbrio dos preços unitários e global da planilha orçamentária e sua compatibilidade com os valores praticados no mercado local e atual, o cotejo dos valores acrescidos e suprimidos deverá ser feito em relação ao preço global do contrato (§2º do art. 65 da Lei nº 8.666/93), ao valor total do item "Estrutura de Concreto Armado", ao valor do subitem "Infraestrutura" ou a cada item de serviço isoladamente? 2. Pode o Tribunal proceder essa alteração desde que haja justificativa plausível por parte do setor de engenharia? 3. Estará a autoridade administrativa sujeita a censura ou multa do TCU ao autorizar essa modificação, embora seja muito mais econômico ao erário a realização dessa modificação do que se abrir nova licitação, também pela modalidade Concorrência, somente para o item "Infraestrutura", importando, consequentemente, numa inércia de toda a execução da obra?

Resposta

R.1: Trata-se de clássica situação enquadrável na previsão contida no art. 65, II, "d", da Lei de Licitações e Contratos Administrativos, pois havendo a necessidade de alteração do ajuste, porque verificada situação imprevisível ou previsível de efeitos incalculáveis, deverá ocorrer a repactuação, objetivando a manutenção do equilíbrio econômico-financeiro.

Aliás, conquanto demonstrada de modo cabal a necessidade das alterações na execução do contrato, sequer ficará a modificação por acréscimo ou decréscimo de valores limitada aos percentuais estabelecidos nos §§1º e 2º do art. 65, porquanto não se trata de aumento ou supressão contratual, mas de modificação fundamental para o desempenho do que foi contratado. Disto decorre que os percentuais de acréscimo ou supressão não ficarão comprometidos.

Destarte, não há que se falar em consideração de preços unitários ou globais, mas simplesmente em manutenção do equilíbrio em face das alterações necessárias para a correta execução da obra, devendo ser elaborada nova planilha de custos, da qual serão subtraídos os itens que não mais serão executados e incluídos aqueles imprescindíveis para a correta execução do objeto do ajuste.

Adverte-se, no entanto, para a necessidade de que tais alterações sejam acompanhadas de laudos técnicos que as fundamente, elaborados por pessoal técnico do próprio órgão contratante ou por empresa contratada para essa finalidade.

R.2: Conforme já alertado na resposta anterior, é fundamental a existência de laudo técnico em amparo às alterações pretendidas.

R.3: Eventual censura ou multa do Tribunal de Contas da União poderá ocorrer sempre que houver vícios contratuais ou de execução, os quais podem ser evitados mediante a correta execução do contratado com as alterações entabuladas, o que dependerá de acompanhamento técnico tanto por parte do setor de fiscalização da obra quanto do departamento jurídico, ao qual compete a verificação prévia da legalidade.

Recomenda-se, portanto, haja vista a preocupação com a fiscalização por parte do Tribunal de Contas da União, que sejam devidamente justificadas as alterações contratuais, submetidas estas a análise prévia do departamento jurídico do órgão, iniciando-se a execução apenas após o cumprimento de tais passos. Do mesmo modo, em relação à execução contratual, com o acompanhamento rigoroso por parte do departamento de engenharia.

Alteração de quantitativos de obra presente em planilha – Licitação já realizada

Pergunta

É possível alterar os Quantitativos de uma obra, constantes na Planilha — anexo do Edital, após o certame licitatório se encontrar concluído e homologado? Caso essas alterações ocorram por falta de orçamento para a execução total ou por equívoco na elaboração da Planilha, é possível a continuidade do processo mantendo a licitação?

Resposta

Inicialmente há que se questionar sobre a possibilidade de tal ocorrência nos casos em que foi rigorosamente cumprida a determinação do art. 7º, §2º, inciso III, da Lei de Licitações e Contratos Administrativos, cujo teor é o seguinte:

> Art. 7º. [...]
>
> [...]
>
> §2º As obras e os serviços somente poderão ser licitados quando:
>
> [...]
>
> III – houver previsão de recursos orçamentários que assegurem o pagamento das obrigações decorrentes de obras ou serviços a ser executados no exercício financeiro em curso, de acordo com o respectivo programa;

Caso tenha ocorrido violação ao dispositivo acima transcrito, a Lei nº 8.666/93 impõe no mesmo artigo 7º, §6º, nulidade para os atos infratores, vejamos:

> Art. 7º. [...]
>
> [...]
>
> §6º A infringência do disposto neste artigo implica a nulidade dos atos ou contratos realizados e a responsabilidade de quem lhes tenha dado causa.

Entretanto, admitindo a hipótese de não ser o caso de nulidade, por não ter ocorrido infração ao disposto no art. 7º, §2º, III, da Lei nº 8.666/93, há a possibilidade de se alterar quantitativos, conquanto a situação seja enquadrável em alguma das hipóteses do art. 65, §1º.

Alteração de razão social e apostilamento

Pergunta

É necessário celebrar um Termo Aditivo para formalizar a alteração da razão social de uma contratada? Dados da consulta: a) O contrato foi firmado em abril/2009, com vigência de 12 (doze) meses. b) No dia 13.05.2009 foi realizada uma Assembleia Geral Extraordinária da contratada, que aprovou uma mudança de razão social. c) Não houve alteração de CNPJ. Perguntas adicionais I – Deverei verificar o registro da alteração em tela na Junta Comercial? II – Na Apólice de Seguro deverá constar a nova razão social da empresa?

Resposta

Situações como a que foi narrada, por não constituir alteração substancial no contrato firmado não terá sobre este repercussão, especialmente porque a simples mudança de nome da empresa, conquanto disto não resultem outras modificações que alterem sua estrutura e as condições e requisitos que teve de cumprir para participar do certame licitatório, não ocasiona necessidade de aditamento.

Todavia, deverá a situação ser informada à Administração contratante apresentando-lhe a documentação correspondente, para que esta, após verificar a regularidade da situação da empresa ante o ajuste com ela firmado, proceda ao apostilamento da alteração ocorrida à margem do contrato.

Sobre o tema, em razão de sua tranquilidade no aspecto legal não há retorno de dados de pesquisa no TCU, porquanto ali somente se debate sobre questões a respeito das quais pairam dúvidas, o mesmo pode-se dizer quanto à doutrina.

Alteração do valor contratual e garantia

Pergunta

No caso de aditivo contratual de acréscimo, em contratos com garantia, é necessário acrescer também a garantia? Mesmo no caso de uma obra que já esteja nas etapas finas de sua execução, sendo acrescido o contrato a garantia deve ser acrescida?

Resposta

Os artigos 31, III e 56, §§2º e 3º, da Lei de Licitações e Contratos, estabelecem limites para a fixação das garantias que não poderão excedê-los. Sendo assim, fica óbvio que o estabelecimento destas é fixado no edital de licitações ou no próprio contrato, quando se tratar de contratação direta.

Convém, para o deslinde da questão, anotar que ambos os dispositivos acima mencionados referem-se aos limites de garantia para que sejam fixados em relação ao valor do contrato. Logo, sendo alterado o valor do contrato, necessariamente haverá de se alterar também o valor da garantia, pois de outro modo não estariam sendo respeitadas as determinações de ambos os dispositivos.

A exegese do tema ora tratado, feita de modo sistemático na legislação de licitações e contratos, permite concluir de forma categórica pela necessidade de complementação de garantias sempre que ocorrer acréscimo contratual.

Amostra e Pregão

Perguntas

1. Desde que amparado em justificativa técnica, pode-se solicitar a apresentação de amostra durante o Pregão eletrônico? 2. Em caso

positivo, qual seria o momento para solicitar essa amostra? A solicitação pode ser apenas para o vencedor do Pregão eletrônico? 3. Qual o entendimento do TCU e dos doutrinadores em relação à apresentação de amostra nos Pregões?

Resposta

A questão da apresentação de amostra em licitação realizada pela modalidade Pregão já foi objeto de análise tanto da doutrina quanto da jurisprudência do Tribunal de Contas da União, em ambas as situações resultou positiva a resposta quanto a possibilidade de sua exigência neste tipo de certame.

Jair Eduardo Santana, em sua obra *Pregão presencial e eletrônico* abordou a questão fazendo remissão a julgado do Tribunal de Justiça de Pernambuco, que decidiu favoravelmente à exigência, por entender que tal exigência é que permitirá aferir se o bem oferecido pelo licitante vencedor corresponde às necessidades da Administração.[6]

No mesmo sentido se posiciona Jorge Ulisses Jacoby Fernandes, fazendo referência a julgado do Tribunal de Contas da União, materializado na Decisão nº 739/1998-Plenário, recomendando que esta (a amostra) seja exigida apenas do licitante vencedor, para fins de desclassificação da proposta. O jurista refere-se ainda ao julgado presente no Acórdão nº 808/2003-Plenário, em que se assentou a seguinte proposição:

> PROPOSTA DE ENCAMINHAMENTO
>
> Diante do exposto, e divergindo em parte da proposta alvitrada às fls. 159-v.1, submeto os autos à consideração superior, para posterior envio ao Gabinete do Exmº. Sr. Ministro-Relator, BENJAMIN ZYMLER, com a seguinte proposta:
>
> [...]
>
> limite-se a inserir exigência da apresentação de amostras ou protótipos dos bens a serem adquiridos, na fase de classificação das propostas, apenas ao licitante provisoriamente em primeiro lugar e desde que de forma previamente disciplinada e detalhada, no instrumento convocatório, nos termos dos arts. 45 e 46 da Lei nº 8.666/93, observados os princípios da publicidade dos atos, da transparência, do contraditório e da ampla defesa; (item 68)
>
> [...]

---

[6] SANTANA, Jair Eduardo. *Pregão presencial e eletrônico*. Belo Horizonte: Fórum, 2006. p. 162-163.

Voto do Ministro Relator

28. Cumpre ressaltar, de início, que a apresentação de amostra, para verificação da qualidade do objeto a ser contratado, após o julgamento das propostas é permitido pelo ordenamento jurídico, como já decidido pelo Tribunal. Nesse sentido, peço licença para transcrever excerto do Voto proferido pelo eminente Ministro Walton Alencar Rodrigues, citado pelo Sr. Diretor, na Decisão nº 1237/2002-Plenário:

"Não viola a Lei nº 8.666/93 a exigência, na fase de classificação, de fornecimento de amostras pelo licitante que estiver provisoriamente em primeiro lugar, a fim de que a Administração possa, antes de adjudicar o objeto e celebrar o contrato, assegurar-se de que o objeto proposto pelo licitante conforma-se de fato às exigências estabelecidas no edital".

29. Entretanto, exigência de apresentação de amostra aos três primeiros colocados após a classificação provisória das propostas não parece razoável, como bem asseverou o Sr. Diretor. A razoabilidade é hoje princípio consagrado na administração e sua aplicação no procedimento licitatório impõe ao gestor público que somente imponha ônus aos licitantes que se mostrarem adequados ao fim a que se destinam, sejam necessários ao atingimento do interesse público, dentro de uma relação de proporcionalidade apropriada.

[...]

Acórdão

ACORDAM os Ministros do Tribunal de Contas da União, reunidos em sessão do Tribunal Pleno, diante das razões expostas pelo relator, em:

[...]

9.2.5. limite-se a inserir exigência da apresentação de amostras ou protótipos dos bens a serem adquiridos, na fase de classificação das propostas, apenas ao licitante provisoriamente em primeiro lugar e desde que de forma previamente disciplinada e detalhada, no instrumento convocatório, nos termos dos arts. 45 e 46 da Lei nº 8.666/93;

9.2.6. fixe prazo para apresentação de amostras suficiente a não restringir a participação de potenciais competidores situados em outros estados da federação, de modo a não restringir a competitividade e a isonomia da licitação;

[...]

Quorum

12.1. Ministros presentes: Valmir Campelo (Presidente), Iram Saraiva, Adylson Motta, Walton Alencar Rodrigues, Benjamin Zymler (Relator) e os Ministros Substitutos Augusto Sherman Cavalcanti e Marcos Bemquerer Costa.

Publicação

Ata 25/2003-Plenário

Sessão 02.07.2003
Aprovação 08.07.2003
DOU 11.07.2003 – Página 0

Portanto, conforme o entendimento do TCU somente deverá ser exigida a apresentação de amostra ao licitante que se encontrar provisoriamente em primeiro lugar, porquanto poderá ser desclassificado por desconformidade da amostra apresentada.

Aeronave – Aquisição por Pregão

Pergunta

O Estado de XXXX está buscando meios para adquirir uma aeronave. Visando agilidade, está sendo estudada a possibilidade da realização de licitação através de um Pregão presencial. No entanto há a preocupação de estender a competitividade a empresas estrangeiras, até para não correr o risco de fracasso no certame. No Decreto que regulamenta a modalidade de Pregão para o Estado de Roraima não há previsão de Pregão internacional. O §3º do art. 23 da 8.666/93 estabelece que as licitações internacionais devam ocorrer nas modalidades Concorrência, Tomada de Preços ou Convite. Questiona: Há possibilidade da realização de um Pregão internacional? E a divulgação seria na imprensa nacional e internacional?

Resposta

Nem mesmo a Lei nº 10.520/2002, que disciplina acerca do Pregão, dispõe especificamente sobre a realização de Pregão internacional. O referido diploma apenas trata de fixar regras sobre a realização desta nova modalidade de licitação, sem estabelecer especificamente a respeito de sua realização com abrangência internacional.

Todavia, a omissão não deve ser compreendida como vedação a que se possa utilizar da modalidade com alcance internacional, pois não há vedação expressa para que se o faça.

Apesar de estabelecer a Lei de Licitações e Contratos Administrativos (Lei nº 8.666/93) em seu art. 23, §3º, que em licitações internacionais deverá ser utilizada a modalidade "Concorrência", não se deve olvidar que o diploma em questão é anterior à Lei do Pregão, portanto não poderia ter incluído ou excluído aquela modalidade da possibilidade de realização de licitação internacional.

É de se recordar, ainda, que a lei nova revoga a lei anterior quando discipline inteiramente sobre o assunto ou quando o trate de modo diverso, conforme dispõe o art. 2º. Deve-se alertar, no entanto, que a revogação em questão foi parcial, pois não fez desaparecer o dispositivo do art. 23, §3º, da Lei de Licitações e Contratos, apenas aquele deverá ser compreendido de modo diferente para que se aceite, após a entrada em vigor da Lei nº 10.520/02, a possibilidade de se utilizar, também, em licitações internacionais a modalidade Pregão.

Por outro lado, em pelo menos dois acórdãos do Tribunal de Contas da União, foi apreciada licitação internacional realizada sob esta modalidade e a utilização não foi apontada como irregular, são eles: Acórdão nº 598/2003-Plenário e Acórdão nº 946/2007-Plenário.

Destarte, deve-se entender como possível a utilização do Pregão para a realização de certames internacionais, sendo que em tais situações cumprir-se-á o ritual estabelecido na Lei Geral de Licitações e Contratos Administrativos para aquele tipo de licitações, dando-se publicidade ampla em meios de divulgação que possuam tal alcance.

Como o objeto que se pretende adquirir é aeronave, convém esclarecer que a maioria dos grandes fabricantes mundiais possui representante no Brasil, normalmente companhias aéreas cujas sedes estão localizadas na Região Sudeste, na maioria dos casos. Portanto, mesmo uma licitação nacional acabará por receber propostas relativas a aeronaves de fabricação estrangeira.

Alteração de contrato para adequação com o edital

Pergunta

Suponhamos que certa minuta de edital haja sido aprovada, no momento oportuno, pela Assessoria Jurídica do Órgão. Ocorreu licitação regularmente e se sagrou vencedora uma determinada empresa. Entretanto, por ocasião da assinatura do contrato, o setor competente constata que há uma divergência entre uma cláusula do contrato e uma outra do edital, as quais mencionam diferentes índices de reajuste contratual, inclusive com periodicidades diferentes. Ante a falha que passou despercebida pela Assessoria Jurídica quando da análise da minuta do edital e de seu anexo (contrato), o setor de contratos enviou os autos àquele setor para manifestação acerca da solução do problema.

Pergunta: 1. É possível haver a modificação do contrato no momento de sua assinatura, através da definição do índice correto, compatibilizando-o, por conseguinte, com o edital? Em caso positivo, haveria violação ao princípio da vinculação ao instrumento convocatório?

Resposta

É possível a alteração conquanto esta se dê com o intuito de se adequar o instrumento de ajuste ao que foi apresentado no edital. Porém, se o edital não deixava claro que a periodicidade do reajuste e o índice adotado seriam aqueles para os quais se pretende alterar o instrumento, fazendo-o diferente da minuta ali inserida, não será possível a alteração, porquanto representará alteração dos parâmetros licitados.

Pode-se dizer que a alteração, quando coadune com outras disposições do edital, se presta à correção de erro material, pois sequer alterará a percepção que teve o licitante vencedor das condições nas quais seria firmado e concretizado o ajuste.

Destarte, conquanto se trate de correção de erro material decorrente de disparidade entre regras editalícias e disposições contidas na minuta, é possível que seja realizada a adequação do instrumento de contrato, ainda que no momento de sua assinatura, sem que disto decorra desrespeito ao Princípio da Vinculação ao Instrumento Convocatório, podendo até se afirmar que estar-se-ia exatamente dando cumprimento ao referido princípio.

Aplicabilidade de decreto

Pergunta

O Decreto nº 3.725, de 2001 aplica-se às empresas públicas prestadoras de serviço público, no caso, a XXXX? Caso aplicável, há fundamentação jurisprudencial acerca dessa aplicabilidade?

Resposta

Não há que se falar na aplicação do dispositivo regulamentar em questão à empresa pública ou sociedade de economia mista, haja vista que tais entidades possuem personalidade jurídica própria, ficando por isso fora da abrangência do alcance do Decreto nº 3.725, de 10 de janeiro de 2001.

Ora, o art. 1º do decreto em questão é claro quanto a abrangência da determinação ali contida, ao se expressar nos seguintes termos:

> Art. 1º *A identificação, a demarcação, o cadastramento, a regularização e a fiscalização das áreas* ***do patrimônio da União*** poderão ser realizadas mediante convênios ou contratos celebrados pela Secretaria do Patrimônio da União, que observem os seguintes limites para participação nas receitas de que trata o §2º do art. 4º da Lei nº 9.636, de 15 de maio de 1998, a serem fixados, em cada caso, em ato do Ministro de Estado do Planejamento, Orçamento e Gestão:
>
> I – para Estados, Distrito Federal e Municípios, e respectivas autarquias e fundações, considerado o universo de atividades assumidas: de dez a cinqüenta por cento; e
>
> II – para as demais entidades: de dez a trinta por cento.
>
> Parágrafo único. Excepcionalmente, em decorrência da complexidade, do volume e dos custos dos trabalhos a realizar, poderá ser estipulado regime distinto na participação das receitas de que trata este artigo. (Grifou-se e negritou-se para destaque).

Caso fosse intento do legislador que a norma em questão tivesse aplicação ampla, atingindo inclusive as autarquias, fundações, empresas públicas e sociedades de economia mista, tomar-se-ia o cuidado de incluir logo após a expressão "União" o seguinte tratamento: *e de suas autarquias, fundações, sociedades de economia mista e empresas públicas.*

Não tendo feito menção a tais entidades, contém a regra o que em hermenêutica se denomina "silêncio eloquente", indicando que a omissão foi proposital, correspondendo a intenção do legislador de que o tratamento atribuído àquelas entidades fosse diferente daquele aplicável à Administração Direta.

Aplicação de penalidade a não licitante e não contratante – Impossibilidade

Pergunta

No intuito da repreensão de atividades escusas com a Administração Pública, bem como para a atuação preventiva de relações com empresas inidôneas, pergunta-se: É possível a aplicação da sanção disposta no inciso III do art. 88 da Lei nº 8.666/93 à empresa (não licitante/contratada) que, no intuito de obtenção de vantagens ilícitas, faz a intermediação entre a Administração, por meio de servidores corrompidos, e empresas participantes dos processos licitatórios? Ou caberia tão somente medidas na esfera penal?

Resposta

A regra contida no art. 88, III, da Lei de Licitações e Contratos Administrativos dirige-se exclusivamente, consoante expresso no teor do próprio *caput* daquele dispositivo, às empresas ou profissionais que possuam vínculo com a Administração Pública em razão de relação contratual firmada com fundamento na Lei nº 8.666/93, ou seja, em razão de contratos administrativos.

Sendo assim, não há que se falar em aplicação de sanção administrativa, quando inexistente relação jurídico-administrativa entre a Administração e aquele a quem pretende-se impor sanção dessa natureza.

De todo modo, remanesce a possibilidade de apuração da ocorrência de fato típico penal e o consequente processamento e penalização em decorrência deste.

Aplicação de penalidades oriundas de contratos distintos

Pergunta

Processo Administrativo instaurado em face da empresa X a ser penalizada com a aplicação da sanção de suspensão temporária de licitar e impedimento de contratar pela conduta inidônea da empresa, ao longo da vigência concomitante do contrato 1 (oriundo de Pregão eletrônico) e contrato 2 (oriundo de Concorrência). Após apuração, em virtude dos contratos 1 e 2 obedecerem a legislações distintas, Lei nº 10.520/02, a qual dispõe que a pena será de até 05 (cinco) anos (art. 7º) e L. nº 8.666/93, a qual prevê pena de até 02 (dois) anos (art. 88, III c/c 87, III) ambas para a penalidade de suspensão temporária de licitar e impedimento de contratar a ser aplicada, qual penalidade a ser aplicada, tendo em vista tratar-se do mesmo fato gerador (conduta inidônea da empresa X)? Em outra vertente, pode ser aplicada a pena concernente ao artigo 7º da Lei nº 10.520/02 vinculando a conduta inidônea da empresa ao Contrato 1 juntamente com a pena disposta no art. 88, III c/c 87, III da Lei nº 8.666/93 associando a conduta da empresa ao Contrato 2? Neste caso, as penas aplicadas seriam somadas? Ou a penalidade maior absorveria a menor?

Resposta

Em relação à aplicação de penalidade, relacionada com a conduta de contratante, o que se tem não é, tecnicamente, fato gerador, mas fato típico administrativo, cuja descrição se amolda à descrição legal, o que em Direito Disciplinar Administrativo não exige a exata simetria entre o fato típico e aquele descrito pelo tipo legal.

O primeiro problema que transparece no presente pedido é decorrente da afirmação de que se trata de um "mesmo fato gerador", o que parece difícil ante à situação de se tratar de fatos relacionados com contratos diferentes.

Se se tratam de contratos diferentes, a transgressão das obrigações contratuais deve ser considerada de modo isolado, relacionando-se com cada uma das contratações e não tomando como ponto de partida que o transgressor é o mesmo. Tal fato até poderá influenciar em um dos procedimentos quando já tiver ocorrido condenação no outro, mas jamais ser considerado como fato único.

Não será porque a conduta tenha sido a mesma tanto em um como em outro procedimento licitatório, que deverão ser ambas tratadas como fato único.

Desse modo, cada uma das infrações deverá ser processada de forma apartada, consentaneamente com a legislação adequada e consideradas as condenações de forma isolada.

Na prática, caso ocorra a condenação em ambos os procedimentos, terminará a maior das condenações contendo a de menor duração, porquanto não há autorização legal permitindo que o cumprimento de uma somente se inicie após a completude da outra.

Aquisição de livros por contratação direta

Pergunta

Há três anos que o Tribunal Regional Eleitoral não adquire livros jurídicos para a Biblioteca, apesar de terem sido realizados três procedimentos licitatórios (Pregão eletrônico). Em todos esses procedimentos, as empresas vencedoras contratadas não efetuaram a entrega, pelo que foram punidas. Com isso, o acervo da biblioteca desatualizou-se, não mais atendendo aos Desembargadores, Juízes, Assessores e servidores deste órgão. Ressalto que informações jurídicas (doutrinas, jurisprudências etc.) atualizadas são imprescindíveis para o bom andamento do processo eleitoral. Diante da necessidade de renovação/atualização urgente do acervo da biblioteca, existe alguma forma mais rápida para aquisição dos livros de interesse deste órgão (contratação direta, sem licitação)?

Resposta

Situações tal como a que foi apresentada neste questionamento é que possibilitam a aplicação da contratação direta por dispensa, com fundamento no art. 24, inciso IV, da Lei de Licitações e Contratos Administrativos.

Conveniente ressaltar jurisprudência do Tribunal de Contas da União, anotada por Jorge Ulisses Jacoby em sua obra *Vade-mécum de licitações e contratos*, cujo teor é o seguinte:

> Emergência – requisitos
>
> Nota: o TCU decidiu que para a regularidade da contratação por emergência e necessário que o fato não decorra da falta de planejamento, deve existir urgência concreta e efetiva de atendimento, risco concreto e provável e a contratação ser o meio adequado para afastar o risco.
>
> Fonte: TCU. Processo nº 009.248/1994-3. Decisão nº 347/1994-Plenário.[7]

Recomenda-se, todavia, antes de se optar pela adoção do procedimento pela contratação direta, que seja verificada a possibilidade de realizar-se a contratação por meio de adesão (carona) a registros de preços realizados por outros órgãos ou entidades, especialmente porque aparenta ser de difícil realização a demonstração de risco concreto e provável.

Aquisição na vigência de registro de preços

Pergunta

Consulta: Assunto – Agricultura familiar – Art. 14 da Lei nº 11.947/2009 e art. 18 da Resolução/CD/FNDE nº 038, de 16 de julho de 2009. Questão. Havendo ata de registro de preços em vigor no

---

[7] JACOBY FERNANDES, Jorge Ulisses. *Vade-mécum de licitações e contratos*. 3. ed. Belo Horizonte: Fórum, 2006. p. 426.

Município, com preços inferiores ao PAGEPAF no programa de agricultura familiar, pode o município, na chamada pública, pagar o produtor rural com preço superior nos moldes ordenados pelo Programa Federal (§6º do artigo 23 da Res. nº 038/2009), sem ofender os princípios do artigo 37 da Constituição?

Resposta

Em face do pleito de consulta formulado, convém trazer a lume o que expressam o texto dos dispositivos mencionados, tanto da Lei nº 11.947/09, como da Resolução nº 38/2009:

> **Lei 11.947:**
> Art. 14. Do total dos recursos financeiros repassados pelo FNDE, no âmbito do PNAE, no mínimo 30% (trinta por cento) deverão ser utilizados na aquisição de gêneros alimentícios diretamente da agricultura familiar e do empreendedor familiar rural ou de suas organizações, priorizando-se os assentamentos da reforma agrária, as comunidades tradicionais indígenas e comunidades quilombolas.

> **Resolução/CD/FNDE nº 038/2009:**
> Art. 18. Do total dos recursos financeiros repassados pelo FNDE, no âmbito do PNAE, no mínimo 30% (trinta por cento) deverá ser utilizado na aquisição de gêneros alimentícios diretamente da Agricultura Familiar e do Empreendedor Familiar Rural ou suas organizações, priorizando os assentamentos da reforma agrária, as comunidades tradicionais indígenas e comunidades quilombolas, conforme o artigo 14, da Lei nº 11.947/2009.
>
> §1º *A aquisição de que trata este artigo poderá ser realizada dispensando-se o procedimento licitatório, desde que os preços sejam compatíveis com os vigentes no mercado local, observando-se os princípios inscritos no art. 37 da Constituição*, e que os alimentos atendam às exigências do controle de qualidade estabelecidas pelas normas que regulamentam a matéria.
>
> §2º A observância do percentual previsto no *caput* será disciplinada pelo FNDE e poderá ser dispensada quando presentes uma das seguintes circunstâncias:
>
> I – impossibilidade de emissão do documento fiscal correspondente;
>
> II – inviabilidade de fornecimento regular e constante dos gêneros alimentícios;
>
> III – condições higiênico-sanitárias inadequadas, isto é, que estejam em desacordo com o disposto no art. 25.

§3º A aquisição de que trata o *caput* deste artigo deverá ser realizada, sempre que possível, no mesmo ente federativo em que se localizam as escolas, observadas as diretrizes de que trata o art. 2º da Lei nº 11.947/2009.

§4º Na análise das propostas e na aquisição, deverão ser priorizadas as propostas de grupos do município. Em não se obtendo as quantidades necessárias, estas poderão ser complementadas com propostas de grupos da região, do território rural, do estado e do país, nesta ordem de prioridade.

§5º O disposto neste artigo deverá ser observado nas aquisições efetuadas pelas escolas de educação básica pública e/ou pelas Unidades Executoras de que trata o art. 6º da Lei nº 11.947/2009.

§6º As formas de aquisição de gêneros alimentícios para o PNAE poderá ser realizada por meio de licitação pública, nos termos da Lei nº 8.666/93, da Lei nº 10.520/2002 e, ainda, conforme o disposto no art. 14 da Lei nº 11.947/09.

De outra parte, incumbe coordenar os dispositivos acima transcritos com aquele presente na Lei nº 8.666/93, que disciplina a respeito do sistema de registro de preços:

Art. 15. As compras, *sempre que possível*, deverão:

[...]

II – ser processadas através de sistema de registro de preços;

[...]

§4º A *existência de preços registrados não obriga a Administração a firmar as contratações que deles poderão advir, ficando-lhe facultada a utilização de outros meios*, respeitada a legislação relativa às licitações, sendo assegurado ao beneficiário do registro preferência em igualdade de condições.

Na situação apresentada, tendo em vista a exigência contida na Lei nº 11.947/09, fica evidente que, pelo menos, 30% (trinta por cento) dos bens a serem adquiridos deverão sê-lo de produtores que se enquadrem nas definições contidas no art. 14, o que cria uma situação de impossibilidade, dando azo a aplicação do disposto no *caput* do art. 15 da Lei nº 8.666/93.

Todavia, não é possível olvidar que a preferência estabelecida pela Lei nº 11.947/09 somente prevalecerá sobre aquela estipulada pela Lei Geral de Licitações em razão de sua especificidade e pelo fato de ser posterior àquela, mas não isenta a Administração contratante de buscar preços compatíveis com aqueles praticados pelo mercado.

Assim, para que se dê preferência em tal situação aos assentados da reforma agrária, as comunidades tradicionais indígenas e comunidades quilombolas, deverão os preços por estes cobrados ser, no mínimo, igual àqueles que foram registrados.

Dispositivo da Resolução nº 038, como é o caso do art. 23, §6º, que expressa no sentido de que os preços de aquisição possam ser superiores àqueles praticados pelo mercado, deverá ser considerado inconstitucional, haja vista que não há autorização nesse sentido pela Lei nº 11.947/09, violando nesse aspecto o art. 84, VI, da CF/88, porque se trataria de regulamento autônomo fora das hipóteses previstas no dispositivo constitucional referido; como também porque transgride o princípio da eficiência, legalidade, moralidade e impessoalidade.

Arquivo cronológico e aplicação de penalidade – Manutenção

Pergunta

Assunto: Arquivamento de documentos. APRESENTAÇÃO. A Lei nº 8.666/93 dispõe, *verbis*: "Art. 60. Os contratos e seus aditamentos serão lavrados nas repartições interessadas, as quais manterão arquivo cronológico dos seus autógrafos e registro sistemático do seu extrato, salvo os relativos a direitos reais sobre imóveis, que se formalizam por instrumento lavrado em cartório de notas, de tudo juntando-se cópia no processo que lhe deu origem". A ECT envida esforços no sentido de regularizar a autuação de todos os processos de contratação e, para tanto, realiza a presente consulta para alcançar o sentido desta norma. QUESTIONAMENTOS Diante do exposto neste dispositivo legal, questiona-se, à luz da melhor doutrina e jurisprudência: 1. Qual a interpretação para a expressão "arquivo cronológico dos seus autógrafos"? 2. Qual a interpretação para a expressão "registro sistemático do seu extrato"? 3. Qual o prazo legal para que seja mantido o arquivo cronológico dos autógrafos e registro sistemático do extrato dos contratos e documentos? 4. A lei determina a realização de microfilmagem/digitalização dos documentos da contratação por prazo indeterminado? 5. Se houver infração ao art. 60 da Lei nº 8.666/93, trata-se de irregularidade formal ou material? Neste contexto, existe na doutrina e na jurisprudência do Poder Judiciário ou do Tribunal de Contas da União (TCU), a efetiva aplicação de penalidade ao empregado por descumprimento do art. 60 da LLC? Qual? 6. Considerando os princípios que regem a Administração Pública, é razoável a ECT firmar Termo de Ajustamento de Conduta (TAC) com o Ministério Público Federal (MPF) para aplicação de penalidade (multa) ao empregado que der causa às irregularidades descritas a seguir?: MULTA (R$) IRREGULARIDADE 10 mil – Não iniciar e não instruir a contratação em conformidade com a Lei nº 8.666/93. 10 mil – Não manter arquivo cronológico e registro dos extratos dos contratos. 10 mil – Não numerar e não rubricar todas as páginas. 10 mil – Não regularizar os autos de todos os processos de contratação, mesmo daqueles encerrados. 100 mil – Não arquivar por 05 anos os documentos de processos de contratação, a partir de seu encerramento. 100 mil – Não microfilmar/ digitalizar após os 05 anos os documentos de processos de contratação por prazo indeterminado

Resposta

Tendo em vista que se trata de pergunta contendo diversos questionamentos, passa-se a responder a cada um deles *de per si*, embora contextualizados uns com os outros.

R.1: A expressão "arquivo cronológico dos seus autógrafos" deve ser compreendida como a necessidade de se manter arquivo por sequência de datas, relativos às outorgas firmadas pela Administração (no caso pelos Correios) aos contratos que este vier a firmar. Como normalmente a outorga dos contratos é precedida de um parecer jurídico proferido pelo departamento jurídico do órgão e posteriormente por um despacho que o acolhe, da lavra da autoridade competente para firmar o contrato, no qual menciona expressamente que o outorga, é este documento (ou outro que lhe faça as vezes) que deverá ser mantido em arquivo cronológico, com a finalidade de dar cumprimento à disposição do art. 60 da Lei nº 8.666/93.

R.2: Novamente trata-se de regra de manutenção de registros, com a qual se pretende que seja feito o arquivamento do extrato do contrato firmado, o qual foi elaborado para publicação no *Diário Oficial*, conforme exigência do art. 61, parágrafo único, da Lei de Licitações e Contratos Administrativos.

R.3: O mesmo prazo estabelecido para a manutenção de documentos em meio físico, ou seja, 05 (cinco) anos, extraído da interpretação lógica feita a partir do disposto nos artigos 1º do Decreto-Lei nº 20.910 e 54 da Lei nº 9.784, que estabelecem o prazo prescricional em cinco anos.

R.4: Embora a Lei nº 5.433/1968, que estabelece a possibilidade de microfilmagem de documento, não estabeleça prazo para a manutenção da microfilmagem realizada o Decreto nº 1.799, de 30 de janeiro de 1996, que a regulamentou, estabelece em seu art. 18:

> Art. 18. Os microfilmes originais e os filmes cópias resultantes de microfilmagem de documentos sujeitos à fiscalização, ou necessários à prestação de contas, deverão ser mantidos pelos prazos de prescrição a que estariam sujeitos os seus respectivos originais.

Cabe, todavia, alertar que documentos de valor histórico não poderão ser objeto de descarte, nem mesmo após terem sido microfilmados, consoante dispõe o art. 2º da Lei nº 5.433/68.

R.5: Deve-se advertir que a imposição de penalidade a servidores é concretizada no âmbito da Administração ou em razão de processo penal, sendo que em ambos os casos deverá esta se encontrar fundamentada em disposição legal. Sendo assim, apenas será possível se aplicar a servidores e empregados públicos aquelas penalidades previstas em lei, mediante o estabelecimento do devido processo legal, com respeito ao contraditório e ampla defesa, sob pena de nulidade.

R.6: Não é possível que se crie norma disciplinar mediante termo de ajustamento de conduta firmado com o Ministério Público, porquanto tais atos não têm o condão de impor obrigação a terceiros estranhos ao pacto. Ademais, dispõe o art. 5º em seus incisos II e XXXIV, da Constituição Federal de 1988:

> Art. 5º. Todos são iguais perante a lei, sem distinção de qualquer natureza, garantindo-se aos brasileiros e aos estrangeiros residentes no País a inviolabilidade do direito à vida, à liberdade, à igualdade, à segurança e à propriedade, nos termos seguintes:
>
> [...]
>
> II – ninguém será obrigado a fazer ou deixar de fazer alguma coisa senão em virtude de lei;
>
> [...]
>
> XXXIX – não há crime sem lei anterior que o defina, nem pena sem prévia cominação legal;

Ora, embora não se esteja referindo a crime, trata-se da imposição de pena, situação que somente poderá ocorrer mediante a produção de ato normativo superior (Lei).

Destarte, para que se pretenda instituir penalidade e estabelecer infração disciplinar consistente na não realização de digitalização, será necessário que tal se dê por intermédio da produção de instrumento legal de produção legislativa.

Ata de Registro de Preços e quantitativo

Pergunta

No Registro de Preços (SRP) deve ser feita a estimativa da quantidade a ser adquirida. Pergunta-se: Pode ser adquirido além do quantitativo registrado sem limite? Pode ser utilizado o parágrafo 1º do art. 65 da 8.666/93? É feito Termo Aditivo da Ata de Registro de Preços para adquirir mais quantidades além do estimado?

Resposta

Em questionamento apresentado anteriormente a esta Consultoria, no qual se colacionava citação jurisprudencial do Tribunal de Contas do Município da Cidade de São Paulo, feita por Jorge Ulisses Jacoby Fernandes, a questão foi tratada nos seguintes limites:

> **Pergunta**
>
> Jorge Ulisses Jacoby Fernandes, em seu livro Sistema de Registro de Preços e Pregão Presencial e Eletrônico, afirma que "Limite de acréscimo contratual previsto no art. 65, §§1§º e 2º da Lei nº 8.666, de 21 de junho de 1993. É importante notar que a regra da admissibilidade do acréscimo, ora referida, tem seu limite definido por item, e não sobre o valor do contrato, como à primeira vista pode parecer, porque para fins do SRP cada item é um objeto autônomo e distinto, incidindo sempre sobre o valor total do item. Assim, gostaria de saber qual é o fundamento legal e jurisprudência do TCU que embasa tal assertiva, uma vez que o órgão em que trabalho entende que mesmo sendo uma licitação POR ITEM, para fins de aditamento do quantitativo de um dos itens deve-se considerar 25% do valor total do contrato e não do valor total consignado na Ata de Registro de Preços para esse item".
>
> **Resposta**
>
> O posicionamento doutrinário do ilustre autor citado, conforme enuncia o texto em questão logo abaixo da parte transcrita no questionamento acima,[8] encontra-se balizado em julgado do Tribunal de Contas do Município de São Paulo. Processo TC nº 72-003.188/98-70.

[8] JACOBY FERNANDES, Jorge Ulisses. *Sistema de registro de preços e pregão*. 3. ed. Belo Horizonte: Fórum, 2008. p. 391 (nota de rodapé).

> Já o fundamento legal para tal posicionamento está contido no próprio art. 12 do Decreto nº 3.931/2001, porquanto este estabelece que "A *ata de registro de preços* poderá sofrer alterações, obedecidas as disposições contidas no art. 65 da Lei nº 8.666, de 1993".
>
> Ora, ao afirmar que a ata se encontra sujeita às alterações contidas no art. 65 e não os contratos dela resultantes fica claro que somente poderá estar se falando em alteração do quantitativo dos itens e não do valor dos contratos eventualmente realizados em virtude do registro de preços.
>
> Os acréscimos em questão foram concebidos para permitir a ampliação do objeto a ser contratado não sendo razoável que se pretenda fazê-lo incidir sobre os valores dos contratos, destarte, tanto a redação conduz a esta compreensão, como também assim o determina uma análise teleológica da aplicação do dispositivo do Decreto nº 3.931/2001 e da Lei nº 8.666/1993.

Portanto, há previsão na regulamentação contida no Decreto nº 3.931/2001, que autoriza a ampliação de quantitativos constantes em ata de registro de preços, não obstante o dispositivo do art. 65 da Lei nº 8.666/93 refira-se aos contratos.

Em eventual aditamento da ata, em decorrência da previsão contida no regulamento, bastará que se faça apostilamento do ato que determinou a ampliação nos termos do art. 65 da Lei de Licitações e Contratos Administrativos.

Convêm, no entanto, ressaltar que a inclusão da hipótese de acréscimo no Decreto nº 3.931/01, contraria o disposto no art. 84, VI, da Constituição Federal, haja vista a clara percepção quanto ao caráter de autonomia do decreto regulamentar, neste aspecto, em relação ao dispositivo que trata do Sistema de Registro de Preços — o art. 15 da Lei nº 8.666/93, especialmente porque este em seu §7º, inciso II, fixa a necessidade de definição de quantidades, estabelecidas por estimação, sem aventar a possibilidade de ampliação destas após a confecção da ata.

Autorização de prorrogação de contrato

Pergunta

O art. 57, §2º, da Lei de licitações prevê que "toda prorrogação de prazo deverá ser justificada por escrito e previamente autorizada pela autoridade competente para celebrar o contrato". Gostaria de saber em que momento deve ser registrada nos autos a "autorização". Desde o início do processo (na fase da colheita do aceite da contratada) ou após analisar a minuta do aditivo, ou seja, basta que seja anterior à assinatura?

Resposta

O momento para que se colha a autorização para a prorrogação do contrato administrativo, em virtude do que dispõe o art. 57, §2º, da Lei nº 8.666/93, é o que antecede a todos os atos destinados à prorrogação do ajuste. Ou seja, tal autorização deverá preceder a todos os demais atos.

Convém ainda advertir que uma vez tendo sido prevista no edital a possibilidade de prorrogação, especialmente no caso de serviço, implica que esta possibilidade foi licitada e aceita pelo licitante, não sendo admissível que este deixe de concordar com a prorrogação, a menos que exista motivo razoável para tanto.

Portanto, não há que se falar em aceitação da prorrogação, mas dos termos do aditamento que a contém e, quanto à autorização, esta deverá ser precedente ao envide de esforços destinados à sua consecução.

Autorização de uso – Revogação

Pergunta

A XXXX celebrou Termo de Autorização de Uso de Imóvel com uma pessoa, de um imóvel localizado numa estação de tratamento, objetivando que esta pessoa residisse no local evitando a invasão do local por vândalos. Ocorre que essa pessoa não tem sido encontrada com frequência no imóvel, descumprindo a obrigação pactuada no termo. Há uma cláusula de rescisão automática do termo por falta grave, isso é legal? O termo correto a ser utilizado é rescisão? Como deve ser feita a comunicação da pessoa para a desocupação do imóvel? É necessário que se publique a rescisão? Assim que se regularizar a situação da "rescisão" a XXXX gostaria de celebrar outro termo de autorização para que o imóvel não fique sozinho.

Resposta

A autorização, consoante o entendimento doutrinário administrativo é ato de natureza precária, o que significa que não estabelece uma relação estável entre a Administração e o particular a quem a mesma aproveita.

Sendo assim, a Administração pode revogá-la por razões de mérito administrativo, ou seja, mediante simples juízo de conveniência e oportunidade, sem que disto resulte qualquer direito indenizatório ao particular, salvo por benfeitorias indenizáveis, nos termos da legislação civil.

Porém, é fundamental que a situação esteja caracterizada como uma autorização, porquanto embora seja esta a nomenclatura utilizada pode ocorrer de a substância do ato ser de outra natureza.

Especialmente é conveniente que se verifique na legislação local a existência de permissivo legal que legitime a utilização desse meio para a realização de tais ajustes. Caso não exista, deverá ser providenciada a sua elaboração com a provocação do Poder Legislativo estadual. Existindo, ater-se ao cumprimento do que tiver em lei estabelecido.

Balanço – Apresentação – Microempresas e empresas de pequeno porte

Pergunta

Num edital que prevê apresentação de balanço patrimonial e demonstrações contábeis na forma da lei (art. 31, Lei nº 8.666/93) as microempresas declarando que são dispensadas da elaboração de balanço poderão ser habilitadas ao certame? A expressão "apresentados na forma da lei" constante no art. 31 da Lei nº 8.666/93 significa balanço registrado na junta comercial com termo de abertura e termo de encerramento ou balanço simplesmente assinado por um contabilista e o representante legal da empresa? Como seria exigida ou não em função da edição da Lei Complementar nº 123/2006?

Resposta

A compreensão da expressão contida no art. 31, inciso I, da Lei nº 8.666/93, deverá levar em consideração os objetivos de uma e outra norma.

Enquanto a Lei nº 8.666/93 estabelece regras que objetivam proteger o Estado, por ocasião da realização de procedimento licitatório e contratação com particulares que tenha-se sagrado vencedor em um desses certames, a Lei Complementar nº 123/2006 visa simplificar a escrituração e outros diversos aspectos que sirvam de proteção à microempresa e à empresa de pequeno porte.

Assim, tem-se de um lado uma norma protetiva do interesse público e, do outro, uma norma resguardadora da iniciativa de pequenos e microempresários.

O que se vê, no Estatuto Nacional da Microempresa e Empresa de Pequeno Porte, é que quando se pretendeu que seus dispositivos tivessem alcance em matéria específica, como é o tema "licitações", o fez de modo expresso. Tanto assim que estabeleceu em seus artigos 42 a 49 as situações em que tais empresas teriam privilégios, em procedimentos licitatórios, bem como quais seriam esses privilégios.

Não há, todavia, qualquer menção a uma dispensa na apresentação de balanço. Daí resta concluir que não houve tal intenção por parte do legislação, pois do contrário, teria feito constar, a exemplo dos arts. 42 a 49, expressamente tal hipótese.

Resta, portanto, concluir que, em vista da especialidade da Lei nº 8.666/93, em relação à Lei Complementar nº 123, no que tange a licitações e contratos administrativos, a primeira prevalece, quanto a esse tema sobre a segunda, sendo legítima a exigência de balanços das microempresas e empresas de pequeno porte, para contratarem com a Administração Pública, especialmente, porque assim é que melhor se protege o interesse da coletividade.

Bem comum para efeito de Pregão

Pergunta

A aquisição de próteses para segurados do regime geral de previdência social pode ser entendida como bem comum para fins de utilização da modalidade licitatória de Pregão?

Resposta

O que irá definir um bem como comum, para efeito do que dispõe a Lei nº 10.520/02, não será a sua destinação, ou suas características intrínsecas de maior ou menor complexidade na sua produção, mas o fato de se tratar de bem que é possível ser adquirido no mercado sem a necessidade de indicação de especificações *sui generis* que possibilitem a sua produção.

Era a isto que se referia o legislador ao esclarecer no parágrafo único do art. 1º da Lei do Pregão, ao qualificar como bens e serviços comuns aqueles "cujos padrões de desempenho e qualidade possam ser objetivamente definidos pelo edital".

Assim, conquanto determinado bem possa ser descrito objetivamente no edital de licitação, sem a necessidade de apresentação de especificações que o façam incomum, diferente daquilo que é corriqueiro ofertar-se no mercado, tratar-se-á de bem ou serviço comum, independentemente do que quer que seja.

Bens – Perdimento em favor da Fazenda tributos devidos

Pergunta

O XXXX recebeu da Secretaria da Receita Federal um carro, por "incorporação" (?), segundo o ato administrativo (a proprietária originária sofreu o perdimento de bem em favor da União) que registra a responsabilidade da Autarquia por todos os débitos incidentes sobre o bem. O veículo tem IPVA, multa, licenciamento e seguro obrigatório vencidos. A Autarquia deve pagar estas despesas? Em relação ao IPVA, não há a imunidade?

Resposta

Realmente é questionável a utilização da expressão "incorporação" para a situação apresentada, pois na verdade trata-se de utilização dentro do próprio âmbito da União, de veículo a ela pertencente.

Toda a situação ocorrida posteriormente ao perdimento do bem pelo particular à União tem característica meramente contábil patrimonial, ou seja, não se configura como transferência de propriedade ou situação que o valha. Na verdade, a mudança de propriedade do veículo deu-se quando da declaração de perdimento do bem por sua proprietária em favor da União.

Deve-se lembrar da aplicação no Direito pátrio do princípio segundo o qual *res perit domino*, ou "a coisa perece para o dono". Assim, apenas responderá pelo bem o seu proprietário, após assumir esta condição.

Não há, pois, que se falar em débito anterior referente a tributos não pagos pela antiga proprietária e que teriam sido transferidos com o bem para aquele que o adquiriu, fosse assim a União jamais teria interesse em decretar o perdimento em seu favor de tais bens, haja vista que em muitos casos existem débitos tributários superiores ao valor do próprio bem.

Destarte, deverá a Administração cobrar da antiga proprietária o valor dos tributos incidentes sobre o veículo até a data em que se deu a transferência do domínio e, a partir da ocorrência deste fato, tem-se a impossibilidade de estabelecimento da cobrança, porquanto acobertada a situação pela imunidade tributária, nos termos do art. 150, VI, "a", da Constituição Federal de 1988.

Bens móveis – Aquisição para doação

Pergunta

Pode uma secretaria de ação social adquirir bens móveis para doação, tais como: ventilador, tanquinho para lavar roupa? Quais são as restrições para doação de bens móveis? Como deve ser o procedimento? E qual a legislação aplicável?

Resposta

É possível que seja realizada a aquisição de tais bens para doação. Entretanto, é fundamental que haja amparo legal para que procedimento ocorra observando o disposto no art. 17, II, "a", da Lei de Licitações e Contratos Administrativos, bem como deverá ser tratada como subvenção social, evitando-se, portanto, que ao se adquirirem tais bens estes sejam escriturados contabilmente no ativo permanente da Secretaria, o que dificultaria bastante a sua alienação posterior por doação.

Ressalte-se, mais uma vez, que mesmo não havendo exigência legal na lei de licitações para que haja autorização legal para a doação de tais bens, uma vez que se trata de subvencionamento social deverá ser seguida a regra da Lei de Responsabilidade Fiscal, inserta no seu art. 26, *caput*.

Assim, a aquisição dos referidos bens deverá ser realizada com recursos destinados ao subvencionamento social, observando-se, destarte, o disposto no art. 16 da Lei nº 4.320/1964.

CADIN – Contrato com empresa inscrita

Pergunta

A Administração Pública pode firmar contrato com empresa inscrita no CADIN? As empresas têm defendido a possibilidade, tendo em vista a ADIN nº 1.454-4, pelo Supremo Tribunal Federal, na qual foi suspenso cautelarmente o dispositivo que vedava a contratação de quem estivesse irregular com o CADIN por mais de 30 (trinta) dias. Ocorre que recentemente a ADIN foi julgada prejudicada (Boletim Informativo 472) e a Lei nº 10.522/02 não regula adequadamente a possibilidade ou não de contratação com as empresas inscritas no CADIN.

Resposta

A compreensão do tema deverá levar em consideração o disposto tanto na legislação que trata a respeito da inscrição de contribuinte no cadastro informativo federal (CADIN) como o disposto na Lei de Licitações e Contratos Administrativos.

Desse modo, embora não trate diretamente a Lei nº 10.522/02 de impedir a contratação entre a Administração Pública e empresa inscrita no CADIN, contém o art. 6º, inciso III, daquela lei disposição que obriga a realização de consulta prévia pela Administração em relação às empresas com as quais irá firmar contrato.

Seria inócuo que se realizasse tal consulta e, mesmo que ela resultasse positiva, ainda assim se firmasse contrato com a empresa em questão. Entretanto, a norma em questão não resulta inócua, pois deverá ser conjugada com a disposição do art. 29, que estabelece a necessidade do licitante ou aquele que contrata diretamente com a Administração Pública de demonstrar sua regularidade fiscal, consistente em prova da inscrição no cadastro de pessoas jurídicas, no cadastro estadual e municipal, prova de regularidade com as Fazendas Municipal, Estadual e Federal e prova de regularidade relativamente à seguridade social e ao FGTS.

Além disso, deverá o contratado, consoante determina o art. 55, inciso XIII, manter as mesmas condições de habilitação e qualificação que apresentava por ocasião do procedimento licitatório.

Dessa forma, caso esteja inscrita determinada empresa no CADIN isto significará o seu enquadramento em alguma das situações preconizadas no art. 2º da Lei nº 10.522/02:

> Art. 2º O Cadin conterá relação das pessoas físicas e jurídicas que:
>
> I – sejam responsáveis por obrigações pecuniárias vencidas e não pagas, para com órgãos e entidades da Administração Pública Federal, direta e indireta;
>
> II – estejam com a inscrição nos cadastros indicados, do Ministério da Fazenda, em uma das seguintes situações:
>
> a) suspensa ou cancelada no Cadastro de Pessoas Físicas – CPF;
>
> b) declarada inapta perante o Cadastro Geral de Contribuintes – CGC.

Ora, se inscrita no CADIN em razão da hipótese preconizada no inciso I, não terá a empresa mantido a condição de regularidade com uma das Fazendas Públicas e, consequentemente, terá descumprido o disposto no art. 55, XIII, da Lei nº 8.666/93.

Caracterizada situação preconizada no inciso II, seja na sua alínea "a" ou na alínea "b", do mesmo modo não terá mantido suas condições iniciais, pois alterada de modo fundamental a sua qualificação.

Portanto, se sequer pode ser mantida a contratação com empresa que esteja inscrita no cadastro federal (CADIN), muito menos poderá se contratar com tais empresas.

Cálculo do acréscimo unilateral de contrato

Pergunta

Como devemos considerar o acréscimo quantitativo de 25% do valor inicial atualizado do contrato, autorizado no art. 65, §§1º e 2º, da Lei nº 8.666/93, no caso de serviços continuados? 1. Toma-se como referência o preço referente a um mês de serviço prestado, atualiza-se, e tem-se aí o limite do acréscimo/diminuição no mês, que valerá para todo o contrato, inclusive eventual prorrogação? Ou se deve tomar 25% do valor inicial atualizado considerando-se os 12 meses de vigência? Nesta última hipótese, se faltarem apenas quatro meses para término do contrato, pode a Administração utilizar o incremento dos 25% sobre o total dos doze meses em apenas quatro meses? Se se tratasse de redução de 25%, poderíamos, nessa última hipótese, simplesmente rescindir o contrato, face ao grande montante da redução em período tão pequeno? Sob outro ângulo, se a Administração calcular o limite de 25% sobre o valor inicial da prestação mensal, e doravante o pagamento mensal se fizer com esse acréscimo, havendo prorrogação por sucessivas vezes, pode-se então chegar, em algum momento, a ter obrigatoriamente de rescindir o contrato por atingir o limite de 25% sobre o total inicial (12 meses)? 2. Qual o critério de atualização do valor inicial do contrato? Normalmente os editais não preveem um índice.

Resposta

A alteração unilateral preconizada pelo art. 65, §1º, da Lei nº 8.666/93 é calculada sobre o valor inicial atualizado do contrato firmado, ou seja, considera-se o valor total e não apenas o valor correspondente a parte ainda não executada.

Assim, tanto o acréscimo quanto a redução, o percentual de 25% (vinte e cinco por cento) ou 50% (cinquenta por cento), conforme se trate de serviço, obra ou fornecimento, ou o percentual maior, no caso de reforma, conquanto em relação a esta última seja ainda factível, deverão incidir sobre o valor inicial do contrato, atualizado.

Cuida-se de limite que não poderá ser ultrapassado e deverá corresponder proporcionalmente ao serviço, obra ou fornecimento reduzido.

Os índices de atualização deverão ser estabelecidos no contrato. Todavia, se este não o prevê o correto é que se utilize o índice mais benéfico para a Administração, relacionado com o objeto do contrato. Assim, por exemplo, o índice utilizado para obra deverá ser aquele que corresponda a variação de preços da construção civil.

Deve-se tomar como principal critério de fixação do acréscimo o montante financeiro correspondente ao valor do que se pretende acrescer ao que foi inicialmente contratado.

A redução ou aumento do objeto do contrato está relacionada com a necessidade da Administração, mas também com a racionalidade em sua concretização. Não deve ser admitida a redução se ao se aplicar tal medida não puder ser concretizada a obra, serviço ou fornecimento contratados. Do mesmo modo não se utiliza a ampliação quando o que se pretende ter como acréscimo é na verdade outro objeto, que deveria ser resultante de procedimento licitatório independente.

Carona em Sistema de Registro de Preços – Momento para a adesão

Pergunta

Um órgão solicitou adesão a uma ata de registro de preço dentro do prazo de vigência da ata, porém a resposta do órgão gerenciador da ata somente informou da concordância da empresa após o vencimento da ata. Pode-se dar continuidade a este processo, tendo em vista trata-se de serviço necessário ao órgão e ter o mesmo solicitado dentro do prazo da ata?

Resposta

Em que pese não ser possível responsabilizar o interessado na adesão ao Sistema de Registro de Preços pela demora na concretização deste fato, há que se levar em consideração o disposto no art. 8º do Decreto nº 3.931/2001, em se tratando de Administração Pública Federal, porquanto ali se estabelece o seguinte:

> Art. 8º. A Ata de Registro de Preços, durante a sua vigência poderá ser utilizada por qualquer órgão ou entidade da Administração que não tenha participado no certame licitatório, mediante prévia consulta ao órgão gerenciador, desde que devidamente comprovada a vantagem.

Portanto, não se encontrando mais vigente a ata não há que se falar na possibilidade de adesão, porquanto a condição para que tal adesão possa ser concretizada é que esteja vigente a ata.

Dessa forma, mesmo não tendo sido o interessado na carona responsável pela demora na anuência com o seu pedido de adesão, há o impedimento normativo, porque não será possível a adesão à ata se esta teve o seu período de vigência expirado.

A necessidade do serviço poderá ser justificativa para a realização emergencial de contratação direta, conquanto enquadrável na hipótese, até que sejam tomadas providências para a realização de procedimento licitatório para a contratação do objeto ou registro próprio de ata de preços.

CDC E CONTRATOS ADMINISTRATIVOS – PRAZO PRESCRICIONAL

Pergunta

Aplica-se o CDC aos contratos administrativos? Qual é o prazo prescricional para a Administração Pública ajuizar ação de reparação de danos em face de uma construtora por vícios construtivos? 10 anos, conforme o CC, art. 205? 3 anos, conforme o CC, art. 206, §3º, V? Ou 5 anos, conforme o CDC, art. 27?

Resposta

A aplicação do Código de Proteção e Defesa do Consumidor se restringe às relações consumeiristas. Portanto, apenas no caso de se configurar situação em que o contrato administrativo foi firmado com essa característica é que se poderá utilizar das regras ali previstas.

Se a Administração Pública adquire, p. ex., uma unidade habitacional de um imóvel comercializado por uma construtora ou incorporadora, poderá se valer das regras previstas para as relações de consumo, mas se a Administração Pública contrata, após procedimento licitatório, a construção de um prédio, serão aplicáveis as regras da Lei nº 8.666/93, combinadas com o art. 205, do Código Civil, cujo prazo prescricional é de 10 (dez) anos, uma vez que não há estabelecimento em lei de disposição por prazo menor.

CERTIDÃO NEGATIVA E OS NOVOS INSTITUTOS DA FALÊNCIA E DA RECUPERAÇÃO JUDICIAL

Pergunta

Em vista das alterações dos institutos de Concordata e Recuperação Judicial (Lei nº 11.101/2005) e seus efeitos, consulto se as pessoas jurídicas sujeitas ao regime de recuperação judicial ou extrajudicial podem participar de certames licitatórios federais. Em sendo a resposta positiva, é exigível de tais empresas a apresentação de certidão negativa com efeito positivo ou certidão positiva para recuperação judicial ou extrajudicial?

Resposta

Atualmente, não há mais que se falar em concordata, haja vista que tal instituto foi substituído pela recuperação judicial e extrajudicial de empresas, previstas na Lei nº 11.101/05 (Lei de Recuperação de Empresas). Ocorre que, o inc. II do art. 31 da Lei nº 8.666/93 (Lei de Licitações e Contratos) continua a prever que, para o fim de comprovar a qualificação econômico-financeira, a Administração Pública deve requerer que as sociedades empresárias interessadas em participar de licitação apresentem "certidão negativa de falência ou concordata expedida pelo distribuidor da sede da pessoa jurídica [...]".

Infere-se, pois, que o inc. II do art. 31 da Lei nº 8.666/93 continua se referindo à já extinta concordata e, noutro giro, não há menção semelhante na legislação sobre a necessidade de apresentação de certidão negativa de recuperação judicial ou extrajudicial. Contudo, aplicando-se analogicamente o referido dispositivo da Lei nº 8.666/93, conclui-se que a Administração Pública deve exigir a apresentação de certidão negativa de recuperação judicial e extrajudicial das sociedades empresárias interessadas em participar de certame licitatório.

Há que se levar em conta o interesse público presente na exigência de certidão negativa de falência e concordata, o que indubitavelmente pretende que as contratações realizadas pela Administração Pública sejam levadas a termo com empresas sólidas e capazes de cumprir com a contratação assumida, sem solução de continuidade nos serviços, obras ou fornecimentos contratados.

Portanto, deve-se compreender que a exigência contida no art. 31 da Lei de Licitações e Contratos Administrativos refere-se, atualmente, em face da modificação na legislação empresarial, aos institutos da recuperação e da falência, sendo estas as indicações que deverão estar presentes na certidão negativa.

Chamamento público

Pergunta

Solicito maiores informações sobre o chamamento público, com fundamentos doutrinário, jurisprudencial e legal. Quando e de que forma pode ser usado esse instituto? Em quais casos? Qual a base legal? Como o TCU trata esse assunto?

Resposta

A hipótese de chamamento público, preconizada expressamente em lei, é apenas aquela constante no art. 34, §1º, da Lei de Licitações e Contratos Administrativos, e se refere aos registros cadastrais, sendo utilizada na hipótese de se dar ciência àqueles interessados em realizar ou atualizar o seu registro cadastral como fornecedor perante o órgão cadastral.

No entanto, embora não se trate de hipótese prevista na Lei de Licitações e Contratos Administrativos, utiliza-se o chamamento para as situações nas quais se realiza o credenciamento de prestadores de serviços, naquelas hipóteses em que há inviabilidade de competição, como, p. ex., no credenciamento de profissionais de saúde para atendimento a usuários de serviços de saúde de sistema assistenciário estatal, situação em que a escolha do profissional é feita pelo paciente.

Quanto ao posicionamento do TCU a respeito, verifica-se que a utilização do termo é múltipla naquela Corte de Contas, pois ora a utiliza como sinônimo de edital de convocação para licitação, como o faz, p. ex., no Acórdão nº 145/2002-Plenário; na maioria das vezes tratando nos termos do que expressa o art. 34, §1º, da Lei nº 8.666/93 (Acórdãos nºs 30/1999-Plenário, 124/1999-Plenário, 333/2000-Segunda Câmara) e também como forma de convocação para o credenciamento em situação de inexigibilidade, como nos Acórdãos nº 1073/2003-Plenário e nº 1795/2005-Plenário.

Cobrança por disponibilização de material

Pergunta

Com vistas a se evitar solução de continuidade da obra ou seu atraso pela falta de insumos e equipamentos a serem aplicados, haja vista o "aquecimento no mercado construção civil", questionamos se é possível incluir, no contrato de construção predial, cláusula que preveja pagamento de insumos e equipamentos disponibilizados no canteiro, mas não aplicados na obra, sendo efetuada a medição considerando o valor do insumo ou equipamento, ficando o pagamento relativo ao BDI do material e equipamento, bem como a parcela dos serviços relativos à mão de obra e respectivo BDI realizado após a efetiva e completa aplicação dos insumos e instalação dos equipamentos. Podemos considerar como alteração contratual, com base na alínea "c", inciso II, do art. 65 da Lei nº 8.666/93?

Resposta

Não há como incluir na composição de custo de obra valor correspondente a material não utilizado. Tal situação incorreria em transgressão ao que estabelece o art. 7º, §2º, inciso II, c/c o §6º, da Lei nº 8.666/93, cujo teor é o seguinte:

> Art. 7º. [...]
>
> [...]
>
> §2º As obras e serviços somente poderão ser licitados quando:
>
> [...]
>
> II – existir orçamento detalhado em planilhas que expressem a composição de todos os custos unitários;
>
> [...]
>
> §6º A infringência do disposto neste artigo implica a nulidade dos atos ou contratos e a responsabilidade de quem lhes tenha dado causa.

Ora, não há como se afirmar que determinado bem, que apenas esteve disponível para uma obra, sem, todavia, ser utilizado, possa ser incluído na composição de custo dessa mesma obra.

A inclusão de elementos de composição de custo que efetivamente não serão utilizados na obra, ou que não se tem certeza de que serão usados, estabelece fator de imprevisibilidade e abstração no orçamento, cuja concepção é exatamente o oposto disto.

Sendo assim, fatores conjunturais que repercutam sobre os custos unitários devem ser considerados como tais, mas sem que para tanto faça constar em planilha de composição de custo elementos incertos, especialmente em se tratando de obra, uma vez que estes objetos contratuais podem, com a aplicação das técnicas corretas, ser exatamente quantificados ou estimados com alto grau de aproximação, inclusive valendo-se de estudos preliminares, normalmente inseridos na elaboração do projeto básico e do projeto executivo.

A respeito da importância da definição correta dos parâmetros de custo da obra bem esclarece Cláudio Sarian Altounian:

> Importa ressaltar que, por vezes, em face de peculiaridades da obra em estudo, é necessária a realização de ajustes nos custos unitários em função de distância de transporte, disponibilidade de jazidas ou de mão de obra. Para tanto é fundamental que todos os ajustes, principalmente os acréscimos, estejam registrados no processo licitatório pelos seguintes motivos:

a) facilitar a análise das propostas apresentadas pelas empresas na fase externa;

b) esclarecer dúvidas suscitadas pelos órgãos de controle; e

c) caracterizar a responsabilidade do profissional responsável pela elaboração do orçamento, eximindo os demais membros da equipe encarregada da condução da licitação.

O cuidado na definição dos preços deve estar na definição de todos os parâmetros, visto que o equívoco em qualquer um deles poderá ensejar definição de preços superiores aos razoáveis.[9]

Destarte, para que se inclua valor em composição de custo este deverá efetivamente fazer parte do montante a ser despendido com a execução da obra, sob pena de sofrer correição em tal procedimento por parte dos órgãos de controle, especialmente dos tribunais de contas.

Tanto assim que o Tribunal de Contas da União, ao decidir a respeito do tema ora em apreço assim se posicionou:

... somente se proceda à licitação de obras ou serviços – ou dê prosseguimento a processos de contratação direta de obras e serviços – quando existir orçamento detalhado em planilhas que expressem todos os custos unitários das obras ou serviços objeto da licitação ou da contratação direta, de acordo com o artigo 7º, §2º, inciso II, e 9º, da Lei nº 8.666/93, inclusive nos casos de dispensa e inexigibilidade de licitação;

Fonte: TCU. Processo nº TC-012.067/2001-0. Acórdão nº 690/2005 – 2ª Câmara.[10]

Pedro Jorge Rocha de Oliveira, tratando a respeito do conteúdo das planilhas de obras públicas, assim se expressou:

Em síntese, a planilha orçamentária deverá:

- ser elaborada por pessoal habilitado e capacitado;
- conter a descrição clara dos serviços e materiais;
- comprovar que os serviços descritos nos respectivos itens correspondem àqueles que serão aplicados na obra, pelo exame da composição unitária dos insumos (materiais, mão de obra, equipamentos, produtividade de equipamentos, encargos etc.).[11]

---

[9] ALTOUNIAN, Cláudio Sarian. *Obras públicas*: licitação, contratação, fiscalização e utilização. Belo Horizonte: Fórum, 2007. p. 111-112.

[10] JACOBY FERNANDES, Jorge Ulisses. *Vade-mécum de licitações e contratos*. 3. ed. Belo Horizonte: Fórum, 2006. p. 180.

[11] OLIVEIRA, Pedro Jorge Rocha. *Obras públicas*: tirando suas dúvidas. Belo Horizonte: Fórum, 2010. p. 162.

Assim, não há que se falar na inclusão em planilha de composição de custo de obra de bem, serviço ou equipamento que efetivamente não será ali utilizado. O que poderá ocorrer é de a demanda maior ou menor por determinado equipamento, tornando-o escasso no mercado, impactar sobre o custo da locação, jamais pagar-se pela simples disponibilidade de tais equipamentos a título de reserva.

Para corroborar tal entendimento é conveniente a compreensão quanto ao sentido da expressão "custo", que expressa no caso vertente o montante despendido efetivamente para fazer frente a determinada necessidade, o que não coaduna com a simples intenção de fazer reserva de equipamento para eventualidade dependente de uma série de sucessos improváveis.

Competência para aplicação de penalidade

Pergunta

Empresa estatal municipal, por decisão de sua autoridade máxima, ou seja, seu diretor presidente, poderá aplicar a sanção de declaração de inidoneidade prevista no inciso IV do art. 87 da Lei Federal nº 8.666/93 ou referida penalidade só poderia ser aplicada pelo Prefeito. Neste último caso, quem conduziria o procedimento de aplicação de penalidade: a empresa, remetendo as conclusões (com parecer jurídico etc.) ao Prefeito; ou deveria ser encaminhado apenas um relatório com as infrações observadas que poderiam ensejar aquela penalidade administrativa?

Resposta

Tendo em vista que as empresas públicas, assim como as sociedades de economia mista, são resultantes de descentralização administrativa na qual se atribui aos entes descentralizados autonomia financeira e administrativa, não seria de se esperar que a aplicação de penalidades, decorrentes de procedimento administrativo ocorrido no âmbito destas tivesse como autoridade competente para a aplicação de penalidade o chefe da entidade descentralizadora.

Caso fosse assim, não faria sentido falar-se em descentralização, pois o controle não seria apenas finalístico, mas hierárquico. Disso decorre, portanto, que a competência para a aplicação da penalidade preconizada pelo art. 87, IV, da Lei de Licitações e Contratos

Administrativos é da autoridade máxima da entidade onde foi promovido o processo administrativo, no caso apresentado o Diretor ou Superintendente que dirige em nível mais elevado a empresa estatal em questão.

Assim, pois, a regra expressa no §3º do artigo 87 da Lei nº 8.666/93 deverá ser compreendida *cum grano salis*, haja vista a não submissão da Administração direta à Administração direta senão quanto ao cumprimento das finalidades para as quais foi instituída.

Cabe ressaltar, que caso se pretenda dar maior alcance à declaração de inidoneidade, quando esta tenha resultado de fraude em licitação, deve-se informar a ocorrência ao Tribunal de Contas da União, para que este aja nos termos do art. 46 de sua Lei Orgânica, a seguir transcrito:

> Art. 46. Verificada a ocorrência de fraude comprovada à licitação, o Tribunal declarará a inidoneidade do licitante fraudador para participar, por até cinco anos, de licitação na Administração Pública Federal.

Entretanto, a informação deverá conter todos os elementos necessários para a comprovação da fraude pelo próprio TCU.

COMPRA DE LIVROS DIDÁTICOS

Pergunta

Consulta Livros Didáticos Tendo em vista que a aquisição de livros didáticos é uma necessidade periódica, algumas dúvidas surgem quanto à legalidade da forma de escolha do livro didático pela Administração Pública estadual, bem como sobre a modalidade de licitação adequada a esse fim. Desta feita, indago: 1. Com base na discricionariedade administrativa, é lícito promover um procedimento "informal" (no sentido de ausência de previsão legal), inclusive com publicação de edital de convocação via *site* do Governo, que vise inscrever editoras para apresentação das obras, cujos direitos autorais são por elas detidos, a fim de que uma Comissão, formalmente instituída para tanto pela Secretaria de Educação Estadual, avalie o conteúdo e realize uma triagem das obras inscritas para, com base nessa avaliação, gerar uma lista das obras selecionadas a ser remetida às Secretarias Municipais de Educação para que estas escolham, dentro daquela lista, o livro didático que irão adotar e informem, ao Governo Estadual, qual a obra que deverá ser adquirida? 2. A situação acima narrada, qual seja, mera apresentação de livros pelas editoras para uma triagem inicial, demandaria, de logo, uma licitação tipo técnica e preço, por exemplo? 3. Depois de decidida qual obra será comprada, essa aquisição poderia ser feita por inexigibilidade de licitação, haja vista que a editora detém os direitos autorais do livro?

Resposta

A questão formulada pela orientanda, embora esta solicite resposta detida e fundamentada, traz aspectos não jurídicos, como, por exemplo, perguntar "qual obra deverá ser adquirida?" Ora, a escolha em questão está relacionada com a linha pedagógica adotada, constituindo, portanto, tema alheio à seara jurídica.

Desse modo, e mesmo pela inexistência de norma geral a respeito do tema, a orientação que se fará encontra-se lastreada, como irá se demonstrar nos princípios pertinentes à Administração Pública, evitando a incursão por meandros pedagógicos, os quais não constituem objetivo da Revista.

Passa-se, portanto, a responder individualmente os questionamentos apresentados, conforme a sequência em que foram expostos.

Questionamento 1: "*Com base na discricionariedade administrativa, é lícito promover um procedimento 'informal' (no sentido de ausência de previsão legal), inclusive com publicação de edital de convocação via* site *do Governo, que vise inscrever editoras para apresentação das obras, cujos direitos autorais são por elas detidos, a fim de que uma Comissão, formalmente instituída para tanto pela Secretaria de Educação Estadual, avalie o conteúdo e realize uma triagem das obras inscritas para, com base nessa avaliação, gerar uma lista das obras selecionadas a ser remetida às Secretarias Municipais de Educação para que estas escolham, dentro daquela lista, o livro didático que irão adotar e informem, ao Governo Estadual, qual a obra que deverá ser adquirida?*"

R.1: A primeira parte deste questionamento específico perquire sobre a licitude de se proceder procedimento informal, ante a ausência de previsão legal para a seleção de obras didáticas.

Todavia, como é cediço, aplica-se aos atos praticados pela Administração o Princípio da Legalidade Estrita, o qual demanda que as ações de gestão pública devem se encontrar consentâneas com lei que as autorize e discipline. Pois bem, uma vez que se leve em consideração que não há procedimento legal especificamente voltado para a realização de seleção de obras didáticas, qual seria a solução adequada?

Obviamente que não poderá ser a inércia administrativa com espeque na impossibilidade jurídica de prática do ato administrativo, haja vista a existência de demanda da coletividade por determinada ação da Administração, o que resulta na existência de poder-dever de gestor para a execução das ações necessárias.

Entretanto, mesmo não existindo procedimento específico para a seleção aventada, tal não implica que seja impossível a sua realização, que poderá se realizar mediante o uso analógico de regras estabelecidas na própria Lei de Licitações e Contratos Administrativos.

Assim, por exemplo, poderia se utilizar de procedimento de cadastramento de obras para serem adquiridas pela Administração, o qual se condicionaria ao preenchimento de certos requisitos pedagógicos e econômicos, fixados em edital publicado com antecedência suficiente para permitir a adequação daqueles que se interessem a fornecer tais bens.

No caso da adoção de procedimento dessa natureza, sugere-se que sejam definidos no edital critérios pedagógicos com sua respectiva pontuação, fundamentando a sua inclusão no caso de opção por determinada corrente, em respeito ao Princípio Isonômico; assim como critérios econômicos igualmente pontuados.

Após finalmente ter-se chegado a uma lista de livros credenciados, estes seriam selecionados mediante opção das secretarias municipais, cuja escolha deveria trazer a motivação que as norteou.

Questionamento 2: "*A situação acima narrada, qual seja, mera apresentação de livros pelas editoras para uma triagem inicial, demandaria, de logo, uma licitação tipo técnica e preço, por exemplo?*"

R.2: Embora possível a aquisição de livros didáticos mediante a realização de licitação tipo melhor técnica e preço, a alternativa do credenciamento prévio para a aquisição direta posterior, ou licitação no caso de existirem diversos distribuidores, tem caráter mais democrático por preservar a possibilidade de escolha no âmbito municipal, possibilitando maior influência do corpo docente e, portanto, ampliando a percepção de adequação com as necessidades locais.

Convém, porém, ressaltar ser possível tanto uma quanto outra forma de aquisição.

Questionamento 3: "*Depois de decidida qual obra será comprada, essa aquisição poderia ser feita por inexigibilidade de licitação, haja vista que a editora detém os direitos autorais do livro?*"

R.3: O critério para a contratação por inexigibilidade é a inviabilidade de realização do procedimento licitatório, ou seja, nas situações em que se admite a contratação direta fundamentada na inexigibilidade, o procedimento licitatório resultaria fatalmente inócuo, em razão de uma série de fatores como: inexistência de objeto com características semelhantes às pretendidas, senão aquele produzido por determinado fabricante; aquisição apenas de fabricante de produto sem similar; fornecimento por representante exclusivo etc.

Portanto, encontrando-se presente alguma destas situações que tornam inviável a competição para fornecimento, caberá a declaração da inexigibilidade.

Convém alertar, caso a aquisição dos livros didáticos venha a ser feita com recursos federais, para o que dispõe a Instrução Normativa nº 02, de 17 de abril de 1998, do MARE (Ministério da Administração e Reforma do Estado), em seu item 5, cujo teor é o seguinte:

> 5. A contratação direta é também admitida para a compra de livros nacionais, devendo ser exigido desconto mínimo de 20% (vinte por cento) sobre o preço de capa.

Concurso público – Contratação direta de empresa realizadora

Pergunta

É possível contratar instituição realizadora de concurso público por meio de dispensa de licitação fundamentada no inciso VIII ou no inciso XXIII do art. 24 da Lei de Licitações? Há alguma decisão do TCU acerca da obrigatoriedade de realização de certame licitatório para a referida contratação?

Resposta

Conquanto restem configuradas as exigências estabelecidas nos incisos VIII ou XXIII da Lei de Licitações e Contratos Administrativos é possível que seja aplicada a contratação direta, pois as hipóteses ali aventadas de dispensa de licitação não se destinam exclusivamente a outras situações, excepcionando a realização de concursos públicos.

Pela técnica legislativa adotada no ordenamento de licitações, assim como ocorre na maioria das leis ordinárias brasileiras, quando se pretendeu excepcionar alguma situação das hipóteses nela tratadas o legislador o fez de modo expresso, de tal modo que não havendo manifesta disposição a respeito da exclusão de alguma situação, implica na aplicação do dispositivo a todos os casos, condicionando-se apenas a que fique caracterizada hipótese de aplicação da previsão legal.

A respeito da jurisprudência do TCU, anota Jorge Ulisses Jacoby Fernandes em seu *Vade-mécum de licitações e contratos*:

> Concurso público – contratação direta
>
> Nota 1: a Procuradoria Geral do Distrito Federal entendeu que na licitação para realização de concurso público para ingresso na carreira de Procurador do Distrito Federal, pode ser contratada a Escola de Administração Fazendária/ESAF, com base no inciso VIII, do art. 24, da Lei nº 8.666/93.
>
> Fonte: PGDF, Parecer nº 307/2003 – PROCAD. Vicente Martins da Costa Júnior. Informativo do Centro de Estudos da PGDF, de julho/03.
>
> Nota 2: para o TCU o objeto é licitável, em princípio.

O fato, porém, de ser o objeto licitável em princípio não significa que o TCU considere como inaplicáveis as hipóteses de contratação direta preconizadas nos incisos VIII e XXIII do art. 24 da Lei nº 8.666/93, mas tão somente que a rigor cabe a este objeto — serviço de realização de concursos públicos — aplicar, em primeiro lugar, a regra constitucional da exigência do concurso público.

Consórcio

Pergunta

Em processo licitatório que tem como objeto a aquisição e instalação de 5 portas giratórias detectoras de metais, ocorreu a seguinte situação: 1. O Edital não permite a participação sob forma de consórcio; 2. A empresa vencedora apresentou todos os documentos conforme exigência do Edital, declarando em sua proposta que não está participando sob a forma de consórcio; 3. Após o término do Pregão houve manifestação de Intenção de Recurso por três participantes e apresentação de Recurso por uma das empresas, com a alegação de que a vencedora-XX estaria participando sob forma de consórcio com a terceira colocada-ZZ; 4. O Recurso alega, para comprovar o consórcio, que poderá ser verificado pela Comissão que a empresa XX funciona no antigo endereço da ZZ e que não há no local empregados da XX, nem mesmo Vigia no referido imóvel. Quando procurados os empregados da XX, estes se encontravam na ZZ. 5. As empresas apresentaram as contrarrazões negando tal fato.

Resposta

Dispõe o art. 33 da Lei de Licitações e Contratos Administrativos a respeito da participação de consórcios em licitações, ficando claro naquele dispositivo que tal situação apenas terá lugar quando admitida no edital de licitação, tratando-se, portanto, de situação eleita pela Administração licitante quando da elaboração do edital.

Havendo vedação no edital à participação de consórcios no procedimento licitatório e tendo sido constatada a presença de empresas agrupadas nesta situação, deverá esta ser excluída do procedimento ainda na fase de habilitação, porquanto terá deixado de cumprir com um dos requisitos pertinentes a este momento, haja vista situar o art. 33, na Seção II, do Capítulo II da referida Lei.

Deverá, todavia, abrir-se oportunidade para a realização do contraditório e da ampla defesa pela empresa a ser inabilitada em razão da transgressão, porquanto a demonstração da situação de consórcio dependerá da produção de provas, conforme esclarece o questionamento apresentado.

Consultoria e planilha de composição de custos

Pergunta

1. O que caracteriza um contrato com cessão de mão de obra? 2. No caso da contratação de uma Consultoria em que se solicita um diagnóstico e proposição para solução de um problema, pode ser considerada uma contratação com cessão de mão de obra? 3. Nos contratos com prevalência de mão de obra, entendidos aqueles em que os custos preponderantes são de mão de obra, é obrigatória a abertura da planilha de custos e formação de preços considerando os valores unitário da mão de obra, com detalhamento de salários e encargos a exemplo das planilhas da IN-MARE nº 18/97? 4. No caso Manutenção de sistemas informatizados, a ser paga por intervenção, e por hora, há necessidade da elaboração de planilhas de custos e formação de preços com detalhamento de salários e encargos?

Resposta

A designação "contrato de cessão de mão de obra" não corresponde a uma designação comumente utilizada, a ponto de ser compreendida de modo inequívoco. Todavia, partindo da presunção de que se trata de um contrato de serviços de consultoria, passa-se a responder os questionamentos formulados, conforme a numeração apresentada.

R.1: Caracteriza o contrato de prestação de serviços a prevalência destes em relação a qualquer outro tipo de contraprestação que se possa exigir da parte contratada.

R.2: Os contratos de consultoria são perfeitamente enquadráveis como contratos de prestação de serviços por terceiros não vinculados funcionalmente à Administração Pública.

R.3: Responde-se em sentido afirmativo, haja vista o que dispõe o art. 7º, §2º, inciso II, da Lei de Licitações, cujo teor é o seguinte:

> Art. 7º [...]
>
> [...]
>
> §2º As obras e os serviços somente poderão ser licitados quando:
>
> [...]
>
> II – existir orçamento detalhado em planilhas que expressem a composição de todos os seus custos unitários;

Aliás, a existência de planilha nos moldes acima preconizados, apresentada pelo proponente, será pressuposto fundamental para eventual pedido de recomposição do equilíbrio econômico contratual, pois será a partir desse instrumento que se permitirá aferir a onerosidade excessiva decorrente da variação exorbitante de algum dos componentes do custo total do serviço.

R.4: Sim, pelas mesmas razões acima expostas.

Portanto, a planilha de composição de custos é instrumento fundamental e obrigatório, consoante se pode aferir do disposto no dispositivo acima transcrito da Lei nº 8.666/93.

Continuidade de locação sem instrumento de prorrogação

Pergunta

Contrato de locação da Administração como parte locatária, em que o prazo de vigência do contrato expirou, porém, houve continuidade da "locação de fato", desprovida do instrumento de contrato e sem oposição do locador. Pergunta-se: tendo em vista a ausência do instrumento contratual por período superior a 12 meses, como proceder para efetuarmos o pagamento dos alugueres vencidos e não pagos, referentes ao período desprovido do instrumento de contrato, após a expiração da vigência do mesmo sem a devida formalização da prorrogação do prazo contratual? Poderemos celebrar termo aditivo prorrogando a vigência do contrato, convalidando os atos administrativos desde a expiração da vigência?

Resposta

Por se tratar de contrato de locação, ao qual, portanto, se aplica a legislação civil, uma vez que não se caracteriza como instrumento no qual a Administração atua com características de supremacia, não se pode afirmar que seria aplicável a tais instrumentos a Lei de Licitações e Contratos Administrativos.

Todavia, a legislação civil admite ampla incidência do princípio constitucional não explícito que não admite o enriquecimento sem causa, o que também acontece no plano dos contratos administrativos por disposição expressa do art. 59 e seu parágrafo único, da Lei nº 8.666/93, cujo teor é o seguinte:

> Art. 59. A declaração de nulidade do contrato administrativo opera retroativamente impedindo os efeitos jurídicos que ele, ordinariamente, deveria produzir, além de desconstituir os já produzidos.
>
> Parágrafo único. A nulidade não exonera a Administração do dever de indenizar o contratado pelo que este houver executado até a data em que ela for declarada e por outros prejuízos regularmente comprovados, contanto que não lhe seja imputável, promovendo-se a responsabilidade de quem lhe deu causa.

Como se vê, mesmo nos contratos tipicamente administrativos tem aplicação o princípio, neste caso por disposição expressa em virtude do princípio da legalidade estrita, insculpido no *caput* do art. 37 da Constituição Federal de 1988.

Em se tratando de contrato de locação, destarte, contrato civil firmado por entidade pública, aplica-se a solução indenizatória, entretanto não com fundamento no art. 59, mas no art. 884 do Código Civil em vigor, que estabelece:

Art. 884. Aquele que, sem justa causa, se enriquecer à custa de outrem, será obrigado a restituir o indevidamente auferido, feita a atualização dos valores monetários.

Parágrafo único. Se o enriquecimento tiver por objeto coisa determinada, que a recebeu é obrigado a restituí-la, e, se a coisa não mais subsistir, a restituição se fará pelo valor do bem na época em que foi exigido.

Quanto à possibilidade de se firmar termo aditivo contemplando períodos pretéritos, tal solução é de todo inadequada, haja vista que as contratações são firmadas para o futuro, jamais com o intuito de atender situações já consolidadas, para o atendimento de débitos anteriores resta apenas a solução da indenização, que poderá ser realizada inclusive pela via administrativa.

Alerta-se para a necessidade de que o pleito indenizatório administrativo seja processado e devidamente instruído com os demonstrativos da ocorrência do débito e de sua vinculação com o ente público que irá assumi-lo

Contratação de empréstimo internacional

Pergunta

Por conta dos arts. 5º, 42 e 55, da Lei nº 8.666/93, uma pessoa jurídica de direito público interno (Estado, Município, Autarquia Estadual etc.) pode celebrar validamente contratação de operação de crédito externa em moeda estrangeira (dólar americano)? Incidiria no caso a parte final do art. 318 do Código Civil, combinado com o art. 2º do Decreto-Lei nº 857/1969, no que tange a empréstimo com organismo multilateral financeiro internacional de crédito (fomento) do qual o Brasil faça parte? A lei autorizadora da operação teria que ser expressa nesse sentido (por exemplo: teria de mencionar o valor em dólar)?

Resposta

Tais operações de empréstimos deverão ser previamente autorizadas pelo Senado Federal, consoante dispõe o art. 52, inciso V, da Constituição Federal de 1988.

Apenas as operações não reembolsáveis estão já autorizadas pela Resolução nº 23 de 11.04.1996 do Senado, sendo que em relação às demais, as reembolsáveis, deverá ser solicitada autorização específica expedida pela referida Casa Legislativa Federal, porquanto se trate de atribuição desta a concessão de autorização para esse fim.

De fato não se aplica em tais contratações as restrições presentes no Decreto-Lei nº 857/69, uma vez que se trata de situação excepcional, tal como preconiza o art. 2º, inciso IV, do mencionado decreto-lei.

Todavia, antes de se requerer a autorização do Senado Federal há que se pleitear autorização do Legislativo Estadual ou Municipal, caso se trate de Estado ou de Município. Dispõe a Lei de Responsabilidade Fiscal em seu art. 32, §1º, inciso I, acerca da necessidade da "existência de prévia e expressa autorização para contratação, no texto da lei orçamentária, em créditos adicionais ou lei específica".

O mesmo dispositivo da LRF, mais adiante, no inciso IV, reclama a necessidade de "autorização específica do Senado Federal, quando se tratar de operação de crédito externo".

Uma vez que se exige autorização específica, em lei orçamentária, lei de créditos adicionais ou lei específica, fica evidente que o valor da operação deverá ser apresentado de modo claro, com todos os contornos possíveis, inclusive indicando a moeda na qual se pretende contratar a operação.

Estabelecem os arts. 32 e 33 da LRF regras a respeito da contratação de operações de crédito externo, entretanto ao chegar o momento de se obter a autorização do Senado Federal, após terem sido superadas todas as etapas anteriores, deverão ser cumpridos os requisitos do art. 21 da Resolução nº 43 de 21.12.2001, cujo teor é o seguinte:

> Art. 21. Os Estados, o Distrito Federal, os Municípios encaminharão ao Ministério da Fazenda os pedidos de autorização para a realização das operações de crédito de que trata esta Resolução, acompanhados de proposta da instituição financeira, instruídos com:
>
> I – pedido do Chefe do Poder Executivo, acompanhado de pareceres técnicos e jurídicos, demonstrando a relação custo-benefício, o interesse econômico e social da operação e o cumprimento dos limites e condições estabelecidos por esta Resolução;
>
> II – autorização legislativa para a realização da operação;
>
> III – comprovação da inclusão no orçamento dos recursos provenientes da operação pleiteada, exceto no caso de operações por antecipação de receita orçamentária;
>
> IV – certidão expedida pelo Tribunal de Contas competente atestando:
>
> a) em relação às contas do último exercício analisado, o cumprimento do disposto no §2º do art. 12; no art. 23; no §3º do art. 33; no art. 37; no §2º do art. 52; no §3º do art. 55; e no art. 70, todos da Lei Complementar nº 101, de 2000;

b) em relação às contas dos exercícios ainda não analisados, e, quando pertinente, do exercício em curso, o cumprimento das exigências estabelecidas no §2º do art. 12; no art. 23; no §2º do art. 52; no §3º do art. 55, e no art. 70, todos da Lei Complementar nº 101, de 2000, de acordo com as informações constantes nos relatórios resumidos da execução orçamentária e nos de gestão fiscal;

c) a certidão deverá ser acompanhada de declaração do chefe do Poder Executivo de que as contas ainda não analisadas estão em conformidade com o disposto na alínea a;

V – declaração do Chefe do Poder Executivo atestando o atendimento do inciso III do art. 5º;

VI – comprovação da Secretaria do Tesouro Nacional quanto ao adimplemento com a União relativo aos financiamentos e refinanciamentos por ela concedidos, bem como às garantias a operações de crédito, que tenham sido, eventualmente, honradas;

VII – no caso específico dos Municípios, certidão emitida pela Secretaria responsável pela administração financeira do Estado de sua localização, que ateste a inexistência de débito decorrente de garantia a operação de crédito que tenha sido, eventualmente, honrada;

VIII – certidões que atestem a regularidade junto ao Programa de Integração Social – PIS, ao Programa de Formação do Patrimônio do Servidor Público – Pasep, ao Fundo de Investimento Social – Finsocial, à Contribuição Social para o Financiamento da Seguridade Social – Cofins, ao Instituto Nacional do Seguro Social – INSS, ao Fundo de Garantia do Tempo de Serviço – FGTS e o cumprimento da Lei nº 9.717, de 27 de novembro de 1998;

IX – cronogramas de dispêndio com as dívidas interna e externa e com a operação a ser realizada;

X – relação de todas as dívidas, com seus valores atualizados, inclusive daqueles vencidos e não pagos, assinada pelo Chefe do Poder Executivo e pelo Secretário de Governo responsável pela administração financeira;

XI – balancetes mensais consolidados, assinados pelo Chefe do Poder Executivo e pelo Secretário de Governo responsável pela administração financeira, para fins de cálculo dos limites de que trata esta Resolução;

XII – comprovação do encaminhamento das contas ao Poder Executivo da União, para fins da consolidação de que trata o *caput* do art. 51 da Lei Complementar nº 101, de 2000;

XIII – comprovação das publicações a que se referem os arts. 52 e 55, §2º, da Lei Complementar nº 101, de 2000;

XIV – lei orçamentária do exercício em curso; e

XV – Lei de Diretrizes Orçamentárias do exercício em curso.

§1º O disposto neste artigo não se aplica às operações de antecipação de receita orçamentária, que serão reguladas pelo art. 22.

§2º Dispensa-se a exigência de apresentação de documento especificado no inciso VIII, quando a operação de crédito se vincular à regularização do referido débito.

Como se percebe na redação do inciso II do art. 21 da Resolução nº 43, é fundamental a autorização legislativa advinda do Legislativo da Unidade Federada interessada na contratação da operação de crédito, a qual deverá conter o valor da referida contratação, indicando inclusive a moeda em que a mesma se dará.

Contratação de escola de samba presidida por agente público

Pergunta

Análise jurídica com jurisprudência a respeito da possibilidade de contratação, pela Administração Pública de escola de samba, cujo presidente é detentor de cargo público.

Resposta

Há que se considerar, antes de se adentrar na questão contratual, a existência de possível impedimento que poderá acarretar em sanção disciplinar ao servidor, que na condição de presidente de escola de samba formaliza contrato com a Administração Pública.

Em se tratando de servidores públicos da União convém advertir que estes estão impedidos, por força do que estabelece o art. 117, inciso X, da Lei nº 8.112/90, de participar de gerência ou administração de sociedade privada, personificada ou não personificada, característica que provavelmente será assumida por escola de samba.

Mesmo não se tratando de servidor federal impõe observar que os estatutos estaduais, em sua maioria absoluta, preconizam de modo semelhante tal vedação.

A transgressão, além de problemas com a prestação de contas, levará, também, a sérios problemas disciplinares o servidor presidente da entidade, porquanto, caso haja vedação no estatuto a que se vincula, significar a documentação do cometimento de infração disciplinar.

Levando-se em consideração o aspecto contratual, é marcante para o deslinde da questão o que dispõe o art. 9º, inciso III, da Lei nº 8.666/93, cujo teor é o seguinte:

> Art. 9º Não poderá participar, direta ou indiretamente, da licitação ou da execução de obra ou serviço e do fornecimento de bens a eles necessários:
>
> [...]
>
> III – servidor ou dirigente de órgão ou entidade contratante ou responsável pela licitação.

Deve-se levar em conta que mesmo a contratação direta é considerada procedimento licitatório, para efeito de aplicação das regras da Lei nº 8.666/93, assim a vedação do art. 9º, inciso III, estará presente inclusive nessas situações.

Jessé Torres Pereira Junior, em sua festejada obra, indica o caminho a seguir no tema em questão, mencionando jurisprudência do Superior Tribunal de Justiça:

> Em hipótese paralela, tribunal judicial perfilhou exegese que adverte para a prevalência do princípio da moralidade. Examinou-se caso em que se suscitava o impedimento de empresa a cujo quadro de pessoal pertencia servidor licenciado, decidindo a Primeira Turma do Superior Tribunal de Justiça que "O fato de estar o servidor licenciado, à época do certame, não ilide a aplicação do referido preceito legal (art. 9º, III), eis que não deixa de ser funcionário o servidor em gozo de licença. Recurso improvido".[12] (ac. unân., Rel. Min. Garcia Vieira. *DJU*, p. 154, 14 ago. 00)

No mesmo diapasão é o entendimento do TCU anotado por Jorge Ulisses Jacoby Fernandes:

> A Lei nº 8.666/93, ao vedar a participação na licitação de "servidor ou dirigente de órgão ou entidade contratante", não fez distinção quanto ao nível de conhecimento técnico do servidor ou dirigente acerca do objeto licitado. Ou seja, basta que o servidor ou dirigente seja do órgão.[13]

Destarte, com fulcro no princípio da legalidade e da moralidade sugere-se que não deva o servidor, caso exista vedação estatutária a esse respeito, participar de gerência ou presidência de entidades, bem como que seja firmada contratação com tais entidades, mesmo quando a vedação não esteja presente nas legislações estatutárias.

---

[12] PEREIRA JUNIOR, Jessé Torres. *Comentários à lei das licitações e contratações da Administração Pública*. 6. ed. Rio de Janeiro: Renovar, 2003. p. 144.

[13] JACOBY FERNANDES, Jorge Ulisses. *Vade-mécum de licitações e contratos*. 3. ed. Belo Horizonte: Fórum, 2006. p. 220.

Contratação de fornecimento de Diário da União

Pergunta

A contratação do fornecimento de *Diário Oficial da União* deve ser enquadrada como *dispensa*, com base no art. 24, XVI, da Lei nº 8.666/93 ou inexigibilidade por inviabilidade de competição. Há decisão do TCU a respeito?

Resposta

Somente será lícita a utilização de dispensa, com fundamento no inciso XVI, para a contratação de impressão de diário oficial, não para a contratação de fornecimento de exemplares deste.

Caso os exemplares sejam fornecidos unicamente pela instituição oficial que os publica, o caso será de inexigibilidade. Todavia, havendo mais de um fornecedor do jornal, sua contratação deverá ser precedida de procedimento licitatório.

Contratação de remanescente e serviços contínuos

Pergunta

O artigo 24, XI, pode ser aplicado nos contratos de serviços contínuos?

Resposta

Não há dúvida de que a contratação direta de remanescente de obra, *serviço* ou fornecimento, mesmo quando, em se tratado de serviço, este tenha o caráter de continuidade.

Entretanto, é fundamental que ainda exista parcela remanescente do que foi inicialmente contratado, pois não há que se falar em contratação direta com fundamento no inciso XI do art. 24, da Lei nº 8.666/93, se o objeto do contrato já havia sido todo executado, se o que restava era apenas a prorrogação decorrente do caráter de continuidade.

Destarte, mesmo que se trate de serviço é possível que tendo ocorrido rescisão do contrato firmado com a licitante vencedora, antes de terminado todo o objeto do termo original de contrato, que as parcelas remanescentes do objeto sejam contratadas com algum dos demais licitantes, que participaram do certame, conquanto tal se faça nas mesmas condições oferecidas pelo licitante vencedor e que se atenda à ordem de classificação.

Assim, não haverá diferença entre esta nova contratação e aquela originalmente firmada, inclusive quanto a possibilidade de prorrogação do termo de ajuste, nos casos em que se tratar de serviço contínuo.

Contratação de seguro

Pergunta

No que tange a responsabilização civil do administrador público, há possibilidade de contratação de empresa para emissão de apólice de seguro visando assegurar eventuais indenizações e/ou ressarcimento por responsabilidade civil dos atos praticados pelos diretores custeados pela própria Administração? Importante esclarecer que a consulente é autarquia municipal, e que não há lei no âmbito do município dispondo sobre tal assunto.

Resposta

A contratação em questão somente será lícita se firmada com o intuito de proteger a Administração em face de eventuais ações de responsabilidade decorrente de atos de seus gestores, podendo sim, nestes casos, ser custeada pela própria Administração.

Entretanto, o fato de se ter contratado seguro com esta finalidade não exclui a necessidade de que, no caso de tais situações virem a ocorrer, sejam adotadas providências para a responsabilização pessoal do servidor causador do dano ao erário, mediante a adoção de procedimento administrativo próprio para esse fim, no qual tenha sido ofertada oportunidade para o contraditório e ampla defesa.

Salvo se existente restrição no plano da legislação local, não há necessidade de autorização específica para que se possa contratar seguros, conquanto dirigidos a uma finalidade pública e que sejam observados os preceitos e princípios pertinentes às contratações administrativas.

Contratação direta de curso de pós-graduação

Pergunta

A Procuradoria do XXXX gostaria de saber se é possível a contratação direta, sem licitação, de Universidade para prestar curso de Pós-Graduação aos servidores desta Autarquia.

Resposta

É possível a contratação direta, desde que fique configurada alguma das situações de dispensa, relacionadas no art. 24, ou de inexigibilidade conforme disposto no art. 25.

Pode acontecer de ser inexigível a licitação porque inexistente na localidade outra instituição que ofereça curso que atenda as exigências do órgão, ocorrendo a hipótese do art. 25 da Lei de Licitações e Contratos Administrativos, ou, ainda, hipótese de dispensa em situações que embora possível a licitação o interesse público de contratar se sobreponha, por alguma das razões exaustivamente elencadas no art. 24, ao dever relativo de licitar.

Contratação emergencial

Pergunta

Determinado órgão público foi colhido de surpresa ao se defrontar com a impossibilidade de prorrogar contrato de prestação de serviços de limpeza com fornecimento de materiais (a exemplo de papel higiênico), em razão de a contratada impor à Administração, como condicionante da dilação do ajuste, uma série de exigências que tornariam a contratação mais onerosa. Diante disso, não houve prorrogação. Assim, referido órgão só pôde dispor de papel higiênico até aproximadamente o mês de abril do corrente ano, quando houve expiração da ata de registro de preços que previa o item em comento e ainda estava em vigor o contrato de serviços de limpeza e de fornecimento dos materiais. Neste mesmo mês, a Administração ainda adquiriu R$1.650,00 do item. Entretanto, certa unidade do órgão passou a necessitar do item com urgência neste mês de setembro, o que levou a Administração a instaurar processo destinado à aquisição direta com base no inciso II do art. 24 da Lei nº 8.666/93. Tal situação gerou contrariedade por parte das unidades de controle do órgão, as quais alegaram que a contratação seria ilícita em virtude da caracterização de fracionamento de despesa — conduta terminantemente vedada pelo TCU —, eis que, no caso, o setor competente deveria ter providenciado a instauração de licitação em momento oportuno, a fim de adquirir os papéis higiênicos. Diante disso, a unidade de controle sugeriu uma contratação emergencial com base no IV do art. 24 da Lei nº 8.666/93, desde que apurada a responsabilidade daqueles que deram causa à situação de emergência. Lembramos que foi iniciada licitação no final do ano de 2007 para a aquisição de material de limpeza, não tendo sido contemplada a presença de papel higiênico dentre os materiais. A sessão do Pregão respectivo aconteceu em abril de 2008. Pergunta: 1. Se se contratar pelo inciso II do art. 24, haverá fracionamento de despesa? Ou, pelo contrário, a contratação é lícita? 2. Cabe contratação emergencial?

Resposta

Na situação tal qual exemplificada, conquanto configurada a situação emergencial, é possível que se utilize da contratação direta com fundamento na emergência.

Todavia, razão assiste ao órgão de controle, sendo necessário que se apure a responsabilidade pelo ocasionamento da situação emergencial, haja vista que a utilização de tais bens era previsível e, portanto, deveria fazer parte da programação de aquisição do órgão, de tal modo que tivesse sido deflagrada licitação para a aquisição dos bens em questão.

Não se considerará como fracionamento de despesa a realização de contratação direta, desde que esta seja realizada em razão de efetiva situação emergencial e conquanto os bens adquiridos sejam suficientes apenas para o período máximo de 180 (cento e oitenta) dias, consoante a previsão contida no inciso IV, do art. 24, da Lei nº 8.666/93.

Jorge Ulisses Jacoby Fernandes anotou a seguinte decisão do TCU, orientando a respeito de situação semelhante, cujos parâmetros podem ser aplicados no caso vertente:

Emergência – requisitos – decisão em caráter normativo

Nota: o TCU decidiu em caráter normativo, respondendo consulta que: "... além da adoção das formalidades previstas no art. 26 e seu parágrafo único da Lei nº 8.666/93, são pressupostos da aplicação do caso de dispensa preconizado no art. 24, inciso IV, da mesma Lei:

a.1) que a situação adversa, dada como de emergência ou de calamidade pública, não se tenha originado, total ou parcialmente, da falta de planejamento, da desídia administrativa ou da má gestão dos recursos disponíveis, ou seja, que ela não possa, em alguma medida, ser atribuída à culpa ou dolo do agente público que tinha o dever de agir para prevenir a ocorrência de tal situação;

a.2) que exista urgência concreta e efetiva do atendimento a situação decorrente do estado emergencial ou calamitoso, visando afastar risco de danos a bens ou à saúde ou à vida de pessoas;

a.3) que o risco, além de concreto e efetivamente provável, se mostre iminente e especialmente gravoso;

a.4) que a imediata efetivação, por meio de contratação com terceiro, de determinadas obras, serviços ou compras, segundo as especificações e quantitativos tecnicamente apurados, seja o meio adequado, efetivo e eficiente de afastar o risco iminente detectado;

b) que, tratando-se de caso efetivamente enquadrável no art. 24, da Lei nº 8.666/93:

b.1) nada obsta, em princípio, sejam englobados, numa mesma aquisição, os quantitativos de material entendidos adequados para melhor atender à situação calamitosa ou emergencial de que se cuida;

b.2) tal procedimento, contudo, não deve ser adotado, se verificado não ser o que melhor aproveita as peculiaridades do mercado, tendo em vista o princípio da economicidade (arts. 15, IV, e 25, §2º, da Lei nº 8.666/93);

b.3) se o material se destinar à aplicação em contrato vigente de obra ou serviço, cujo valor inclua o relativo a material que devesse ser adquirido pelo contratado, devem ser adotadas as seguintes cautelas:

b.3.1) consignar em termo aditivo a alteração acordada;

b.3.2) cuidar para que, no cálculo do valor acumulado do contrato, para fins de observância ao limite de acréscimo fixado no art. 55, §1º, do revogado DL nº 2.300/86 ou no art. 65, §§1º e 2º, da Lei nº 8.666/93, seja incluído também o preço do material que antes integrava o valor do contrato e que passou a ser adquirido pela própria Administração;"

Fonte: TCU. Processo nº 009.248/94-3. Decisão nº 347/1994-Plenário.[14]

[14] JACOBY FERNANDES, Jorge Ulisses. *Vade-mécum de licitações e contratos*. 3 ed. Belo Horizonte: Fórum, 2006. p. 427.

Portanto, embora possível a utilização da contratação direta, há que se verificar na adequação da situação às exigências estabelecidas pelo Tribunal de Contas da União, mormente porque consentâneas com a legislação em vigor.

Contratação emergencial e pleito eleitoral

Pergunta

Faltam 20 dias para as eleições, mas o contrato entre a TeleXXX e o TER/XX já expirou. Embora, já tenha realizado a nova licitação, em que a TeleZZZ foi vencedora, é possível realizar contratação da TeleXXX apenas até o fim das Eleições — 27.10.2008, a fim de evitar os transtornos com a troca dos aparelhos e ramais telefônicos (art. 24, IV, LLC)? Além disso, por se tratar de Município cuja região abrange áreas de difícil acesso, é por meio das linhas telefônicas que haverá transmissão de dados relacionados às eleições. Qualquer falha na alteração das linhas poderá comprometer as eleições.

Resposta

Embora seja possível a utilização de contratação emergencial em situações tais como a que ora se exemplifica, é necessário, antes de se decidir pela sua utilização, tomar conhecimento a respeito das inovações tecnológicas ocorridas no setor, haja vista que atualmente sequer alteração no número da linha telefônica chega a ocorrer.

Sendo assim, deve-se ter a precaução de formalizar consulta à empresa licitante vencedora a fim de que esta informe, em regime de urgência, o prazo de que necessita para atender à demanda do órgão.

Caso resulte informado que o tempo é superior àquele disponível, tendo em vista a necessidade premente, aí sim estará presente a possibilidade de contração direta, apenas pelo prazo necessário para que não reste comprometido o certame eleitoral.

Contratação – Prazo de duração

Pergunta

A Lei nº 8.666/93 assevera o instituto da prorrogação dos contratos administrativos, à luz dos princípios basilares da Administração Pública, sendo adotada a prorrogação de períodos iguais e sucessivos de 12 (doze) meses. Buscando os princípios da economicidade e da supremacia do interesse público, apresentamos a presente consulta, buscando a adoção de contratações e/ou prorrogações com prazos superiores a doze meses. Torna-se necessário esclarecer que a análise almejada visa aos contratos em que há locação de equipamentos, tais como de telefonia, informática e segurança, nos quais o mercado tem ofertado notadamente reduzidos valores com prazos pactuados superiores a 12 (doze) meses. Nestes contratos, teríamos serviços continuados de manutenção corretiva e preventiva, entretanto, o objeto principal seria a locação dos bens voltados ao objeto. Destarte, submetemos o assunto à consideração desta experiente empresa de consultoria.

Resposta

O art. 57 da Lei de Licitações e Contratos Administrativos estabelece, como exceção à regra de duração dos contratos apenas pelo período de vigência do crédito orçamentário que por ele responderá, as situações preconizadas em seus incisos, sendo este o caso do inciso II, daquele artigo, que admite duração superior para os contratos de prestação de serviços a serem executados de forma contínua.

Quando se refere o dispositivo a prorrogação de duração, na verdade quer dizer que o contrato firmado poderá ser aditado anualmente, não para prorrogá-lo, ou não se trataria de uma exceção à regra fixada no *caput*, mas para indicar que é necessário o aditamento, para se inserir no contrato ainda vigente a dotação orçamentária correspondente à realização da despesa naquele exercício.

Entretanto, o uso da regra excepcional não poderá ultrapassar o período de 60 (sessenta) meses, embora também em caráter excepcional permita o §4º do mesmo artigo que se prorrogue o mesmo contrato ainda por mais 12 (doze) meses, o que levaria à vigência total a 06 (seis) anos.

Convém ressaltar, todavia, a recomendação do TCU anotada por Jessé Torres Pereira Junior, a respeito da cautela que se deve ter com a contratação por períodos maiores, resultante da prorrogação preconizada no art. 57, II, da Lei nº 8.666/93:

> A contratação de serviços por longos períodos de tempo, sem maiores reflexões, afigura-se extremamente temerária. Como sabemos, a tentativa de desfazimento de um contrato de prestação de serviços, por quaisquer motivos, principalmente em razão de insatisfação gerada pela queda da qualidade desses serviços, por exemplo, submete a Administração

a longas e desgastantes demandas judiciais. Além disso, são elevados os custos advindos de tais procedimentos, sem que haja qualquer garantia de resultado, imputando a essa mesma Administração o ônus da precariedade ou mesmo da paralisação dos serviços e a beligerância entre as partes.[15]

Recomenda-se, pois, cautela na utilização da hipótese de duração preconizada pelo art. 57, II, ou na excepcionalíssima possibilidade contida no §4º do mesmo artigo da Lei nº 8.666/93.

Contrato de concessão expirado

Pergunta

Foi celebrado contrato de concessão com determinado Município, o prazo de vigência contratual expirou em 1998. Havia previsão contratual de prorrogação de prazo por meio de aditivo. O aditivo não foi instrumentalizado, mas os serviços de concessão foram regularmente prestados de 1998 a 2003. Em 2003 foi celebrado um novo contrato de concessão. Quais os efeitos legais produzidos no período de 1998 a 2003 que ficou sem instrumento legal? Presume-se que o contrato de concessão foi prorrogado automaticamente?

Resposta

Iniciando pelo último questionamento, convém manifestar que não há prorrogação de concessão ou concessão tácita. Tais situações devem ocorrer de modo expresso, em razão do interesse público envolvido.

A continuidade na relação contratual, embora tácita, produziu efeitos jurídicos, mas correspondentes a mera tolerância por parte da Administração que deveria ter realizado a concessão.

Quanto às consequências jurídicas decorrentes da situação apresentada seria necessário que fossem as situações apresentadas individualmente, para que se pudesse concluir a respeito de cada uma delas, pois podem surgir questões de várias ordens, como, por exemplo, trabalhistas, civis e administrativas, e, ainda, em cada uma dessas áreas muitas distintas entre si.

---

[15] PEREIRA JUNIOR, Jessé Torres. *Comentários à lei das licitações e contratações da Administração Pública*. 6. ed. Rio de Janeiro: Renovar, 2003. p. 592.

Contrato de confecção de carimbos – Duração

Pergunta

Contrato de confecção de carimbos pode ter prazo de duração superior ao exercício em que foi assinado? Qual a posição do TCU?

Resposta

Embora possa, conforme o caso, se tratar de serviço[16] a contratação de empresa para a confecção de carimbos, a vigência de tais contratos deverá obedecer ao que expressa o art. 57 da Lei nº 8.666/93, ou seja, apenas quando a confecção de carimbos, em razão da exigência do interesse público, puder ser caracterizada como serviço contínuo, o que autorizará que o contrato firmado pelo limite da vigência dos créditos orçamentários destinados ao seu custeio possa ser prorrogado por sucessivos períodos.

Portanto, não é correto que se pretenda que a duração inicial do contrato já preveja vigência superior àquela dos créditos orçamentários correspondentes, mas sim a prorrogação de tais contratos até o limite de 60 (sessenta) meses, nos termos do que estabelece o art. 57, inciso II.

Cumpre, ainda, esclarecer que especificamente a respeito da confecção de carimbos não cuidou o TCU, pelo menos na pesquisa realizada por esta consultoria, mas cabe ressaltar que o posicionamento daquela Corte é no sentido da orientação acima expendida.

Contrato de manutenção telefônica e prorrogação

Pergunta

É possível realizar prorrogação de um contrato de manutenção de central telefônica, usando como fundamento o artigo 57, inciso II, da Lei nº 8.666/93? Podemos considerar que este é um serviço de natureza contínua? Existe alguma jurisprudência do TCU sobre o assunto? Qual?

[16] Nos casos em que a contratação seja realizada para prestar serviços de alteração dos tipos, conservação, manutenção, substituição de área de impressão.

Resposta

Consoante o que expressa o art. 57, II, da Lei nº 8.666/93, sem que se faça distinção a respeito do tipo de serviços contratados, todos aqueles serviços a serem executados de forma contínua poderão ter a sua duração prorrogada por iguais e sucessivos períodos, desde que o somatório destes períodos não ultrapasse o limite de 60 (sessenta) meses.

Sendo assim, encontrará amparo no dispositivo em questão contrato de manutenção de central telefônica, conquanto este deva ser prestado de forma contínua e que no edital do procedimento licitatório tenha-se previsto a possibilidade de prorrogação, uma vez que esta previsão é que estabelece, em primeira análise, o fato de deverem os serviços ser prestados de modo contínuo.

Não há retorno de dados específicos do acervo de jurisprudência do TCU a respeito de contratos de manutenção de centrais telefônicas, todavia diversas jurisprudências daquela Corte orientam em situações assemelhadas acerca da necessidade de previsão editalícia, bem como de que seja observada a vantajosidade da prorrogação em razão dos preços praticados (Decisão nº 695/96-Plenário), bem como acerca da possibilidade de aplicação da prorrogação mesmo nos casos de contratação direta (Acórdão nº 1.521/2004-Plenário).

CONVÊNIO ENTRE A MUNICIPALIDADE E EMPRESA DE SANEAMENTO

Pergunta

Saneamento Básico Loteamento Fechado. Com o registro do loteamento fechado as áreas descritas no artigo 23 da Lei nº 6766 passam ao domínio da Municipalidade. A regra é que o loteador passe, por instrumento de doação, os sistemas de saneamento básico à empresa prestadora desse serviço. É lícito repassar esses sistemas à Municipalidade e essa fazer convênio com a empresa prestadora para servir a população? Como formalizar esse convênio?

Resposta

A licitude de tais convênios está relacionada com os termos da doação, porquanto é possível que esta ao ser realizada pode ter incluído encargo com vedação da transferência destes bens. Entretanto, esta é apenas uma hipótese a ser considerada, uma vez que está se tratando do tema apenas no campo hipotético.

Deverá ser considerado, ainda, em relação à licitude (legalidade), em casos tais como este ora aventado, a exigência de autorização legislativa para a realização de convênios, uma vez que algumas leis orgânicas trazem disposições a este respeito, exigindo autorização para que convênios que disponham ou cedam bens públicos municipais sejam previamente autorizados pelo Legislativo.

Superados tais obstáculos, a formalização do convênio a respeito dar-se-á nos termos fixados no art. 116 da Lei de Licitações e Contratos Administrativos, valendo advertir que o objeto de convênios indica a comunhão de objetivos entre ambos os convenentes, sendo esta a principal distinção entre estes ajustes e os contratos.

Convênios e reequilíbrio econômico-financeiro

Pergunta

Considerando a Lei nº 8.666/93, gostaria que saber se são aplicados aos *convênios* o reequilíbrio econômico-financeiro, bem como o limite de 25% para as alterações contratuais, previstos respectivamente nos arts. 58 e 65 da referida lei.

Resposta

Em se tratando de convênios, forma de ajuste na qual os participantes possuem interesse comum e unem esforços para a sua realização, não há porque se falar em reequilíbrio econômico-financeiro, pois se os valores ajustados para a concretização dos objetivos ali previstos não são mais suficientes o prejuízo é de ambos, o que faz presumir que em se tratando de interesse comum os convenentes irão formular ajustes no convênio mediante termo aditivo.

A expressão reequilíbrio econômico-financeiro está diretamente vinculada com os contratos e ajustes em que os objetivos das partes são diferentes e, por alguma razão, uma delas passa a sofrer ônus maior do que aquele que foi estipulado inicialmente, levando a busca do reequilíbrio da álea contratual.

Tal situação não poderá, portanto, ser aventada em convênio, pois conforme já anteriormente afirmado, havendo interesse mútuo, também esta será a natureza do ônus agravado.

Cooperação

Pergunta

O XXX-XX pretende celebrar um "protocolo de intenções" (ou seria um acordo de cooperação técnica ou, talvez, um convênio?) com o XXXXXXX, através do Instituto XXXXXXX, visando ao intercâmbio de informações técnicas, promoção de treinamentos e cursos de capacitação, mediante a implementação conjunta de ações, programas e projetos de interesse comum etc. Sabemos, igualmente, que o ajuste celebrado não importará compromissos financeiros, ressalvado apenas o custeio de despesas inerente às atividades eventualmente prestadas, a cargo dos partícipes, ou seja, não se prevê a transferência de recursos financeiros. Diante do quadro fático exposto, indagamos: 1. Qual a natureza jurídica do pré-falado protocolo de intenções: pré-compromisso, convênio, termo de cooperação técnica? 2. Que cautelas e formalidades deve a Administração seguir na assinatura do referido compromisso, já que não há quaisquer repercussões de ordem financeira (ao menos diretamente)? Não conseguimos visualizar na legislação de regência regra específica sobre tal natureza de ajuste (art. 116 da Lei nº 8.666/93, Dec. nº 93.872/86 e Dec. nº 6.170/2007), já que tais diplomas, salvo desatenção nossa, só se reportam a ajustes que importem repercussões financeiras, fazendo exigência de planos de trabalho etc. 3. Visto que, futuramente, o XXX-XX possa efetuar desembolsos com participação de servidores em cursos promovidos por força do referido ajuste, é pertinente a consideração dessa circunstância para a caracterização do convênio como compromisso de repercussões financeiras? Ou, ao revés, isso seria irrelevante, já que, quando do dispêndio com a participação do servidor em determinado curso, o pré-empenho da despesa acontecerá em processo administrativo específico e distinto do "convênio" por força do qual o evento foi possível?

Resposta

Os questionamentos apresentados embora relacionados entre si, devem ser tratados de modo independente para melhor compreensão, o que se faz a seguir.

R.1: A expressão "protocolo de intenções" é utilizada na legislação relativa aos Consórcios Públicos, como instrumentos que definem previamente a conformação que estes consórcios deverão ter e que, posteriormente, deverão ser ratificados.

Portanto, pode-se afirmar que a expressão tem a natureza de compromisso formal, mas não impositivo de obrigações às partes que nele figuram, uma vez que poderão ou não ser ratificados. Correspondem tais instrumentos a documentos nos quais são estabelecidos os pontos basilares sobre os quais será construída a cooperação a ser realizada por intermédio da formação de consórcio público, nos termos da Lei nº 11.107/05, ou pela concretização de convênio.

Como se vê a expressão não resulta em ajuste propriamente dito, mas documento no qual são preestabelecidas as condições sobre eventual ajuste a ser posteriormente firmado.

R.2: Como não se trata de um ajuste ainda, mas das intenções na concretização futura deste, a verdadeira cautela que há de ser tomada é quanto à dimensão do comprometimento em questão, de modo a se deve evitar estabelecer no "protocolo de intenções" obrigações, limitando-se a fixar a possibilidade de que estas venham a ser estabelecidas após a consolidação dos acertos técnicos com estas relacionados, como autorização legislativa, alocação de recursos, definição de responsabilidades de ambos os participantes da iniciativa, elaboração de instrumentos legislativos e normativos que possibilitem a sua consolidação, enfim, todos os passos necessários para a regular concretização do ajuste que irá suceder ao planejamento conjunto contido no "protocolo de intenções".

De fato, porque não resulta em documento pelo qual se assume obrigações, não há que se falar em disposições legais a respeito de sua elaboração, devendo os cuidados a respeito se restringir à observância de competência da autoridade e do órgão que a mesma representa, para que não se comprometa a assumir obrigação que não lhe foi conferida pela ordem constitucional e legal.

R.3: Apenas as despesas diretamente relacionadas com a execução do convênio e que demandam a realização de repasse ou a aquisição de bens e serviços especificamente para a concretização de seus objetivos é que deverão ser objeto de previsão e, portanto, de empenho em dotação específica destinada ao atendimento do convênio. Aquelas relacionadas com o convênio, mas passíveis de enquadramento como despesas de gestão (funcionamento do órgão), não necessitam de previsão no instrumento, pois fosse assim até mesmo o pagamento da remuneração de servidores do próprio órgão, envolvidos com a atividade, deveria ser acobertado pelo valor estimado para a cooperação.

Correção de garantia prestada em dinheiro

Pergunta

GARANTIA DE EXECUÇÃO CONTRATUAL EM DINHEIRO. CORREÇÃO MONETÁRIA. IGP-M. O edital de uma licitação previa a prestação de garantia, a ser atualizada pelo índice de correção monetária IGP-M, conforme cláusula que se transcreve: "A garantia quando prestada em dinheiro será liberada ou restituída atualizada monetariamente com base na variação *pro rata tempore* do IGP-M (FGV), verificada entre a data prevista para o pagamento e a data em que o mesmo for efetivado". A garantia foi prestada pelo fornecedor na modalidade de caução em dinheiro. Ocorre que ao ser calculado o valor da devolução da garantia, verificou-se que, diante da deflação do IGP-M, o valor resultante era menor do que o valor caucionado. Considerando que a cláusula contratual citada e a lei que determina que "a garantia prestada pelo contratado será liberada ou restituída após a execução do contrato, e, quando em dinheiro, atualizada monetariamente", pergunta-se: Neste caso, mesmo diante da deflação, o valor da garantia deve ser corrigido pelo índice IGP-M e pago ao contratado a menor do que o valor efetivamente caucionado? Justifique sob os aspectos legais, doutrinários e jurisprudenciais.

Resposta

O questionamento formulado demanda análise sobre tema instigante — a possibilidade, ou não, de aplicação de índice deflacionário por ocasião da restituição de garantia ofertada por contratante com a Administração Pública, quando esta seja a situação ocorrida no período em que o valor esteve depositado.

Inicialmente, impende considerar a razão da norma determinante da aplicação de correção sobre o valor depositado. Resta óbvio que o estabelecimento da regra deu-se pela necessidade de se proteger o valor ofertado em garantia da corrosão inflacionária, permitindo-se, após o cumprimento do contrato, que ao devolver estes valores aos contratados, tais montantes não tivessem sofrido impacto da corrosão inflacionária.

Porém, quando a variação tenha sido negativa aplicar-se-á a correção da mesma forma? Este questionamento e a percepção de que ao receber menos, nominalmente, do que entregou seria o contratado de algum modo lesado.

De fato, o tratamento a ser aplicado nestas situações necessita que antes se faça incursão pelo Direito Civil, do que é relevante se responder ao seguinte questionamento: *Ao se prestar caução em contratação com a Administração ocorre a transferência da propriedade sobre o valor oferecido em caução, ou este apenas fica sob a guarda da Administração, como ocorre, p. ex., em uma situação de comodato?*

Parece ser esta última hipótese a mais aceitável, inclusive porque as cauções, conforme a lição do Direito Financeiro, não correspondem a *receita*, devendo ser entendidas como meras *entradas*, haja vista o seu caráter de provisoriedade, pois ao se encerrar a vigência contratual deve ser restituída àquele que a prestou.

Ora, se não houve transferência de propriedade, logo os frutos decorrentes do *quantum* caucionado, entendida a caução como caso de comodato, porque não há que se falar em remuneração com pagamento de juros, pertencem ao dono daquele valor (*res perit domino*), assim eventual apreciação do montante caucionado, em razão de deflação, pertence ao contratante. Desse modo, por ocasião da restituição, caso se apure deflação no período, impõe-se a devolução do mesmo valor que foi entregue como depósito. Apenas quando houver inflação no período é que, em razão de determinação legal (art. 56, §4º, da Lei nº 8.666/93), deverá o valor ser restituído com a respectiva correção.

Embora peça a consulente embasamento doutrinário, a conclusão resulta de análise teleológica e sistemática do Direito, haja vista não ter sido localizado posicionamento doutrinário ou jurisprudencial a respeito.

Cotação para fundamentar dispensa – Regularidade fiscal

Pergunta

A Administração pretende adquirir determinados bens com dispensa de licitação em razão do valor, com espeque no inciso II do art. 24 da Lei nº 8.666/93, em decorrência de o montante da contratação se situar dentro do intervalo sinalizado pelo aludido dispositivo. Entretanto, determinado setor da Administração suscitou questionamento consistente na seguinte circunstância: para que a pesquisa de mercado que balizará o valor da contratação se afigure válida, faz-se necessária que haja, pelo menos, três preços *válidos*, ou seja, desde que no mínimo três empresas que cotaram os valores estejam com sua regularidade fiscal em dia, com fundamento na interpretação dada ao Acórdão nº

998/2008 da 1ª Câmara do TCU. A praxe da Administração, contudo, levava em conta tão somente o preço em si, levando em conta somente a regularidade fiscal da empresa com a qual iria contratar em razão do menor valor. Ante o exposto, indagamos: 1. Procede o questionamento levantado pelo referido setor, levando em conta a Administração, se for o caso, apenas os preços das três empresas que se encontrem com a regularidade fiscal em dia, ou pelo contrário, a regularidade fiscal das empresas não compromete a validade dos preços em si?

Resposta

A cotação de preços indicada no presente pedido de orientação é realizada para demonstrar que os preços praticados pela empresa contratada para prestar o serviço ou fornecer os bens, cujo valor se situe abaixo do limite fixado no inciso II, do art. 24, da Lei de Licitações e Contratos Públicos, encontra-se dentro dos limites do parâmetro que se convencionou denominar "preço de mercado".

Sendo assim, resta evidente que a contratação não poderá ser formalizada com empresas que se encontrem em situação irregular em relação às Fazendas Públicas.

Não constitui exigência legal solicitar àquelas empresas que se dignam a colaborar com a Administração, apresentando em documento elaborados por si o valor que pratica na venda de determinado bem ou serviço, que também forneçam demonstração documental de sua regularidade fiscal.

O dispositivo do art. 195, §3º, da CF/88, impõe que a contratação com a Administração Pública somente poderá ser realizada por empresas que estejam regulares com a seguridade social, mas não estabelece que estas estejam até mesmo impedidas de serem consultadas a respeito do preço que praticam, com o intuito de instruir procedimento de dispensa ou inexigibilidade de licitação.

Do mesmo modo ocorre com a exigência contida na Lei nº 8.036/1990, que disciplina a respeito do Fundo de Garantia, porquanto a exigência restringe-se aos participantes em licitação, situação na qual não se enquadram meros informantes de preços praticados no mercado em casos de dispensa ou inexigibilidade de licitação.

Pode-se, portanto, afirmar que em relação à regra contida no art. 195, §3º, da CF/88, trata-se de interpretação inconstitucional, pois viola o princípio da taxatividade ao inserir vedação não expressamente prevista pelo dispositivo constitucional.

Quanto ao estabelecido no art. 27, "a", da Lei nº 8.036/90, tem-se flagrante caso de interpretação ampliativa, em situação na qual a mesma não é autorizada pela hermenêutica jurídica, inclusive porque não há situação de dubiedade que reclame a utilização desse instrumento de compreensão da norma a respeito do ponto em questão.

Destarte, conclui-se que não há exigência legal determinando que somente se utilize como parâmetro, para a verificação do preço de mercado em relação a bens e serviços, as informações fornecidas por empresas que estejam em situação de regularidade fiscal. Recomenda-se, todavia, que havendo conhecimento informal, por notoriedade da situação econômica precária da empresa, pela Administração Pública acarretando em situação de inadimplência, que se evite utilizar informações obtidas junto a tais estabelecimentos.

Credenciamento de estabelecimento bancário

Pergunta

É necessária a realização de licitação para contratar agente credenciado para recebimento de pagamentos de contas de água ou pode ser realizado mediante convênio? Vale salientar que a boa localização do agente credenciado é de fundamental importância para facilitar ao usuário o pagamento de suas faturas de água, benefício este que nem sempre se atinge com eventual licitação. Dessa forma, qual seria o fundamento legal para se realizar o convênio e/ou sua prorrogação?

Resposta

Nem se poderá realizar procedimento licitatório ou formalizar convênio, pois ambas as situações são incompatíveis com as situações nas quais se utiliza a forma de credenciamento.

Quanto à realização de procedimento licitatório esta não é adequada para a contratação de credenciamento, pois quando a Administração se dispõe a realizar credenciamento, especialmente no caso de estabelecimentos bancários para o recebimento de tarifas públicas, como no caso informado, a escolha dos estabelecimentos a serem credenciados se dá mediante o cumprimento das condições e requisitos estabelecidos pela Administração.

Qualquer estabelecimento que tenha cumprido com aquelas formalidades, ainda que haja um número limitado de estabelecimentos a serem credenciados, será considerada apta a realizar o serviço, que, conforme se verá, será remunerado pelo usuário e não pelo Poder Público diretamente.

Assim, a contratação dar-se-á por inexigibilidade, uma vez que se caracteriza como inviável a realização de procedimento licitatório.

Utilizar-se de convênio constituiria utilização indevida desse tipo de instrumento, porquanto não se apresenta como factível a demonstração de que Administração e estabelecimento bancário teriam interesses comuns.

Portanto, orienta-se pela utilização de contratação direta, com fundamento no art. 25, *caput*, da Lei de Licitações, quando não houver limitação no número de estabelecimentos a serem credenciados, ou, caso haja limitação, que se realize procedimento seletivo, no qual se estipule os requisitos e condições para a contratação do credenciamento em edital que deverá ser tornado público.

Dação em pagamento – Pagamento de multa

Pergunta

A XXXX após, o devido processo legal, em que foi garantida ao fornecedor a ampla defesa e o contraditório, aplicou à empresa a pena administrativa de multa, em decorrência de atrasos na entrega de material. A empresa concordou em efetuar o pagamento da multa, na forma de "dação em pagamento". A Administração, como credora, tem interesse em receber o material proposto pela empresa. Pergunta-se: A Administração pode aceitar? Quais são as formalidades que deverão ser tomadas?

Resposta

Não obstante a aparente facilidade proporcionada por procedimento que permitisse a forma de Dação em Pagamento, para a quitação de débitos com a Fazenda Pública, tal modalidade encontra sérios obstáculos à sua utilização para a aquisição de bens e serviços pela Administração Pública.

O primeiro e intransponível desses obstáculos é o princípio isonômico, porquanto ao se admitir a dação em pagamento estar-se-ia permitindo que alguém fornecesse bens e serviços ao Poder Público sem que tivesse participado de procedimento em que todos os interessados em fazer o mesmo pudessem competir nas mesmas condições. Portanto, obstáculo de cunho principiológico.

Já o obstáculo seguinte encontra-se na própria lei de Licitações e Contratos Administrativos, cujo art. 2º possui o seguinte teor:

> Art. 2º. As obras, serviços, inclusive de publicidade, compras, alienações, concessões, permissões e locações da Administração Pública, quando contratadas com terceiros, serão necessariamente precedidas de licitação, ressalvadas as hipóteses previstas nesta lei.

Como não há previsão de hipótese em que se admita a dispensa de licitação motivada pela situação de dação em pagamento é inviável que se pretenda realizar contratação direta nestes termos.

Assim, o recebimento de débitos de particulares para com a Administração deverá ser realizado em dinheiro, ou quando muito pela adjudicação ocorrida em procedimento de execução fiscal no âmbito judicial, jamais por intermédio de contratação direta.

Declaração de crédito orçamentário

Pergunta

Conforme o disposto no §3º do art. 16 da Lei Complementar nº 101/2000, combinado com o inciso II do art. 124 da Lei nº 11.439/2006 e com o inciso II, do art. 24, da Lei nº 8.666/93, vimos questionar se a ressalva do referido §3º, referente às despesas irrelevantes, pode ser aplicada às compras comuns realizadas através de cotação eletrônica? Ou seja, com base no acima exposto, é necessário que a Declaração de Crédito Orçamentário, assinada pelo ordenador de despesa, instrua o processo de aquisição de bens comuns? As ações governamentais, referidas no *caput* do art. 16, incluem compras de bens comuns?

Resposta

A regra do art. 16, §3º, da Lei de Responsabilidade Fiscal estabeleceu a possibilidade de se considerar algumas despesas irrelevantes, destinando a outra norma, no caso a Lei de Diretrizes Orçamentárias, que expressasse os critérios para tanto.

Desse modo, conclui-se que apenas se definirá o que é despesa irrelevante para um exercício, posto que este é o período de aplicação de uma lei de diretrizes orçamentárias.

No caso da Lei de Diretrizes Orçamentárias para o exercício de 2007 ficou estabelecido que esse critério seria correspondente a determinado valor, fazendo-se remissão ao disposto no art. 24, incisos I e II, da Lei de Licitações e Contratos Administrativos:

> Art. 124. Para os efeitos do art. 16 da Lei Complementar nº 101, de 2000:
>
> [...]

II – entende-se como despesas irrelevantes aquelas cujo valor não ultrapasse, para bens e serviços, os limites dos incisos I e II do art. 24 da Lei nº 8.666, de 1993.

Portanto, não há que se questionar se alguma das modalidades de procedimentos de aquisição utilizados pela Administração Pública estaria impossibilitada de se valer da regra fixada no art. 16, §3º, da LRF, pois o critério adotado não se relaciona com as formalidades envolvidas no procedimento, mas com o montante despendido na realização da despesa, pelo menos neste exercício de 2007.

Desclassificação de licitantes em Pregão

Pergunta

Em determinado Pregão eletrônico, participaram oito empresas. Quatro delas participaram da fase competitiva formulando lances. As quatro restantes não participaram da fase competitiva apresentando apenas o preço inicial. Terminada a disputa e ordenadas as propostas, como havia etapa de apresentação de amostras, a vencedora foi convocada a apresentar a amostra que não atendeu, sendo desclassificada, chamando as demais. As quatro primeiras (que participaram da etapa de lances) foram desclassificadas uma vez que a amostra não atendeu. Assim, indaga-se: É possível a convocação de licitante que não participou da fase de lances (etapa competitiva) para apresentar a amostra e, se aceita, celebrar contrato com a administração? Caso positivo, o valor a ser firmado no contrato é o da sua proposta ou da proposta de menor valor que foi desclassificada?

Resposta

Não se encontrando apta nenhuma das propostas ofertadas, ou habilitados os licitantes que participaram da fase competitiva do certame de Pregão, não há a possibilidade de se valer daqueles licitantes que, embora tenham se credenciado para o Pregão eletrônico não tenham oferecido lance.

Trata-se de evidente situação de procedimento licitatório frustrado e que, portanto, para se obter a contratação pretendida, deverá ser repetido.

O texto da Lei nº 10.520/02, em seu art. 4º, somente aventa hipóteses de reexame de ofertas subsequentes àquela que não pôde ser aproveitada, jamais a possibilidade de se convocar meros credenciados que sequer ofertaram lances.

Destarte, como se trata ato administrativo, a abertura da possibilidade de ofertas por aqueles que não o fizeram na ocasião apropriada padeceria de flagrante ilegalidade e, portanto, nulidade.

Entretanto, tendo em vista que todos os oito licitantes fizeram as ofertas iniciais, embora não tenham prosseguido na apresentação de lances, é possível que sejam envidados esforços, nos termos do que estabelece o art. 4º, inciso XVI, da Lei nº 10.520/02, aplicando-se a providência do inciso XVII, para que o pregoeiro estabeleça negociações diretamente com o proponente, para a obtenção de melhor preço.

Recomenda-se a observância, nos casos de estabelecimento de negociação, do que expressa o edital, porquanto muitas vezes este pode ter fixado o valor estimado como limite máximo para o valor da contratação. Não sendo este o caso, deverá o pregoeiro diligenciar nas negociações para que o valor da contratação que pretende estabelecer seja vantajoso para a Administração e ao Interesse Público.

Descumprimento contratual e multa

Pergunta

Gostaria de saber qual é o percentual máximo de multa a ser aplicado em descumprimento contratual por dia. No caso, o edital prevê a aplicação de 2% de multa ao dia no caso de atraso contratual. O objeto do contrato é a aquisição de rádios transceptores VHF, tipo HT, repetidoras e acessórios.

Resposta

Não há o estabelecimento em lei a respeito do *quantum* ou do percentual máximo para a aplicação de multa. Se limitou o legislador a estabelecer, no art. 86, §3º, que: "Se a multa for de valor superior ao valor da garantia prestada, além da perda desta, responderá o contratado pela sua diferença, a qual será descontada dos pagamentos eventualmente devidos pela Administração ou ainda, quando for o caso, cobrada judicialmente".

Portanto, não há limite percentual estabelecido, indicando a lei os meios dos quais poderá se valer a Administração para atender às eventuais imposições decorrentes de infrações contratuais.

Deve-se alertar para a exigência legal, presente no art. 86, *caput*, de que a multa em questão deverá estar presente no instrumento convocatório ou no contrato, o que, aliás, informou-se presente, no caso vertente, no edital.

Descumprimento de contrato e contratação da 2ª colocada

Pergunta

Prezados Senhores, realizamos um Pregão eletrônico no qual se sagrou vencedora uma determinada firma. Esta firma teve 120 dias para realizar a entrega do objeto e não cumpriu o contrato. Realizamos uma pesquisa junto à segunda colocada que concordou em fornecer o objeto pelo mesmo preço da então vencedora, renovando sua proposta. Apenas estas duas empresas participaram do Pregão eletrônico. Assim, questiono se será necessária a realização de nova licitação (uma vez que houve assinatura de contrato e sua não execução total), ou se podemos contratar com esta segunda colocada? Caso a contratação da segunda seja possível, devemos realizar uma pesquisa de mercado para verificar se o preço se mantém vantajoso?

Resposta

Embora tenha o legislador cuidado de situações nas quais inicia-se a execução do contrato e posteriormente tem-se a sua interrupção, tornando necessária a continuidade da obra, serviço ou fornecimento, não tratou expressamente da situação em que, após ter sido firmado o instrumento contratual, desiste o licitante de executar o objeto.

Assim é que o art. 24, inciso XI, da Lei nº 8.666/93 estabelece hipótese de contratação direta de remanescente da contratação não adimplida pelo contratado que inicia a execução do objeto mas não a conclui. O que se nota, entretanto, na disposição legal é que esta não menciona que somente deva se contratar diretamente, nesta situação, parte do objeto, mas que há de ter sido firmado contrato com o licitante vencedor e este ter sido rescindido pela Administração.

Desse modo, é cabível a contratação nos termos do art. 24, XI, da Lei de Licitações e Contratos Administrativos, mesmo quando não houve a execução de nenhuma parte do que foi contratado, conquanto este instrumento tenha sido firmado. Cabe ressaltar que a solução em questão não condiz com contratação direta, haja vista que precedida de procedimento licitatório, consoante a lição de Marçal Justen Filho:

> Rigorosamente, não se caracteriza contratação direta. Houve uma licitação, de que derivarão duas (ou mais) contratações. A primeira foi abortada pela rescisão. A segunda faz-se nos termos do resultado obtido na licitação.[17]

Recomenda-se, por fim, a adoção de procedimento administrativo destinado a aplicação da sanção correspondente à contratada cujo instrumento foi objeto de rescisão, haja vista a possibilidade de que não o fazendo responsabilize-se o Administrador pela omissão.

Desistência de interposição de recurso e homologação imediata

Pergunta

Prezados boa tarde. Com relação aos prazos pra recurso, previstos no art. 109 da Lei de Licitações, pode a Administração colher dos licitantes declaração de desistência de interposição de recurso, a fim de homologar o certame, em prazo inferior a cinco dias do julgamento das propostas, em licitação da modalidade Tomada de Preços?

Resposta

Caso manifestem os licitantes de modo inequívoco a sua conformidade com a decisão proferida no procedimento licitatório, não haverá problema em que ocorra a homologação do resultado em prazo inferior a 5 (cinco) dias, porquanto no processo administrativo, a exemplo do que ocorre no processo judicial, também é possível a configuração da preclusão, que, no caso de colheita de tal manifestação, terá se caracterizado como preclusão lógica; ou seja, aquela que se materializa pela produção de manifestação diametralmente oposta ao interesse de recorrer.

[17] JUSTEN FILHO, Marçal. *Comentários à lei de licitações e contratos administrativos*. 10. ed. São Paulo: Dialética, 2004. p. 251.

Assim, tendo em vista que se trata de direito disponível, é possível que, uma vez colhidas tais manifestações, de todos os licitantes e que estes o tenham feito de forma válida, possa ser superado o prazo de 5 (cinco) dias para a homologação.

Portanto, antes de se considerar como válidas tais declarações e promover a homologação com dispensa do decurso do prazo legal, é fundamental que se confira se a procuração apresentada pelos representantes das empresas licitantes lhes conferiu poder para manifestar assentimento com o resultado proferido ao final do certame, abrindo mão da faculdade recursal.

Dispensa de licitação – Limite

Pergunta

Gostaria de contar com o apoio dessa Consultoria no sentido de nos informar o entendimento diante da situação a seguir esboçada: Este TRE adota, para fins de controle de dispensa de licitação pelo valor, no caso específico de contratação de serviços de engenharia, o limite legalmente estabelecido de R$15.000,00. No entanto, tal limite é apurado levando-se em consideração a classificação contábil do serviço contratado no mesmo subelemento durante o mesmo exercício, não sendo adotado o critério da finalidade própria de cada serviço de engenharia contratado. Por exemplo: a contratação para a elaboração de projetos de engenharia para a construção de dois Cartórios Eleitorais perfez-se o total de R$14.000,00. Então, um outro projeto, o referente à elaboração de projetos relativos à parte elétrica e de cabeamento para a sede do Tribunal não pôde ser feito também através de dispensa, uma vez que, somando-se o seu valor (R$8.000,00) com o anterior, o total resultaria em R$22.000,00, o que iria exceder o valor limite de R$15.000,00. Em tempo: a classificação contábil dos serviços diz respeito ao mesmo subelemento, no caso o 3.3.3.90.39.05 (serviços técnicos profissionais). Ou seja: o entendimento que estamos adotando é o de considerar a soma das contratações de todos e quaisquer projetos de engenharia como critério de controle do limite de valor de dispensa de licitação (artigo 24, I, da Lei nº 8.666/93) por se enquadrarem no mesmo subelemento da classificação contábil durante o mesmo exercício. Aguardo o pronunciamento, desde já agradecendo pela atenção!

Resposta

O critério correto, no entendimento desta consultoria, é o do objetivo, ou seja, deve-se levar em consideração o objetivo pretendido com a realização da despesa.

Assim, na construção de um cartório deve-se considerar como obra ou serviço todo o montante envolvido na edificação da respectiva obra e não aquele que corresponde à adoção de um critério financeiro, que apenas considera aspectos contábeis, ao invés do objetivo relacionado com as despesas em questão.

Ora, a abordagem que considera o objeto a ser cuidado ao invés da dos elementos de dotação orçamentária parte de uma perspectiva financeirista (Direito Financeiro e Orçamento em seu aspecto de escrituração contábil), portanto, posterior à realização do procedimento licitatório ou contratação direta para a concretização do objetivo de edificação, ou outra atividade qualquer; ao passo que ao se considerar o objetivo pretendido com a despesa tem-se como foco a atividade que determina naquele momento a adoção de providências destinadas à realização da despesa.

Destarte, embora se concorde com a reunião de todos os gastos para o estabelecimento do limite de gastos, se expressa opinião de que o fundamento para a adoção de tal postura relaciona-se com o Direito Administrativo relativo a licitações e contratos e não com o Direito Financeiro e Orçamentário.

Dispensa de licitação – Motivação do ato administrativo

Pergunta

A motivação dos atos administrativos de dispensa de licitação com fundamento em qualquer dos incisos do art. 24 da Lei nº 8.666/93 (Licitação dispensável) é imprescindível? Se não, qual a razão da existência do art. 50, IV, da Lei nº 9.784/1999?

Resposta

É necessário que se apresente a motivação dos atos administrativos praticados com o intuito de declarar dispensa de licitação, qualquer que seja o inciso pertinente do art. 24, da Lei de Licitações e Contratos

Administrativos, exatamente porque assim o determina o art. 50, inciso IV, da Lei nº 9.784/99.

Fundamental observar que como se cuida de ato administrativo de caráter predominantemente discricionário, porquanto em se tratando de licitação dispensável há a possibilidade da realização de procedimento licitatório, em regra seria desnecessário que fossem apresentados os motivos norteadores do juízo de mérito administrativo a respeito da opção pela contratação direta.

Por essa razão foi que, para não pairar dúvida, estabeleceu a lei que disciplina o processo administrativo geral, no âmbito federal, fixou a imprescindibilidade de que se apresentassem os motivos determinantes da dispensa, permitindo, desse modo, maior sindicabilidade do ato administrativo e do mérito administrativo que o conduziu.

Desse modo, tanto os atos de declaração de inexigibilidade, porque reportam ato administrativo vinculado, uma vez que impossível a realização de licitação, por inviabilidade, quanto aqueles resultantes de dispensa, embora discricionários, deverão trazer, em motivação, os motivos que fixaram a aplicação de uma destas modalidades de contratação direta.

Dispensa de reajuste contratual

Pergunta

Em decorrência da necessidade de prorrogação de contrato de obra, motivado por atrasos imputados parte ao contratante e parte ao contratado, é possível que a empresa contratada formalize documento no qual ela abre mão do reajuste contratual, diante da inexistência de orçamento?

Resposta

Não há qualquer impedimento legal que obstaculize a execução de liberalidade por parte de empresa contratada para a execução de obra pública, exatamente porque se trata tal direito daqueles caracterizados como disponíveis ao alvedrio de seu titular.

Recomenda-se, no entanto, que a dispensa realizada com o intuito de se evitar maior atraso na concretização da obra, haja vista que se informa a inexistência de previsão orçamentária que ampare eventual reajuste contratual, seja concretizada de modo expresso, a fim de que posteriormente não se valha a empresa de pedido de reequilíbrio ou mesmo de pleito de indenização.

Dispensa e despesas previdenciárias – Limite

Pergunta

As despesas com contribuições previdenciárias, a cargo do Órgão Público, previstas no art. 86, III e IV, da IN MPS/SRP nº 03/2005 (INSS patronal), deverão ser inclusas no cálculo do limite de dispensa de licitação, em razão do valor do objeto a ser contratado, prevista no art. 24, I e II, da Lei nº 8.666/93?

Resposta

O valor das contratações realizadas pela Administração Pública inclui todas as despesas relacionadas com a contratação, independentemente de se tratarem de despesas com o pagamento do bem ou serviço ou de tributos sobre estes incidentes.

Portanto, o valor a ser considerado por ocasião da realização de contratação direta, caso esta esteja sendo realizada por enquadramento nas hipóteses do art. 24, I e II, da Lei de Licitações e Contratos Administrativos deverá ser aquele que efetivamente será pago, inclusive tributos, ainda que se tratem de tributos que serão retidos pela própria Administração, como é o caso do Imposto de Renda.

Convém lembrar que tributos e contribuições sociais fazem parte da composição de custo do bem ou serviço, não podendo, exatamente por isto, serem considerados à parte para efeito de dispensa de licitação com fundamento no art. 24, incisos I e II.

Dispensa e inexigibilidade – Validade do termo que a declara

Pergunta

Solicitamos orientação sobre a validade dos Termos de Dispensa/ Inexigibilidade. Em 2 casos. No primeiro a empresa foi contratada com fulcro no inc. XVII do art. 24 da Lei nº 8.666/93. O Termo foi assinado em 2008 e a Nota de Empenho, por questões orçamentárias, teve sua vigência até 31 dez. 08. Indagamos se, para o exercício de 2009, faz-se necessária emissão de novo termo ou o anterior ainda vige? Basta nova Nota de Empenho? A mesma dúvida se refere a contratação com base no art. 24, X, LLC (locação). A contratação estimou 120 dias, mas devido ao atraso das obras surgiu a necessidade de prorrogação. É necessário novo termo de dispensa, ou basta a prorrogação contratual e nova emissão de Nota de Empenho com base no termo de dispensa?

Resposta

Uma vez tendo sido instruído os autos, no caso de inexigibilidade, com declaração de exclusividade não há a necessidade, em se tratando de prorrogação, de que tais documentos sejam renovados.

Todavia, caso tenha chegado ao conhecimento da Administração que a situação em que se fundamentou a declaração não mais subsiste, é dever da autoridade e do Poder Público tomar providências para constatar a veracidade da informação e, sendo confirmada, proceder à licitação para a contratação do objeto, ao invés de prorrogar o contrato.

Quanto às dispensas, é suficiente que se proceda a verificação sobre a permanência da condição que motivou a sua declaração, uma vez que tais situações são manifestadas pela entidade contratante e por esta declaradas. Sendo positiva a conclusão e fundamentada em fatos, não haverá óbice à continuidade do ajuste por meio de aditamento.

No caso indicado, de dispensa com fundamento no art. 24, inciso XVII, da Lei de Licitações e Contratos Administrativos, há que se observar se ainda se encontra vigente a garantia do equipamento que exige a aquisição de peças das quais aquela dependa.

Já na hipótese do inciso X do mesmo artigo cabe ressaltar que não há limitação legal para a contratação realizada com fulcro no dispositivo. Bastará, portanto, que se faça a justificativa a respeito do atraso do término da obra.

Dissídio coletivo e repactuação

Pergunta

O TRE-XX tem contrato de terceirização de serviços de limpeza cuja categoria firmou convenção coletiva na qual há a previsão de concessão de vale-refeição com os benefícios do PAT. Dada a sua natureza não salarial em virtude do Decreto nº 05/1991, a empresa contratada tem direito a repactuação decorrente desse incremento do custo com a mão de obra? A IN nº 18/1997-MARE continua sendo aplicada a esse contrato por ele ter sido celebrado em sua vigência ou a ele se aplica a IN nº 02/2008?

Resposta

A questão apresentada já foi objeto de tratamento na revista *Fórum de Contratação e Gestão Pública – FCGP*, tendo sido publicada na edição nº 68, de agosto de 2007, a qual transcreve-se a seguir:

> Repactuação e dissídio coletivo
>
> **Pergunta**
>
> Por motivo de repactuação de preços em virtude de aumento de salários por acordo, convenção ou dissídio coletivo, deve-se constar da planilha de formação de preços o aviso prévio trabalhado e indenizado e indenizações? Qual seriam os motivos legais pela manutenção destes itens na planilha quando de tal repactuação?
>
> **Resposta**
>
> Não há que se falar em repactuação de preços fundamentada em aumento de salário em decorrência de dissídio coletivo ou convenção.
>
> Abordando o tema anteriormente assim foi orientado:
>
> Dissídio coletivo não é motivo para a repactuação de contrato, porquanto ocorre de modo periódico, o que torna previsível o acréscimo no valor do objeto contratado. Somente haverá que se falar em repactuação quando o desequilíbrio econômico for resultado de fatores imprevisíveis ou previsíveis, mas de efeitos inestimáveis.
>
> A imprevidência da empresa contratada não pode servir de razão para o aumento do valor do contrato.
>
> Se o evento era previsível ele já foi, ou pelo menos deveria, ter entrado no cálculo do valor do contrato, caso contrário é possível que se atribua desse modo vantagem à empresa que omite certos custos futuros de sua proposta e, com isto, consiga obter a vitória no certame, apresentando, posteriormente, pedido de repactuação.*
>
> O que possibilita a repactuação é a ocorrência de desequilíbrio causada por fato imprevisível ou se previsível de efeitos não mensuráveis, situação na qual não se enquadra o dissídio coletivo.
>
> Jorge Ulisses Jacoby Fernandes distingue repactuação, reequilíbrio e reajuste, esclarecendo que reequilíbrio busca restabelecer o preço dos insumos (parece ser este o caso vertente) e não tem período predefinido; reajuste tem período e índice predefinido e procura restabelecer o preço dos insumos ou o poder aquisitivo da moeda; ao passo que repactuação tem período predefinido, embora não possua índices, e busca adequar o preço do contrato aos valores praticados pelo mercado.**
>
> O mesmo autor, no entanto, assevera que:
>
> ..., o fato motivador do reequilíbrio é imprevisível, por esta razão ele não tem data certa para ser realizado e, como suas conseqüências são

incalculáveis, também não há como pré-fixar um determinado índice para a correção.

Já a repactuação, regulamentada pelo Decreto nº 2.271/97, pode ocorrer para aumentar ou diminuir valores, numa época previamente determinada. Como regra, destina-se à revisão para mais ou para menos, nos serviços contínuos, após um ano da vigência dos contratos.

O reajuste pode ser concedido somente um ano após a apresentação da proposta; o reequilíbrio, a qualquer momento. No entanto para concedê-lo, é importante notar o seguinte procedimento:

1. apresentar requerimento de reequilíbrio (este último, é claro, pela Administração);

2. duas planilhas para verificação, atual e a da época da proposta;

3. análise econômica do pedido;

4. parecer jurídico, analisando o assunto com fundamento no art. 12, Decreto nº 3.931/01; art. 65, inc. II, alínea "d" da Lei nº 8.666/93; art. 37, inc. XXI da Constituição Federal de 1988;

5. verificar o cumprimento do art. 16 da Lei de Responsabilidade Fiscal;

6. certificar-se que o preço reequilibrado está dentro do valor de mercado;

7. atento a excepcionalidade do procedimento, conceder o reequilíbrio.***

Portanto, qualquer que seja a situação, deverá o administrador se ater ao cumprimento das regras legais pertinentes, sob pena de ver comprometida a regularidade de suas contas.

* OLIVEIRA, Antônio Flávio de. Dissídio coletivo e repactuação de contrato de terceirização. *Fórum de Contratação e Gestão Pública – FCGP*, Belo Horizonte, n. 55, ano 5, p. 7482-7482, jul. 2006. Disponível em: <http://www.editoraforum.com.br/sist/conteudo/lista_conteudo.asp?FIDT_CONTEUDO=36431>. Acesso em: 30 out. 2006.

** *Sistema de registro de preços e pregão*. 2. ed. Belo Horizonte: Fórum, 2005. p. 339.

*** *Sistema de registro de preços e pregão*. 2. ed. Belo Horizonte: Fórum, 2005. p. 338-339.

Portanto, a mera modificação de salário dos empregados da empresa que presta serviços terceirizados não seria suficiente para a repactuação, mas eventual ampliação de seus custos, ainda que decorrente de dissídio coletivo, por inclusão de parcela que anteriormente não integrou a sua planilha de composição de custos e que não fazia parte das verbas devidas aos seus empregados, poderá motivar esse tipo de alteração no valor contratual.

Com a inclusão da nova parcela, passa-se a ter valor praticado, no contrato firmado com a Administração Pública, diferente daquele vigente no mercado. Sendo assim, torna-se fundamental que se dê a adequação objetivando o restabelecimento da situação.

Diversidade de CNPJs e gestão contratual

Pergunta

O XXXX é dividido em diversas Gerências, cada uma com o seu CNPJ, não obstante se trate da mesma entidade (diferentes órgãos). Licitação de manutenção de equipamentos de informática foi conduzida por uma Gerência de capital de Estado. Ela deu origem a diversos contratos de manutenção (do seu parque de equipamentos e dos parques das Gerências do interior). Em função do sistema SIASG, ela teve que publicar e assinar todos os contratos. Agora pretende desconcentrar para cada Gerência do interior a sua gestão/fiscalização (de cada um dos seus parques). São triviais alterações desta natureza no polo da contratada (alteração da razão social, p. ex.). No caso da Administração, o expediente é o mesmo (já que, apesar de ser a mesma entidade, cada órgão/Gerência tem o seu CNPJ)?

Resposta

É importante advertir que a existência de diversos números de cadastro de pessoa jurídica não indica, no caso, a existência de diversas pessoas jurídicas, tratam-se de cadastros derivados, cuja razão de existência é exigência da Receita Federal, destinando-se a fins de controle.

Portanto, não há qualquer problema em desconcentração no controle e gestão dos contratos firmados, haja vista que acontecerão tais situações dentro do próprio órgão havendo apenas variação quanto à repartição encarregada de executar tais tarefas.

Aliás, repita-se, tal situação não significa alteração no polo contratante, porquanto não se alterará a figura do contratante, mas apenas se destacará dentro de sua própria estrutura organizacional outro órgão que se encarregará de desempenhar as tarefas de gestão e fiscalização contratual.

Divulgação de Pregão – Divergência de teor ente Comprasnet e edital

Pergunta

Inauguramos um procedimento licitatório na modalidade Pregão eletrônico – Sistema de Registro de Preço para aquisição de material de consumo. O referido edital foi devidamente publicado, porém, no sistema Comprasnet, por ocasião da realização do Pregão, não foi clicada a opção de Pregão SRP, tendo o procedimento se desenvolvido como Pregão SISPP. Diante desse fato pergunta-se: não obstante o lapso ocorrido no Comprasnet pode-se formalizar a Ata de Registro de Preço já que toda a publicidade foi dada ao edital do Pregão e lá constava a informação de que o Pregão visava a registro de preço? Vale salientar que no edital do certame há cláusula expressa afirmando que em caso de discordância existente entre as especificações deste e àquelas descritas no Comprasnet, prevalecerão as especificações do Edital.

Resposta

Não há que se falar em invalidação do procedimento licitatório em razão de mera divergência ocorrida entre os termos do edital e avisos eletrônicos divulgados em sítio na Internet.

Além da própria previsão editalícia que estabelece a prevalência dos termos constantes do edital em casos tais, há que se ressaltar a incidência do princípio *pas des nullité sans grief*, segundo o qual não há nulidade sem prejuízo.

Somente no caso de resultar prejuízo em razão da divergência em questão, entre o edital e a divulgação realizada no sítio na Internet, é que se haveria de cogitar do reconhecimento da ocorrência de nulidade. Entretanto, percebe-se que a divergência em questão não teve potencial lesivo ao princípio da publicidade e muito menos frustrou os objetivos da Administração Pública ao realizar o certame, impedindo a aquisição de bens e serviços por preços e condições portadoras de maior vantajosidade.

Destarte, deve-se considerar válido o certame licitatório para realizar o registro de preços em questão. Aliás, não seria correto que se agisse de outro modo, pois neste caso sim, restaria malferido o interesse público e o princípio da eficiência, para não falar no princípio da instrumentalidade das formas, também incidente em procedimentos administrativos.

Doação de imóveis (Associação Civil)

Pergunta

É possível a doação de imóveis pertencente à Fazenda Municipal para uma Escola de Samba (Associação Civil)? Sendo possível qual o procedimento adequado a ser adotado?

Resposta

Conquanto não exista vedação no texto da lei orgânica do Município a doação poderá ser realizada, desde que se encontre adequada às normas legais pertinente à disciplina das doações no âmbito municipal.

Todavia, é necessário que se verifique se os imóveis em questão não estão afetados a alguma atividade específica. Caso estejam os imóveis a serem doados afetados, deverá antes se tomar o cuidado de proceder à desafetação, o que poderá ocorrer no mesmo ato legislativo que autorizar a doação.

Portanto, o procedimento necessário, além de outras exigências contidas em legislação local, será o de desafetação e autorização legislativa para que se concretize a doação.

Dotação orçamentária

Pergunta

É cediço que a realização de obras públicas pressupõe, obrigatoriamente, a existência de dotação orçamentária específica de investimento, devidamente autorizada por Lei Orçamentária, nos termos da Lei nº 4.320. Por outro lado, a Constituição Federal veda, no art. 167, VI, a transposição, o remanejamento ou a transferência de recursos de uma categoria de programação para outra ou de um órgão para outro, sem prévia autorização legislativa. Por sua vez, o Decreto-Lei nº 200/67 preceitua, no art. 73, que nenhuma despesa poderá ser realizada sem a existência de crédito que a comporte ou quando imputada a dotação imprópria, vedada expressamente qualquer atribuição de fornecimento ou prestação de serviços cujo custo exceda aos limites previamente fixados em lei. Diante disso, formulo a seguinte questão: ocorrendo insuficiência de verba específica de investimento, a construção de um prédio público com o emprego de dotação de custeio para mais de um quinto do custo total da obra é considerada uma prática legal? E se a aplicação dessa verba de custeio for destinada à preparação do terreno, embora o custo dessa preparação esteja previsto no orçamento da obra, caracteriza irregularidade?

Resposta

Convém antes de qualquer análise jurídica ressaltar que as regras pertinentes à classificação orçamentária de despesas possuem caráter de ordenação contábil.

Desse modo, uma vez que buscam a ordenação da contabilidade pública, não é possível que se utilize de interpretações que violem a ideia de ordenação que envolve a realização de orçamentos, balancetes e balanços, pois a interpretação terminaria por gerar situações excepcionais inadequadas ao caráter de previsibilidade e ordenação da contabilidade pública.

Sendo assim, não se deve utilizar recursos orçamentários senão para o fim a que foram legalmente destinados, sob pena de se transgredir o Plano Plurianual, a Lei de Diretrizes Orçamentárias e a Lei Orçamentária Anual.

Ora, em se tratando de verba destinada ao custeio não há qualquer razoabilidade na sua utilização para a realização de investimento, figuras totalmente distintas.

Havendo necessidade de alocação de recursos que excedem em uma dotação, ao mesmo tempo em que faltam em outra, a forma legalmente prevista é a da realização dessa movimentação mediante autorização legislativa.

Edital padrão

Pergunta

1. O que é um *edital padrão*? 2. A instituição de um edital padrão é uma forma de atender ao princípio da eficiência? 3. A instituição do edital padrão, a ser utilizado pelas várias dependências da Instituição, faz com que as impugnações ante ao texto padronizado sejam respondidas por quem elaborou o edital padrão ou pela assessoria jurídica, que o aprovou/chancelou, ou pela autoridade (pregoeiro ou presidente de CPL) que, em última instância, o assinou e o emitiu? 4. É possível fazer um edital padrão geral de fornecimento de bens ou de serviços e ficar aprovado/chancelado pelo jurídico? Sendo que o objeto em si seria agregado quando da demanda? Ou seja, restaria padronizado um edital de fornecimento, por exemplo. E quando das demandas (canetas, uniformes, equipamentos, etc.), seriam agregadas apenas as especificações técnicas/projeto básico, quantidades, locais de entrega, pauta de distribuição, ou seja, as informações variáveis do item a ser adquirido? 5. Quais as decisões do TCU sobre o tema?

Resposta

Trata a questão sobre a utilização de editais padronizados, o que levou a consulente a questionar sobre a vantagem de utilização desses instrumentos, perquirindo se os mesmos favoreceriam a observância ao princípio da eficiência.

Não há dúvida de que a adoção do sistema de documentos padronizados possibilita mais agilidade na análise dos procedimentos em que estes devam constar, tornando, assim, mais célere a atuação estatal, o que por si apenas já caracterizaria atendimento ao princípio da eficiência.

Todavia, a utilização de editais padronizados não poderá servir de pretexto para que não se proceda a análise jurídica da minuta desses instrumentos, sob pena de não restar atendido o disposto no art. 38, parágrafo único, da Lei de Licitações e Contratos Administrativos e, portanto, resultar em violação ao princípio da legalidade, igualmente inserto no art. 37, *caput*, da CF/88.

Após estas considerações responde-se pontualmente aos questionamentos enumerados pela consulente:

R.1: Edital padrão corresponde ao modelo de instrumento de convocação de interessados para participação em certame licitatório, indicando o seu conteúdo básico, ao qual deverá ser adicionado, oportunamente, por ocasião da concretização do intento de abrir disputa entre os interessados em contratar com a Administração Pública, os dados específicos acerca do objeto e peculiaridades com este pertinentes, que por estas razões não constavam do modelo previamente estabelecido.

R.2: Uma vez que a adoção de modelo padrão de edital possibilita maior rapidez na elaboração de editais, bem como diminui a margem do cometimento de omissões, obviamente que estar-se-á cumprindo com o princípio constitucional da eficiência.

R.3: Cada repartição do órgão onde se processa o procedimento licitatório responderá pela sua parcela de atribuições, conforme estabelecido no regimento que disciplina a respeito de suas atividades. O simples fato de existir uma padronização de documentos não exclui a responsabilidade das repartições encarregadas de processar o procedimento licitatório. Assim, a responsabilidade, em regra, do departamento jurídico se restringirá à análise jurídica que procedeu, cabendo às demais repartições responderem por aquelas tarefas relacionadas com suas atividades precípuas.

Disso resta concluir, que o fato de ter sido o edital analisado por corpo jurídico não exime de responsabilidade a Comissão de Licitação, quando a falha existente for de tal natureza que devesse ter sido objeto de sua constatação. Em casos tais poderá acontecer de a responsabilização atingir mais de uma repartição do órgão, ao invés de se restringir a apenas uma delas.

R.4: Existe a possibilidade de se valer do modo mais amplo possível da ideia de padronização. Todavia, não haverá padronização suficientemente detalhista que possibilite dispensar tratamento individualizado na elaboração do edital, haja vista a possibilidade da presença de peculiaridades relativas a licitação que se pretende realizar.

R.5: O entendimento do TCU tem sido no sentido de que mesmo quando existentes editais padrões não fica dispensada a análise jurídica da minuta elaborada para cada uma das licitações a se realizar. Assim ficou firmado nos seguintes acórdãos: Acórdão nº 79/1995-Plenário; Acórdão nº 98/2001-Plenário e Acórdão nº 314/1998-Primeira Câmara.

É emblemático a respeito do posicionamento do TCU o seguinte trecho do Acórdão nº 79/1995:

> ...a utilização de editais padrões, previamente aprovados pela Procuradoria, não deve prevalecer; as minutas dos editais devem ser examinadas integralmente de maneira a se proteger a Administração contra qualquer questão legal.

No Acórdão nº 98/2001, em declaração de voto do Min. Lincoln Magalhães da Rocha, há entendimento mais radical até, no qual manifesta pela irregularidade do uso de editais padrão, em face do disposto no art. 38, parágrafo único, da Lei nº 8.666/93. A parte da declaração de voto em questão foi lançada nos seguintes termos:

> Assim no TC 649.039/93-9, por meio do Acórdão 079/95 a Corte julgou irregular a existência de edital padrão em relação a aprovação pelo órgão jurídico, ao interpretar o art. 38, § único da Lei nº 8.666/93.

Portanto, necessariamente haverá de se proceder a análise do edital, tenha sido ele elaborado a partir da simples compreensão da lei e das circunstâncias propiciadas pela licitação que irá se realizar, quer resulte de documento padrão.

A existência de padronização não impede que estes sofram adaptações que os formatem para a necessidade presente, assim como não impede a existência de incorreções que devam ser constatadas e indicadas por análise acurada.

Empate entre MEs e EPPs

Pergunta

Em casos de empate em licitações que participam MEs e EPPs, caso uma empresa de uma dessas categorias seja a que ofereça menor preço, todas as demais MEs ou EPPs que apresentarem valor de até 10% acima são consideradas como empatadas, ou isso só ocorre se a empresa vencedora não for ME ou EPP? Em caso afirmativo, qual critério de desempate, e quais as fases seguintes?

Resposta

Conforme a lição de Jair Eduardo Santana e Edgar Guimarães, em sua obra conjunta *Licitações e o novo Estatuto da Pequena e Microempresa*:[18] "a LC nº 123/06 cria artificialmente um empate na hipótese onde a microempresa (ou a empresa de pequeno porte) esteja com proposta superior até 5% ou 10% em relação àquele que não ostente dita condição empresarial".

Assim, quando a situação que caracterizaria o empate ficto surgir entre duas empresas que se qualifiquem como microempresa ou empresa de pequeno porte, não haverá que se falar em situação de empate, porquanto esta apenas terá lugar em se tratando de parametrização entre estas e empresas não qualificáveis como tal. É assim porque o objetivo da lei foi o de atribuir preferência a estas empresas não o de estabelecer a possibilidade de competição mais acirrada entre estas. Portanto, colocando-se uma destas (ME ou EPP) em situação de vantagem, não será aberta a oportunidade de que fala o art. 45, I, da LC nº 123, resolvendo de pronto o certame.

Os autores da obra acima citada, em sua edição mais recente, abordam especificamente a questão dando-lhe solução nesta mesma direção, vejamos:

> O empate não se materializa caso a proposta paradigma classificada provisoriamente em 1º lugar seja de uma outra ME/EPP (§2º do art. 45 da LC nº 123/06). Dizendo por outras linhas: caso a melhor oferta ou proposta já tenha sido feita por ME/EPP, não se falará por certo em empate ficto. Esse é o pressuposto para a geração do empate ficto.[19]

Nota-se, ainda, consoante a referência dos autores a manifestação expressa do diploma legal acercada da situação, em seu art. 45, §2º:

> Art. 45. [...]
>
> [...]
>
> §2º O disposto neste artigo somente se aplicará quando a melhor oferta inicial não tiver sido apresentada por microempresa ou empresa de pequeno porte.

---

[18] SANTANA, Jair Eduardo; GUIMARÃES, Edgar. *Licitações e o novo Estatuto da Pequena e Microempresa*: reflexos práticos da LC nº 123/06. Belo Horizonte: Fórum, 2007. p. 40.

[19] SANTANA, Jair Eduardo; GUIMARÃES, Edgar. *Licitações e o novo Estatuto da Pequena e Microempresa*: reflexos práticos da LC nº 123/06. 2. ed. Belo Horizonte: Fórum, 2009. p. 62.

Portanto, não reside dúvida quanto à inexistência, em tais casos, do chamado empate ficto.

Empresa em situação de irregularidade fiscal e pagamento de serviço já efetuado

Pergunta

Pode-se efetuar o pagamento no processo em que a empresa já efetuou o serviço, porém sua certidão de CND ou FGTS esteja vencida?

Resposta

Não é admissível, assim tem entendido a jurisprudência, que se exija para pagamentos a manutenção de regularidade fiscal. Tal exigência deverá sempre ser aferida apenas com o intuito de verificação da possibilidade de manutenção da contratação, haja vista o que consta do art. 55, XIII, da Lei nº 8.666/93.

Portanto, o que se exige é que para a manutenção da relação contratual deverá continuar o contratado as mesmas condições apresentadas por ocasião da licitação, jamais fazer com que tal exigência constitua pressuposto para pagamento de débitos do Poder Público em relação a este. Como já afirmado anteriormente, neste sentido é a jurisprudência da qual segue exemplo colhido na revista *Fórum de Contratação e Gestão Pública – FCGP*, nº 91:

> 5677 – Administrativo. Contrato administrativo. Serviços prestados. Retenção de pagamento. Exigência de comprovação de regularidade fiscal. Ilegalidade.
>
> 1. A exigência de regularidade fiscal é motivo que impede a participação em licitação e assinatura de contrato administrativo, mas não o pagamento pelos serviços já executados. Precedentes.
>
> 2. Apelação e remessa oficial a que se nega provimento (TRF 1ª Região, Apelação em Mandado de Segurança nº 2005.34. 00.027746-6/DF, 5ª Turma, Rel. Des. Federal João Batista Moreira, Relª. Convª. Juíza Federal Maria Maura Martins Moraes Tayer, *e-DJF1* nº 118, div. 25.06.2009, pub. 26.06.2009).

Destarte, verificada a situação de irregularidade fiscal, por ocasião do pagamento de alguma das parcelas do contrato, a ação a ser adotada deverá ser a de informar o departamento competente para que tome providência a fim de que a situação seja regularizada ou, não sendo, providencie a rescisão contratual.

Engenheiro e técnico em edificações

Pergunta

O XXX/XX está com várias obras em andamento (construção de Cartórios), no entanto, somente possui um engenheiro no quadro efetivo. Diante disso, é cabível que a Administração realize licitação que envolva um engenheiro, um arquiteto e um técnico em edificações com base no art. 67 da Lei nº 8.666/90? Preocupo-me mais com a fundamentação legal para a contratação do técnico, quais requisitos seriam necessários?

Resposta

De fato o dispositivo do art. 67, *caput*, aventa a possibilidade de que a Administração realize a contratação de profissionais de engenharia, assim como de edificações, com a finalidade de assistir ao representante da Administração especialmente designado para esse fim.

É fundamental ter-se em consideração que o responsável pelo acompanhamento e fiscalização do contrato será o representante designado para esse fim pela Administração, cabendo aos contratados nas especialidades necessárias fornecerem os elementos requeridos para aquele possa se desincumbir de suas atividades fiscalizadoras e de acompanhamento.

No caso vertente, em que a Administração possui um engenheiro que sozinho não teria condições de levar a cabo todo o serviço de acompanhamento, entende-se que o ideal seria a sua designação como representante da Administração, contratando engenheiros e técnicos em edificações para auxiliá-lo em suas tarefas.

Impende anotar que o dispositivo não autoriza a contratação de quem vá fiscalizar e acompanhar a execução da obra, mas quem seja necessário para assistir tal pessoa, o que faz presumir seja necessário que este representante seja integrante dos quadros da Administração que mantém a contratação a ser executada. Neste mesmo sentido é a orientação de Jessé Torres Pereira Junior:

O representante da Administração haverá de ser um servidor desta, facultada a contratação de terceiro (logo, estranho aos quadros da Administração) para dar-lhe assessoramento se a execução do objeto do contrato for exigente de informações especializadas. A contrário senso, não haverá lugar para a contratação de terceiro, onerando-se infundadamente o custo da fiscalização, se não houver necessidade de assistência especializada; somente esta, se insuprível por pessoal da Administração, justifica o agravamento do custo.[20]

Se não há pessoal disponível para o atendimento da demanda existente, em decorrência da quantidade de obras em andamento, está-se diante de situação em que não foi possível o suprimento da necessidade pelo pessoal da própria Administração, o que justificará a contratação de auxiliares, mesmo não sendo situação em que o que se busca seja conhecimento especializado inacessível ao representante da entidade estatal contratante.

Engenheiros – Fiscalização de obras

Pergunta

Pretendemos fazer uma licitação para contratar engenheiros e arquitetos para ajudarem na fiscalização de algumas obras que estão em andamento nesta Regional. Tendo em vista uma limitação orçamentária, o setor responsável sugeriu a contratação apenas de pessoas físicas, já que a contratação de pessoas jurídicas é mais onerosa para a Administração. Assim, queremos saber se é possível abrir um certame voltado exclusivamente à participação de pessoas físicas?

Resposta

Não há a possibilidade de se realizar procedimento licitatório excluindo a possibilidade de participação de todos os interessados. Tal tentativa incorreria em violação à competitividade que se busca promover com a licitação e, também, violação ao princípio constitucional da isonomia.

[20] *Comentários à lei das licitações e contratações da Administração Pública*. 6. ed. Rio de Janeiro: Renovar, 2003. p. 685.

Eventuais problemas orçamentários deverão ser solucionados antes pelo órgão licitante, mediante a utilização de instrumentos próprios para tanto, inclusive, se for o caso, com o envio de proposta de alteração legislativa.

A alegada onerosidade maior para a Administração, se verdadeira, irá refletir nas propostas apresentadas pelos licitantes, de modo que não haverá prejuízo na amplitude maior do certame e sim ao contrário.

Exequibilidade contratual

Pergunta

Assinatura de testemunhas em contratos de fornecedores. Apresentação. Atualmente os contratos de fornecedores de materiais e serviços para a XXX possuem campos para assinatura do representante da contratada e de duas testemunhas, sendo que comumente são colhidas assinaturas de uma testemunha da contratada e outra do representante da XXX. A medida visa, em princípio, garantir, além da publicidade ao contrato administrativo, a característica de título executivo extrajudicial. Entretanto, cumpre salientar o seguinte: a) quanto à publicidade, os contratos são publicados no *Diário Oficial da União* e todos os atos na Internet e no *site* do XXXX; b) dispêndio excessivo de tempo para obtenção das assinaturas e, por consequência, aumento do lapso temporal para o início da execução do contrato. Questionamentos: Diante do exposto, sob a luz da melhor doutrina e jurisprudência, pergunta-se: 1. Nos momentos de contratação inicial dos fornecedores ou aditamentos, há a necessidade de convocação pessoal do representante legal e de sua testemunha? 2. É legal e recomendável a extinção deste procedimento de contratação na XXX, considerando a celeridade e a desnecessidade da assinatura de testemunhas no instrumento contratual e termos aditivos, diante da publicidade dada ao processo e ao contrato? 3. Caso positivo, o contrato administrativo, desprovido da assinatura de duas testemunhas, pode ser considerado título executivo extrajudicial, nos moldes do art. 585 do Código de Processo Civil? Há dispositivo de lei que lhe atribua força executiva (art. 585, VII, CPC)?

Resposta

Para que o contrato tenha força executiva deverá, mesmo em se tratando de contrato administrativo, cumprir com o disposto no art. 585, inciso II, do Código de Processo Civil.

Assim, para que o contrato tenha essa qualidade deverá estar assinado pelas partes e por duas testemunhas. Todavia, não é necessário que o contrato esteja assinado por duas testemunhas até que venha a ser executado, porquanto não reclama a norma que as assinaturas das testemunhas tenham sido colhidas simultaneamente com aquela das partes contratantes.

Com estas ponderações responde-se pontualmente aos questionamentos formulados.

R.1: Bastará a convocação do representante legal da contratada, podendo ser postergada para outra ocasião a colheita da assinatura das testemunhas.

R.2: Não haverá ilegalidade na exclusão do procedimento, salvo se ocorrer violação de orientações internas da empresa. Quanto a recomendar a modificação do procedimento tal juízo deverá ser expendido por quem de direito, visto se tratar de mérito administrativo.

R.3: Conforme visto nas considerações iniciais, pelos termos da legislação civil em que se respalda a exequibilidade dos contratos como títulos extrajudiciais, para que se possa executar contrato, independentemente de ação de conhecimento, é necessário que estes estejam adequados ao que dispõe o art. 585, II, do CPC, ou seja, contenham assinatura de duas testemunhas.

Exigências em procedimento licitatório

Pergunta

Em Pregão eletrônico que estamos realizando para aquisição de gêneros alimentícios, usando os recursos que o sistema (XXXXX) disponibiliza, exigimos que a(s) empresa(s) licitante(s) apresentem junto com a sua proposta eletrônica, conforme o produto, a ficha técnica, Laudo Bromatológico, físico-química, etc. Tal exigência é somente na apresentação das propostas, não para efeito de habilitação, isso para darmos celeridade no procedimento, tendo em vista que somente pela marca do produto, em muitas vezes, é difícil concluir que o produto atenda às especificações do Edital. Tendo essas informações, o Pregoeiro, com a ajuda da Equipe de Apoio, poderia com certeza classificar as propostas que atenderam plenamente ao Edital. Pergunta: Essas exigências são legais?

Resposta

Apenas as exigências relativas à habilitação dos licitantes não deverão exceder aquelas expressas na Lei nº 8.666/93, porquanto assim preconiza o seu art. 27.

Tal determinação legal, no entanto, não impede que sejam estabelecidas exigências que deverão ser cumpridas por ocasião da apresentação das propostas, como elementos caracterizadores das qualidades e condições fixadas no edital.

O art. 48, I, da Lei de Licitações e Contratos Administrativos permite concluir favoravelmente pela possibilidade de inclusão de exigências que deverão ser atendidas por ocasião da apresentação das propostas, pois estabelece que serão desclassificadas aquelas propostas que não atenderem às exigências contidas no edital.

Porém, tais exigências deverão se adequar de modo razoável com o objeto da licitação, não podendo caracterizar obstáculo que venha direcionar o resultado do procedimento licitatório.

No caso em questão a exigência de laudos, estabelecida no edital a respeito dos alimentos que serão fornecidos, não se apresenta como não razoável, pois busca, de modo objetivo, estabelecer de maneira científica certificação a respeito da qualidade dos produtos que serão adquiridos, sem limitar a competição entre interessados.

Existência de ata e novo registro de preços

Pergunta

Supondo que já exista uma ata de registro de preços em vigor, e que esta já fora prorrogada (ou que não se queira prorrogá-la), é possível, antes do término de sua validade, efetuar novo Pregão por registro de preços, com os mesmos objetos da primeira? Ou seja, a Administração Pública pode fazer novo registro de preços para adquirir produtos, sendo que já existe Ata de Registro de Preços válida e, em vigor, que oferece os mesmos produtos? (art. 7º, Dec. nº 3.931/01). A finalidade da nova Ata é permitir ajustes nos prazos para aquisição de materiais em relação ao exercício financeiro.

Resposta

A questão ora apresentada não pode ser respondida por meio do uso das normas positivas que disciplinam a questão. Entretanto, a principiologia do Direito Constitucional Administrativo permite concluir a respeito em sentido negativo.

Sendo assim, há que se questionar qual a razão para a realização de nova licitação para registro de preços, quando ainda válido o registro anteriormente realizado?

O disposto no art. 7º do Decreto nº 3.931/01 constitui mera repetição daquilo que está presente no art. 15, §4º, da Lei nº 8.666/93, não sendo obstáculo a realização de licitação para a aquisição dos bens e serviços constantes em registro de preços, mas não pode ser tido como autorização para que se realize novo registro antes de encerrado o prazo de validade do anterior.

É até possível que se inicie procedimento licitatório para novo registro antes de vencido aquele que se encontra vigente, mas pensando no princípio da continuidade administrativa, que seria aviltado caso somente após o término da vigência se abrisse novo procedimento.

Por fim, é visivelmente contrário ao princípio da eficiência e, consequentemente, ao da moralidade administrativa a abertura de nova licitação para a realização de registro de preços, ressalvando-se apenas o caso de o novo registro ter vigor imediatamente após o término da vigência do anterior.

Existência de diferentes atas de registro de preços

Pergunta

Consulta sobre registro de preços. Situação fática: O Tribunal Regional Eleitoral do XXXX realizou Pregão eletrônico por Registro de Preços, no dia 27.05.2008, conforme objeto e especificações a seguir: Do objeto: "Contratação de empresa para fornecimento de água mineral natural e recipiente para acondicionamento de água mineral, pelo Sistema de Registro de Preços, com registro de Ata com validade de 12 (doze) meses, a fim de atender às necessidades do TRE/XX, conforme abaixo: Item 1 – Fornecimento de água mineral natural, sem gás, acondicionada em garrafões de 20 litros, a fim de atender às necessidades da Sede deste TRE/RJ, Núcleo Administrativo do TRE/XX e Polos Eleitorais; (...) Especificação: Água mineral natural, de primeira qualidade, acondicionada em garrafões de 20 (vinte) litros, com prazo de validade mínimo de 60 (sessenta) dias. Quantitativo estimado: 12.000 garrafões de 20 litros". Dessa licitação resultou vencedora a empresa X, com preço registrado de R$1,54 (um real e cinquenta e quatro centavos), sendo que tal ata já se encontra em vigor e já foram feitas entregas parceladas. Contudo, o Tribunal decidiu, em momento posterior à primeira licitação, diante da necessidade de fornecimento de água mineral para os cartórios eleitorais, dar início a um novo procedimento licitatório para aquisição de água mineral, culminando em outro Pregão eletrônico por Registro de Preços, realizado no dia 20.08.2008, conforme objeto e especificações a seguir: Do Objeto: "Contratação de empresa para fornecimento de água mineral natural, pelo Sistema de Registro de Preços, com registro de Ata com validade de 12 (doze) meses, a fim de atender às necessidades dos Cartórios Eleitorais deste TRE/XX". Especificação: Água mineral natural, de primeira qualidade, acondicionada em frascos de 20 (vinte) litros, com prazo de validade mínimo de 60 (sessenta) dias. Quantitativo estimado: 9.600 frascos. Desta nova licitação, resultou como vencedora a empresa Y, com preço unitário registrado de R$1,78 (um real e setenta e oito centavos). Diante dos fatos relatados, perguntamos: 1. Diante da existência de duas atas de registro de preços em vigor, sendo uma para atender à Sede deste Tribunal e outra para atender aos cartórios eleitorais, porém a entrega será efetuada no mesmo endereço, com preços registrados diferentes, como deveremos proceder: a) O fato de a segunda ata de registro de preços, com preço maior que a primeira tem alguma implicação legal? b) Poderíamos fazer os pedidos de ambas as atas ao mesmo tempo, com preços diferentes? c) Poderíamos, caso negativa a resposta anterior, esgotar o objeto da primeira com pedidos para a Sede e para os cartórios, visto que se trata do mesmo material, para depois de encerrada esta, começar a solicitar o material da segunda ata registrada? d) Há alguma possibilidade de acrescer mais de 25% do quantitativo estimado na primeira ata de registro de preços, considerando o disposto no parágrafo 1º do art. 65 da Lei nº 8.666/93, se houver concordância do licitante em entregar o material? e) O que se entende por igualdade de condições prevista no art. 7º do Decreto nº 3.931/01? Essa igualdade de condições seria no caso de empate das propostas?

Resposta

Tratam-se de diversos questionamentos divididos em tópicos que serão respondidos *de per si*, conforme a indicação contida na pergunta.

R.1: A existência de duas atas de registro de preços não constitui problema, no caso vertente, pois não obstante cuidem do fornecimento do mesmo bem foram realizadas com o intuito de atender a diferentes demandas. Não seria razoável que tivessem sido realizadas com o propósito de atenderem a uma mesma necessidade. No caso em tela, enquanto a primeira destina-se ao atendimento do Núcleo Administrativo e dos Polos Eleitorais, a segunda foi realizada para atender aos cartórios eleitorais.

Ademais a existência de lapso temporal entre uma e outra, assim como variações mercadológicas poderiam explicar a existência de preços diferentes, especialmente quando entre um e outro a diferença não é tão elevada, correspondendo a 15,58% (quinze, vírgula cinquenta e oito por cento) entre o valor registrado na primeira ata e aquele obtido na segunda.

Entretanto, para que paire dúvida sobre a questão, deve-se ser apurado se o valor registrado na segunda ata corresponde àquele praticado pelo mercado.

Recomenda-se, caso seja possível, a identificação clara da aquisição realizada para atender à demanda do Núcleo Administrativo e Polos Eleitorais, inclusive, com a indicação das dotações específicas para cada caso, a fim de que fique bem evidenciado o fato de se tratarem de licitações diferentes.

R.a: Conforme esclarecido na resposta ao item 1, não se tratam de registros realizados com o mesmo objetivo, mas de dois registros diferentes e realizados em momentos diferentes, para os atendimentos de repartições diversas, embora do mesmo órgão.

R.b: Conquanto fique evidenciado o atendimento das diferentes repartições, com clara indicação desse fato, não há impedimento para que assim se proceda.

R.c: Prejudicada.

R.d: Existe sim a possibilidade de se acrescer o objeto registrado na primeira ata, porquanto se aplica ao caso o disposto no art. 65, §1º, da Lei de Licitações. Neste sentido é a orientação de Jorge Ulisses Jacoby Fernandes:

> Com referência ao limite de acréscimos, quantitativo, tanto antes da regulamentação legal específica, como com o advento do Decreto nº 3.931/01, parece inafastável aplicar a regra do art. 65, §1º, da Lei nº 8.666/93, limitando-os em 25%.[21]

R.e: Significa que não está a Administração obrigada a deixar de realizar procedimento licitatório específico para a contratação de

[21] *Sistema de registro de preços e pregão*. 3. ed. Belo Horizonte: Fórum, 2008. p. 283.

aquisição de bens e serviços, quando existente ata de registro de preços, mas que quando o fizer terá prioridade para a contratação, em igualdade de condições com a proposta vencedora na licitação específica, aquele que teve o seu preço registrado na ata.

Disto resulta que poderá, por exemplo, se realizar licitação especificamente para a aquisição dos bens registrados na ata em questão. Caso algum licitante compareça com preço menor que aqueles registrados na ata, abrir-se-á oportunidade para que aquele que teve seu preço registrado manifeste seu interesse em contratar com a Administração em iguais condições.

Também a esse respeito orienta Jorge Ulisses Jacoby Fernandes:

> Se a Administração possui preço registrado e encontra preço menor no mercado, poderá convocar o licitante fornecedor para reduzir os preços na forma do art. 12 do Decreto nº 3.931/01. Caso haja recusa, poderá promover licitação específica para o item, mas os demais licitantes entrarão na disputa já conhecendo o preço daquele que tem o preço registrado e que, em caso de empate, perdem em seu favor. Logo não será inteligente que provoquem o empate.

No caso vertente, a Administração já tem conhecimento de valor menor praticado pelo mercado, inclusive registrado em ata por ela promovida, daí ser aplicável a situação preconizada pelo art. 12 do Decreto nº 3.931/01 à situação.

Falência

Pergunta

Está sendo realizado certame licitatório, na modalidade Concorrência, para contratação de advogado ou sociedade de advogado. Uma das exigências de habilitação contidas no edital era que a sociedade de advogados apresentasse Certidão Negativa de Falência e Concordata. Importante ressaltar que nenhum dos treze licitantes impugnou tal exigência que consta da Lei nº 8.666. Ocorre que um dos licitantes não apresentou referida certidão e justificou a falta invocando a Lei nº 8.906/94 destacando que "as associações de advogados, registrada no Conselho Seccional da OAB (art. 15) não podem apresentar características mercantis, situação jurídica que exclui a sociedade de advogados do Direito das Empresas (art. 16)" e "que em razão disso não é considerada sociedade empresária, referida na Lei nº 11.101/05 como apta a se sujeitar a falência e recuperação judicial". No entanto, importante mencionar que o artigo 2º, da Lei nº 11.101/05 não exclui a sociedade de advogados da sua aplicação. Face ao exposto pode a Comissão habilitar o licitante que deixou de apresentar a Certidão em questão? E qual a situação de um outro concorrente que apresentou para atender esse item uma certidão negativa de ações cíveis?

Resposta

Embora seja correta a percepção apresentada pelo orientando de que o artigo 2º da Lei nº 11.101/05, que regula a recuperação judicial e as falências, não excluiu expressamente as sociedades de advogados de sua aplicação, deve-se compreender que o elenco ali apresentado não é exaustivo, mas meramente exemplificativo.

A redação do dispositivo, aliás, apresenta alguma confusão, pois o artigo anterior, art. 1º, é expresso em afirmar que se aplicam as disposições daquele diploma às sociedades empresárias, situação que evidentemente não engloba a sociedade de advogados — espécie de sociedade civil à qual se aplicam as regras insertas no Código Civil — arts. 102 a 112.

Portanto, sendo aplicável a tais sociedades as disposições do Código Civil, tem-se que o procedimento correto para o seu encerramento, por razões análogas à falência das entidades empresárias, seria a liquidação judicial, daí poder-se afirmar que a exigência correta para o edital seria a de certidão negativa do distribuidor da comarca onde estivesse sediada a entidade a respeito de ações dessa natureza.

Entretanto, editais devem ser claros e objetivos, de tal modo que permita a compreensão inequívoca pelos interessados em participar do certame licitatório. Assim, tendo em vista que a situação gerou celeuma que ocasionará a exclusão de participante, por exigir documento equivocado, é recomendável que se cancele o procedimento licitatório, repetindo o certame. Desta feita com a indicação correta da documentação necessária.

Fiscalização de obras

Pergunta

A Administração firmou contrato para assistência na fiscalização de obras, tendo como contratados um engenheiro e um arquiteto (pessoas físicas). Não houve mais interesse nos serviços do engenheiro (de comum acordo). Para alterar esse contrato e retirar apenas um dos contratados, como a Administração deve proceder? É cabível um aditivo ou rescisão parcial? Ou a solução é outra?

Resposta

Embora se informe que a contratação foi com pessoas naturais (pessoas "físicas"), aparentemente utilizou-se a Administração de apenas um termo contratual, embora ali devam, conforme informado, estar presentes dois contratos individuais, porquanto dessa ordem o vínculo que se estabeleceu entre o Poder Público contratante e cada um dos contratados.

Sendo assim, e conquanto cada um dos contratados tenha sido signatário do instrumento de contrato, o que deverá se extinguir é o contrato firmado com o profissional em relação ao qual não se tenha mais interesse nos serviços.

Assim, firmar-se-á termo de rescisão amigável (em razão da informação de que foi de comum acordo) apenas com o profissional em relação ao qual não se pretenda manter a contratação, mantendo-se incólume a contratação com o outro.

Na situação vertente, o que se tem são dois contratos distintos, embora direcionados para uma mesma atividade, que deveriam ser executados por profissionais diferentes e aparentemente de forma independente. Sendo esta a situação, bastará que se formule a rescisão contratual com um deles, pois embora se tenha instrumento único de contrato, o vínculo contratual é dúplice e, portanto, poderá ser modificado ou rescindido de modo individualizado.

Fiscalização de obra e Pregão – Serviço de auxílio e assistência

Pergunta

É possível realizar licitação na modalidade Pregão para a contratação de serviço de auxílio e assistência à fiscalização de obra?

Resposta

Deve-se ressaltar que a modalidade Pregão, consoante preconiza o art. 1º da Lei nº 10.520/02, destina-se à "aquisição de bens e serviços comuns", portanto, para que se possa utilizar a modalidade em questão na contratação de serviços é necessário que tais serviços sejam enquadráveis como serviços comuns.

A priori não há qualquer dificuldade em se enquadrar serviços de auxílio e assistência à fiscalização de obra como serviços comuns, para efeito do que dispõe o art. 1º da Lei do Pregão. Todavia, cabe observar que para se qualificar a natureza do serviço em questão é imprescindível qualificar o tipo de obra que deverá ser fiscalizada.

Pode-se afirmar, portanto, que quando se trate de obra sem grandes complexidades, seja em razão de sua própria configuração estrutural e arquitetônica, assim como não existam fatores geológicos e outros relativos ao terreno utilizado que a qualifiquem como de grande dificuldade técnica, será possível afirmar tratar-se o serviço de fiscalização de serviço de natureza comum e, assim compatível com o uso da modalidade Pregão.

Cabe, no entanto, ressalvar que a avaliação a respeito da complexidade do serviço ou o seu caráter comum corresponde a apreciação de conteúdo técnico da área de engenharia, devendo por isso mesmo as conclusões neste particular serem pronunciadas por profissionais da área.

Folha de pagamento

Pergunta

Qual o entendimento desta Consultoria a respeito da seguinte situação: 1. A XXXX (autarquia federal) pretende licitar e aplicar o disposto nos arts. 24 e/ou 25 da Lei nº 8.666/93, para contratar banco oficial (empresa pública) tendo como objeto a venda da folha de pagamento, pelo prazo de 5 anos. Existe algum impedimento de ordem legal/normativa sobre essa possibilidade de contratação? 2. A Contratada, posteriormente, terá como obrigação a responsabilidade pelo pagamento das obras de construção de um prédio para a Contratante, que será licitado e contratado pela XXXX, com limite financeiro previamente definido para essa licitação. 2.1. Uma vez licitada e contratada a obra pela XXXX, que também será responsável pela fiscalização e atesto dos serviços, as faturas atestadas pela XXXX serão enviadas ao banco, para fins de pagamento dos valores. Assim, é cabível a menção do valor garantido pelo banco no Edital e na minuta de contrato da XXXX como receita extraorçamentária, em substituição a cláusula da dotação orçamentária da XXXX, uma vez que a construção do prédio não está prevista no orçamento da Autarquia? E no contrato celebrado entre a XXXX e a Empresa Construtora, qual seria a alternativa relativamente à vinculação do Banco Contratado com a Empresa Construtora?

Resposta

Trata o questionamento apresentado de contratação objetivando a exclusividade de estabelecimento bancário na realização de pagamento de folha de servidores públicos da autarquia em questão.

Com o intuito de orientar seu procedimento licitatório questionou-se sobre vários aspectos, os quais serão tratados *de per si*.

Questão 1: *A XXXX (autarquia federal) pretende licitar e aplicar o disposto nos arts. 24 e/ou 25 da Lei nº 8.666/93, para contratar banco oficial (empresa pública) tendo como objeto a venda da folha de pagamento, pelo prazo de 5 anos.*

Existe algum impedimento de ordem legal/normativa sobre essa possibilidade de contratação?

Resposta

Não há autorização na Lei de Licitações que permita concluir pela possibilidade de contratação direta de tais serviços, porquanto a exigência constitucional relativa à contratação de instituições oficiais, consoante o disposto no art. 164, §3º, limita-se a aplicação de disponibilidades de caixa, situação na qual não se enquadra o processamento de folha de pagamentos.

Ora, valores destinados ao pagamento de folha não podem ser considerados como disponibilidades de caixa, quando já direcionados para essa finalidade. Sendo assim, não há limitação quanto aos estabelecimentos bancários que poderão receber tais recursos e processar o pagamento de folha, desse modo não há situação caracterizadora de dispensa, ou inviabilidade de competição que justifique inexigibilidade.

Questão 2: *A Contratada, posteriormente, terá como obrigação a responsabilidade pelo pagamento das obras de construção de um prédio para a Contratante, que será licitado e contratado pela XXXX, com limite financeiro previamente definido para essa licitação. 2.1. Uma vez licitada e contratada a obra pela XXXX, que também será responsável pela fiscalização e atesto dos serviços, as faturas atestadas pela XXXX serão enviadas ao banco, para fins de pagamento dos valores. Assim, é cabível a menção do valor garantido pelo banco no Edital e na minuta de contrato da XXXX como receita extraorçamentária, em substituição a cláusula da dotação orçamentária da XXXX, uma vez que a construção do prédio não está prevista no orçamento da Autarquia? E no contrato celebrado entre a XXXX e a Empresa Construtora, qual seria a alternativa relativamente à vinculação do Banco Contratado com a Empresa Construtora?*

Resposta

É fundamental que se defina para a contratação futura, a fim de que se possa estabelecer com clareza no instrumento contratual, se a empresa licitante vencedora terá como obrigação a construção de um edifício, conforme projeto apresentado previamente a todos os licitantes, ou se repassará o valor correspondente a essa construção, que deverá ser levada avante pela autarquia.

Caso seja definida a primeira hipótese, não há que se falar em vinculação da autarquia senão com a licitante vencedora para administrar a folha de pagamentos, porquanto a execução da obra deverá ser contratada por esta com empresa da área de construção civil, sendo inteiramente factível que a autarquia reserve-se no direito de verificar e atestar a conformidade e qualidade da obra executada, para fiel cumprimento do que foi avençado no contrato.

A opção pela segunda hipótese estará obstaculizada pelas limitações orçamentárias indicadas na formulação da questão, pois não tendo previsão orçamentária para construção de edifício, uma vez que os recursos tenham ingressado em seus cofres a autarquia somente poderá lhes dar destinação conforme a previsão orçamentária que foi aprovada para o exercício em curso.

Portanto, adotando-se a hipótese anterior ocorrerá acréscimo no patrimônio da autarquia pela soma ao seu patrimônio imobiliário de acessório, mas sem que tenha, para isso, que valer-se de recursos orçamentários, pois na verdade não ingressaram recursos nos seus cofres para depois serem transformados em benfeitoria.

Resta, portanto, concluir que a solução adequada para o caso em questão é a realização de procedimento licitatório no qual fique consignado que o licitante vencedor será aquele que apresentar a melhor proposta, a qual deverá incluir a construção de prédio conforme projeto disponibilizado aos interessados.

Folha de pagamento – Contratação direta de processamento

Pergunta

1. Poderá o Prefeito de um município, tendo por fundamento o art. 24, VIII, da Lei nº 8.666/93 dispensar o procedimento licitatório para contratar o Banco do Brasil para processar a folha de pagamento dos servidores da Administração municipal? No município existem outros bancos como a Caixa Econômica Federal e demais bancos privados. Tal Prefeito não deveria de ter feito o procedimento licitatório? Posso afirmar que o Banco do Brasil foi criado para o fim específico de processar folha de pagamento dos servidores? Qual o procedimento correto para tal fato?

Resposta

Não é possível a contratação direta nesta situação, mormente com fundamento no inciso VIII do art. 24 da Lei de Licitações e Contratos, pois o Banco do Brasil foi criado não com a finalidade específica de processar pagamento de folhas de pagamentos, mas como instituição bancária.

O disposto no art. 24, VIII, da Lei nº 8.666/93, não serve como apanágio para toda e qualquer dispensa de licitação, bastando que a contratação direta a se realizar se concretize com entidade integrante da Administração Pública, mas, conforme deixa claro o texto do dispositivo, que a pessoa jurídica tenha sido criada em data anterior à vigência da Lei de Licitações e Contratos e, ainda, que a finalidade de sua criação tenha se dado para o fim específico que se pretende contratar.

Constitui exemplo de situações enquadráveis na hipótese do art. 24, VIII, a contratação de aquisição de pré-moldados feita com empresa pública ou sociedade de economia mista, cuja criação deu-se especificamente para a produção destes bens.

No caso de estabelecimentos bancários não há uma atividade específica, mas uma gama de atividades, todas aquelas relacionadas com serviços bancários. A atividade de pagamento de folhas de servidores, ademais, sequer era serviço bancário existente na época de criação do Banco do Brasil, porquanto no período colonial não havia pagamento de funcionários públicos que se processasse desse modo, os pagamentos eram feitos em tesourarias e em espécie e posteriormente em cheques.

Convém alertar que a dispensa de licitação em situações fora das hipóteses previstas em lei, como será o caso na narrativa apresentada, poderá caracterizar o cometimento do crime previsto no art. 89 da Lei nº 8.666/93, cuja pena de detenção varia de 3 (três) a 5 (cinco) anos e multa, sendo possível que a responsabilidade penal recaia, inclusive, sobre o beneficiário, ou seu responsável.

Fornecimento de combustível e credenciamento

Pergunta

A Administração recentemente resolveu adotar sistema informatizado de gestão de sua frota, experiência que já é empregada por outros Órgãos Públicos com êxito em nosso Estado. Objetiva-se, em síntese, a contratação de uma empresa que será responsável pela instalação de um *software* a ser operado por nossos servidores, os quais serão devidamente treinados e capacitados pela contratada — que também fará manutenção periódica do sistema, através de remuneração consistente no pagamento de uma taxa de administração. O Programa administrará os abastecimentos, o fornecimento de lubrificantes e fluídos, bem como o serviço de manutenção preventiva e corretiva dos veículos com fornecimento de peças, controlando e registrando todos os dados envolvidos nas operações (valores despendidos com serviços e fornecimento, quilometragem dos carros, consumo de combustível etc.), tudo com a finalidade de otimizar o controle das despesas do Órgão e manter um registro sistematizado dos dados relacionados aos veículos, inclusive requisitados. Entretanto, a empresa a ser contratada ficará responsável, igualmente, pelo credenciamento de postos de combustível, os quais serão escolhidos dentre aqueles que se comprometam a praticar preços iguais ou menores do que aqueles divulgados pela tabela da ANP, circunstância a ser comprovada mediante a apresentação das notas fiscais dos abastecimentos juntamente com a tabela atualizada da mesma ANP. Outrossim, no que diz respeito ao serviço de manutenção preventiva e corretiva dos veículos com fornecimento de peças, o próprio órgão obterá, perante as oficinas credenciadas pela contratada, o mínimo de três orçamentos, a fim de contratar pelo menor deles. Enfim, malgrado o louvável propósito de nossa Administração no sentido de procurar otimizar o controle de nossos gastos, nossa unidade jurídica não pode deixar de verificar o atendimento dos pressupostos legais necessários à legitimidade da contratação. Por isso, indagamos: 1. Visto que o nosso Órgão já possui algumas atas de registro de preços para aquisição de combustíveis com alguns postos, o credenciamento de outros postos, nas localidades para onde ainda existem atas em vigor, não violaria a legalidade do art. 7º do Decreto nº 3.931/01, que exige licitação *específica* para contratações que não sejam pela ata do beneficiário, assegurada a este a preferência em igualdade de condições? Indo mais longe: tal credenciamento não vulneraria o princípio licitatório, que exige a prévia realização de licitação às contratações do Poder Público? Existe amparo legal para tal credenciamento?

Resposta

A ideia de credenciamento, situação que se respalda em inexigibilidade de licitação, não é compatível com o interesse em questão, no caso a aquisição de combustível para veículos de órgão público.

Quando se identificou a situação na qual se realizaria contratação mediante credenciamento tal se deu em hipóteses em que a escolha do fornecedor, normalmente de serviço, seria escolhida não pela Administração, mas pelos próprios usuários de serviços públicos e de serviços privados como decorrência da primeira condição. Era o que ocorria com pessoas que necessitassem de serviço público de saúde que seriam prestados por particulares, mas remunerados pelo Sistema Único de Saúde.

Na situação apresentada não há diversidade de usuários de serviço ou fornecimento, mas unicidade. Sempre será a Administração a adquirente de combustível. Portanto, a utilização de credenciamento não significa, como no caso do credenciamento para a prestação de serviços a terceiros, a aplicação de critério subjetivo de escolha apenas fora do âmbito do Poder Público.

A questão por se apresentar claramente contrária ao princípio da moralidade administrativa e da impessoalidade sequer encontra posicionamentos doutrinários divergentes, pois não chega mesmo a ser discutida, haja vista estar claramente definida a impossibilidade da situação.

Recomenda-se como cautela a ser seguida, no caso apresentado, apenas a não utilização de credenciamento nos termos indicados, porquanto não se compatibiliza esta situação com o objeto pretendido, porquanto perfeitamente licitável, portanto fora de situação enquadrável como de inexigibilidade.

Jorge Ulisses Jacoby Fernandes identificou a possibilidade, aos auspícios de decisão do TCU, apenas quando a atividade de fornecimento de combustíveis assumir características de monopólio,[22] o que parece não ser o caso na situação apresentada.

[22] JACOBY FERNANDES, Jorge Ulisses. *Contratação direta sem licitação*. 6. ed. Belo Horizonte: Fórum, 2007. p. 624.

Garantia com títulos da dívida pública

Pergunta

Como a Administração deve proceder quando a contratada faz a opção por prestar a garantia se utilizando de títulos da dívida pública?

Resposta

Caberá à Administração exigir que a referida garantia, prestada na forma de títulos da dívida pública, esteja completamente adequada ao que estabelece o art. 56, §1º, inciso I, da Lei de Licitações e Contratos Administrativos, ou seja, que os títulos da dívida pública em questão tenham sido emitidos sob forma escritural, mediante registro em sistema centralizado de liquidação e de custódia autorizado pelo Banco Central do Brasil e que estes tenham sido avaliados pelos seus valores econômicos, conforme definido pelo Ministério da Fazenda.

Portanto, não bastará a apresentação do título da dívida pública, pois deverá ser feita a concomitante demonstração do preenchimento das condições impostas no art. 56, §1º, inciso I, da Lei nº 8.666/93, pois do contrário não poderão tais títulos ser recebidos como garantia.

Ressalte-se que o recebimento de garantia por intermédio de títulos sem a observância dos requisitos legais pode levar à responsabilização do agente público responsável por tal atitude.

Garantia de serviço

Pergunta

Em contrato de confecção e instalação de móveis sob medida ficou determinado que a contratada deveria emitir Termo de Garantia com prazo mínimo de 5 (cinco) anos, contados a partir da data de emissão do termo de recebimento definitivo. Ocorre que a empresa se recusa a emitir o Termo de Garantia dos Serviços, fazendo ressalva no TRD "conforme data da nota fiscal", o que sugere que a garantia seja contada a partir da data de recebimento dos bens e não do recebimento definitivo. Em caso de recusa, como constranger o particular a prestar os serviços de manutenção que estão sendo solicitados (manutenção corretiva nos móveis de cedro que tem apresentado facilidade de arranhões devido ao manuseio e movimento de documentos e ou objetos)? Trata-se de uma obrigação de fazer?

Resposta

Uma vez que a contratante tenha firmado o instrumento contratual se obrigou a todos os termos e condições ali presentes. Sendo assim, eventual recusa no cumprimento de alguma das obrigações ali expressas será sim caracterizada como descumprimento de obrigação contratual de fazer, o que abre possibilidade para a imposição de penalidade contratual, bem como para a imposição do dever de cumprir com os termos do contrato assinado, ainda que para isto seja necessário movimentar o Poder Judiciário.

Aliás, o documento expedido pela empresa não provocará alteração nas condições de garantia, porquanto estas se encontram previstas no contrato.

Todavia, para que cumpra fielmente com o disposto no contrato poderá ser proposta ação de execução de título extrajudicial, contanto que o instrumento contratual esteja revestido das condições previstas em lei para essa finalidade.

Garantia – Retenção

Pergunta

Encontra-se em andamento a obra de construção da nova sede do TJXX. Alguns contratos foram firmados para viabilizar o transporte de mobiliário e demais equipamentos necessários ao funcionamento do prédio (ar-condicionado, cadeiras/poltronas). No entanto, em razão de prorrogação do prazo de execução da obra, em face de eventos não previstos inicialmente, houve a impossibilidade de cumprimento regular dos contratos em questão. Considerando tais fatos, a Administração autorizou, por mútuo acordo, a alteração da forma de execução, atrelando o pagamento a eventos físicos bem determinados — entrega e instalação, ficando esta diferida para evento futuro, atrelada a emissão de OS. Inicialmente, entendemos pela retenção do total da garantia. Mas existe um questionamento a respeito desta situação. Perguntamos: qual é a solução mais justa e razoável, liberar a garantia integralmente ou reter o percentual correspondente à parcela física a adimplir?

Resposta

Não há autorização legal para que se faça a restituição proporcional da garantia depositada, na medida em que se for executando o objeto do contrato. Sendo assim, somente haverá restituição, nos termos do art. 56, §4º, da Lei de Licitações, após a execução do contrato, o que leva a concluir que a devolução do valor depositado ou a restituição do título somente terá lugar ao final do contrato.

Todavia, a restituição de valores, quando for esta a modalidade de garantia, deverá ocorrer com a correção monetária do valor depositado.

Gestão de contrato e vínculo matrimonial

Pergunta

Quais são as implicações do vínculo matrimonial preexistente ou superveniente entre o gestor de um contrato de obra e o arquiteto da empresa contratada para execução dessa mesma obra?

Resposta

A orientação em questão demanda a análise acerca da aplicação conjugada de dispositivos da Lei de Licitações e Contratos Administrativos — Lei nº 8.666/93, bem como do Estatuto dos Servidores Públicos Civis da União — Lei nº 8.112/90.

Na lei de licitações e contratos está impressa a exigência, durante a execução dos contratos firmados pela Administração, de que seja indicado um representante para o acompanhamento e fiscalização da execução do que foi contratado, art. 67.

Por seu turno, a Lei nº 8.112/90 estabelece em seu art. 116, incisos II e IX, o dever de lealdade para com a instituição a que serve e de manter conduta compatível com a moralidade administrativa.

Ora, seria difícil defender a moralidade e mesmo de ter-se como sustentável a lealdade para com a instituição por parte de servidor que tem como fiscalizado alguém que é seu cônjuge, com quem possui relações muito mais estreitas que aquelas eminentemente profissionais.

Sendo assim, deve-se evitar por ofensa ao princípio da moralidade a criação de tais situações, pois comprometeriam a imparcialidade com que deve contar o servidor por ocasião do desempenho de sua atividade fiscalizadora e também estabeleceria aspecto de ausência de transparência na atitude administrativa, gerando até mesmo suspeitas de favorecimento.

Ademais, pode-se mesmo utilizar como supedâneo para evitar a ocorrência de tais situações a vedação contida no art. 117, inciso VIII, do Estatuto, pois se não pode o servidor manter cônjuge sob sua chefia imediata, é lógico que igualmente não seja fiscal de contrato que tenha como arquiteto seu cônjuge.

Gestão de fundos

Pergunta

Com relação a Segregação dos Fundos Municipais, em especial, o Fundo Municipal de Saúde, é obrigatório se criar uma estrutura a parte para o Fundo, ou seja, contabilidade, CPL, tesouraria, para atender especificamente ao Fundo?

Resposta

A estruturação de fundos depende da legislação que o criou. Assim, apenas haverá necessidade da criação de estruturas destinadas a execução de atividades relacionadas com o seu funcionamento burocrático quando a própria lei que o estabeleceu tiver fixado tal imposição.

Portanto, não há por definição a necessidade da criação de tais mecanismos, especialmente porque fundos não se constituem em "repartições estatais", mas, como bem esclarece o teor do art. 71, da Lei nº 4.320/1964, mera destinação de recursos públicos, provenientes de receitas especificadas a concretização de determinados objetivos.

É de se ressaltar que o mesmo art. 71 estabelece a faculdade de adoção de normas peculiares, assim como o art. 74, ambos da Lei nº 4.320/64, que a norma instituidora do fundo poderá estabelecer regras específicas de controle, prestação e tomadas de contas, sem elidir, todavia, a competência de Tribunais de Contas ou órgãos equivalentes.

H

Hipóteses de prorrogação de contrato

Pergunta

O doutrinador Marçal Justen Filho entende que dentre as situações previstas pela Lei nº 8.666/93 para prorrogação contratual (art. 57, §1º), subsiste, também, a hipótese prevista no §5º do art. 79. Nesse contexto, apresenta-se o caso concreto em que um contrato foi firmado entre um particular contratado e a Administração. O contratado recaiu em descumprimento contratual, passível de rescisão. Diante disso, foi aberto processo rescisório, bem como a contratada foi comunicada da rescisão contratual e da aplicação das demais penalidades cabíveis. Em sede de recurso, as razões apresentadas pelo contratado foram acatadas. Sendo assim, questiona-se: a) Se a partir do momento que se abre o processo de rescisão contratual, o contratante (Administração) pode permanecer solicitando pedidos para a execução do contrato. b) Aberto o processo de rescisão, o contrato está automaticamente suspenso ou paralisado, nos termos do §5º do art. 79, ou necessita de uma decisão administrativa nesse sentido. c) Pelo fato de o recurso ter sido acatado, pode-se aplicar a regra do §5º do art. 79 para fundamentar ato do gestor que retoma todos os prazos do contrato que deixaram de ser executados por conta da abertura do processo de rescisão? O entendimento dessa norma é nesse sentido? Como deve se proceder à retomada do contrato? Há jurisprudência que ampara tal atuação? Não restaria caracterizada uma vantagem indevida ao contratado?

Resposta

Amparando-se nos dispositivos dos artigos 57, §1º e 79, §5º, o orientando formula vários questionamentos, os quais passa-se a responder de forma individualizada.

R.a) Não tendo havido disposição cautelar por parte da Administração processante, determinando que cesse a execução do contrato até que se decida a respeito de processo administrativo, não há que se falar em interrupção da execução do contrato.

R.b) Como não há disposição legal a respeito de suspensão da execução cautelar de execução do contrato, esta não irá ocorrer de forma automática, devendo, portanto, no caso de ser aplicada a medida, vir esta expressa em decisão administrativa.

R.c) Qualquer suspensão que tenha sido determinada pela Administração, seja ela decorrente de dificuldades econômicas, ou da aplicação de medida cautelar de suspensão da execução de contrato, tornará possível a aplicação do disposto no art. 79, §5º, da Lei nº 8.666/93, cujo intuito é impedir que o tempo remanescente para a execução de contrato cuja execução foi interrompida ou suspensa torne-se por demais exíguo para a conclusão da tarefa.

Para a retomada da obra, após ter havido suspensão, deve a Administração praticar ato de mesma natureza daquele que determinou a suspensão, desta feita indicando a necessidade de reinício dos trabalhos, ou simplesmente fazê-lo por meio de ordem de serviço.

Os posicionamentos do Tribunal de Contas da União a respeito do tema, anotados por Jorge Ulisses Jacoby Fernandes, em sua obra *Vade-mécum de licitações e contratos* (3. ed. Belo Horizonte: Fórum, 2006. p. 959-960), expressos nos Acórdãos nºs 1.588/2003 – 1ª Câmara e 1.980/2004 – 1ª Câmara, são ambos no sentido de se prorrogar a vigência contratual. O que não caracteriza vantagem indevida ao contratado, mas manutenção das condições pelas quais assumiu o ônus de executar a obra.

Homologação de certame e publicação

Pergunta

Há necessidade de publicação, na imprensa oficial, do ato de homologação de uma licitação?

Resposta

A resposta é em sentido afirmativo, quando não estiverem presentes os licitantes no ato em que foi tomada a decisão, sendo esta a compreensão resultante do que estabelecem aos artigos 43, VI, combinado com o art. 109, I, "b" e §1º, da Lei de Licitações e Contratos Administrativos. Vejamos o teor dos dispositivos em questão:

Art. 43. A licitação será processada e julgada com observância dos seguintes procedimentos:

[...]

VI – deliberação da autoridade competente quanto à homologação e adjudicação do objeto da licitação.

Art. 109. Dos atos da Administração decorrentes da aplicação desta Lei cabem:

I – recurso, no prazo de 5 (cinco) dias úteis a contar da intimação do ato ou da lavratura da ata, nos casos de:

[...]

b) julgamento das propostas;

[...]

§1º A intimação dos atos referidos no inciso I, alíneas "a", "b", "c" e "e", deste artigo, excluídos os relativos a advertência e multa de mora, e no inciso III, será feita mediante publicação na imprensa oficial, salvo para os casos previstos nas alíneas "a" e "b", se presentes os prepostos dos licitantes no ato em que foi adotada a decisão, quando poderá ser feita por comunicação direta aos interessados e lavrada em ata.

Ora, fixa o §1º do art. 109 que a intimação do ato de julgamento da proposta seja procedida mediante publicação na imprensa oficial, a fim de possibilitar a interposição de recurso no prazo de 5 (cinco) dias úteis, assim para que se possa ter como cientes os interessados, não estando estes presentes no ato de julgamento, deverá tornar-se a decisão conhecida por meio da publicação na imprensa oficial.

Entretanto, no caso de estarem os licitantes presentes no ato de julgamento, tomando deste conhecimento, incide a ressalva contida no §1º do art. 109, sendo desobrigada a publicação.

Homologação e adjudicação – Formalidades essenciais

Pergunta

1. Em um edital de licitação, modalidade Concorrência poderá a autoridade firmar o contrato apenas com o resultado do julgamento, sem os atos de homologação e adjudicação? Há invalidação do edital ou do contrato, por falta da homologação e da adjudicação? 2. Num

procedimento licitatório, foi verificado que uma determinada empresa foi desclassificada por falta de documento de qualificação técnica, por ter juntado uma certidão com data de validade vencida, porém tinha anexado juntamente com a certidão vencida um documento que comprovava que a empresa estava quite com o departamento. Poderá a empresa ser habilitada se interpuser recurso e comprovar que juntamente com a certidão com data de validade vencida tinha um outro documento comprovando que a empresa estava com a situação quite perante aquele departamento? A Administração pode utilizar o princípio da razoabilidade para habilitar mencionada empresa? A Administração pode diligenciar para comprovar as informações da empresa, visto que apesar do documento estar com a data de validade vencida, a empresa está regular com o órgão? Em caso negativo é excesso de formalismo?

Resposta

O questionamento foi dividido em dois grupos, cada um deles contendo diversas perguntas, as quais serão respondidas separadamente. O primeiro grupo refere-se a prática dos atos de homologação e adjudicação do resultado do procedimento licitatório, ao passo que o segundo refere-se a habilitação de interessado em certame licitatório.

Grupo 1 – Questionamento "a": *Em um edital de licitação, modalidade Concorrência poderá a autoridade firmar o contrato apenas com o resultado do julgamento, sem os atos de homologação e adjudicação?*

R.1.a: Para que se chegue até a contratação deverão ser percorridos os passos necessários para tanto, ou seja, antes deverão ser realizados os procedimentos estabelecidos na Lei nº 8.666/93, como sucedâneos da realização da licitação, tais como homologação do resultado e adjudicação deste ao licitante vencedor.

Deve-se advertir para o fato de que a prática de atos administrativos, especialmente os contratos, é procedimentalizada, o que estabelece a necessidade de cumprimento da sequência indicada na lei, conforme o roteiro fixado no art. 43, incisos I a VI, da Lei de Licitações e Contratos Administrativos.

Grupo 1 – Questionamento "b": *Há invalidação do edital ou do contrato, por falta da homologação e da adjudicação?*

R.1.b: Somente invalidará o edital eventual vício nele contido. No caso exemplificado, não há que se falar em invalidação do edital pela falta da homologação e da adjudicação. Obviamente que a ausência destes atos compromete a regularidade do certame licitatório, mas não impede que a Administração os pratique posteriormente, antes da realização do contrato, ou se isto se der posteriormente, com efeito convalidatório.

Grupo 2 – Questionamento "a": *Num procedimento licitatório, foi verificado que uma determinada empresa foi desclassificada por falta de documento de qualificação técnica, por ter juntado uma certidão com data de validade vencida, porém tinha anexado juntamente com a certidão vencida um documento que comprovava que a empresa estava quite com o departamento. Poderá a empresa ser habilitada se interpuser recurso e comprovar que juntamente com a certidão com data de validade vencida tinha um outro documento comprovando que a empresa estava com a situação quite perante aquele departamento?*

R.2.a: A exigência estabelecida pelo art. 28, que trata da regularidade fiscal, não determina que seja apresentada certidão, mas *prova de regularidade*. Sendo assim, qualquer documento hábil para fazer prova desta situação deverá ser acolhido.

Deve-se ressaltar, no entanto, que há de sobressair do documento apresentado prova inequívoca da regularidade que se pretende demonstrar.

Grupo 2 – Questionamento "b": *A Administração pode utilizar o princípio da razoabilidade para habilitar mencionada empresa?*

R.2.b: A utilização do princípio da razoabilidade é imperativa, haja vista ter este sede constitucional. No entanto, não deve ser utilizado como panaceia geral, com o fim de suprimir demonstração cabal da regularidade, consoante texto expresso da lei.

Grupo 2 – Questionamento "c": *A Administração pode diligenciar para comprovar as informações da empresa, visto que apesar do documento estar com a data de validade vencida, a empresa está regular com o órgão?*

R.2.c: A realização de diligência somente poderá ocorrer quando a Administração tiver dúvida quanto a autenticidade de documento apresentado pelo licitante, jamais para suprir omissão na apresentação de prova da regularidade, cuja incumbência é exclusivamente do interessado no certame licitatório.

Realizar diligência com o intuito de suprir omissão, implica em dar tratamento especial e, portanto, não isonômico, o que gera vício insanável nos atos disto resultantes.

Grupo 2 – Questionamento "d": *Em caso negativo é excesso de formalismo?*

R.2.d: A negativa em realizar diligência em situação que não seja meramente para verificar a autenticidade de prova apresentada pelo licitante não constitui excesso de formalismo, mas respeito ao princípio isonômico, porquanto ao proceder de outro modo estaria a Administração incumbindo-se de praticar conduta determinada pela Lei de Licitações e pelo Edital ao licitante.

Homologação parcial – Licitação por item

Pergunta

A situação: Licitação (qualquer modalidade) para compra por item. Para cada item há um vencedor. Havendo recurso, embora dirigido a um determinado item, há suspensão do prazo para resposta do recurso. Pergunta: É possível, legalmente, homologar o certame para os itens que não foram objeto do recurso? Existe homologação "parcial" do certame?

Resposta

No caso em questão o entendimento que deve prevalecer é aquele que considera o procedimento licitatório por itens como uma série de licitações realizadas a partir de um mesmo edital, possibilitando, portanto, que se realize a homologação parcial dos itens a respeito dos quais não esteja pendente questionamento por intermédio de recurso.

Ora, chega-se a essa conclusão ao se levar em conta que mesmo que ocorra deserção em relação a algum item disto não resultará a declaração de deserção de todo o certame licitatório, mas apenas em relação àquele item para os quais não houve interessado.

Assim, se há a possibilidade de que a homologação se dê apenas em relação aos itens para os quais compareceram licitantes, do mesmo modo haverá a possibilidade de que se faça a homologação parcial daqueles itens a respeito dos quais não pendem recursos. Aliás, seria contraproducente e contrário ao princípio da eficiência que, por exemplo, de uma centena de itens, quando a respeito de apenas um ocorreu a interposição de recurso, tivessem os outros noventa e nove que aguardar para a concretização da contratação a solução daquele recurso.

Não se deve realizar a homologação em relação aos itens a respeito dos quais haja controvérsia, em benefício ao princípio da segurança jurídica, impedindo assim que não se estabilize a relação contratual que deverá dele advir, mas, do mesmo modo, não coaduna com o interesse público e com o princípio da eficiência deixar de homologar, caso seja necessário pela urgência na aquisição de bens e serviços, aqueles itens acerca dos quais não paire recurso.

Assim o resultado será parcial, excluindo-se o item ou itens a respeito dos quais paire discussão e, desse modo, homologado o resultado parcial e adjudicados os itens incontestes, ao passo que aquele pendente de recurso aguardará o deslinde da questão recursal.

Deve-se advertir, todavia, que a homologação apenas poderá ser parcial quando a discussão se restrinja a aspectos que não atinjam de modo generalizado todo o procedimento licitatório, porquanto sendo assim não será possível se falar em homologação parcial.

Por fim, incumbe ressaltar que não há disposição legal expressa a respeito da questão, resultando o entendimento aqui expendido de análise da sistemática adotada no procedimento licitatório nacional.

Honorários advocatícios

Pergunta

Tendo em vista pleito administrativo protocolado pelos advogados concursados integrantes do quadro jurídico desta Prefeitura Municipal, no sentido de lhes ser repassados os honorários de sucumbência creditados atualmente ao Município, *solicitamos* parecer jurídico desta instituição, com a máxima *urgência* possível, especificamente sobre as questões a seguir descritas: 1. Tendo em vista que o edital do concurso jamais previu o pagamento de honorários advocatícios, sua concessão seria ato vinculado ou discricionário do Chefe do Executivo? 2. Sendo ato discricionário e possuindo rubrica orçamentária própria, a destinação dos mesmos poderia ser caracterizada como renúncia indevida de receita, uma vez que não haveria contrapartida pelo Município? 3. Neste caso a alegação de que os advogados trabalhariam melhor caso recebessem este *plus* não teria caráter subjetivo e contrariaria o princípio da eficiência, uma vez que ao servidor público é obrigatório realizar o máximo de seus esforços em prol do interesse público durante sua jornada de trabalho? 4. Sendo ato discricionário a sua concessão seria revestida de encargos trabalhistas nos termos do art. 457, §1º da CLT, gerando efeitos em férias, 13º salário, FGTS, etc.? 5. Estes valores seriam incluídos no limite das despesas com pessoal estabelecido pelo art. 18 da Lei de Responsabilidade Fiscal? 6. Ao todo o Município possui 08 advogados, no entanto, somente 02 trabalham na execução fiscal. Como realizar a repartição dos honorários com advogados que não possuem qualquer atuação no âmbito judicial, limitando-se aos processos administrativos, se estes não têm participação a ser mensurada na esfera judicial? A lei refere-se à divisão na proporção de seus esforços. 7. Caso haja possibilidade de divisão entre os que não trabalham na área, como fazer com os advogados que trabalham em outras áreas do mesmo setor, exemplo: Chefe da Secretaria de Assuntos Jurídicos – Assistente Técnico Legislativo? 8. Como manter-se a hierarquia e subordinação ante a clara possibilidade dos advogados receberem mais que os Diretores e Secretários? 9. Tratando-se de ato discricionário, sua concessão a um número restrito de funcionários não poderia ser interpretada como desvirtuação do disposto no art. 37, X, *in fine*, da Constituição da República — aumento diferenciado? 10. Ainda em relação à divisão dos seus esforços, como pagar os honorários aos advogados que já integraram o quadro da Prefeitura, e que muitas vezes trabalharam sozinhos nos processos cujos honorários serão recebidos somente no futuro? 11. No caso acima, e no caso de divisão com os que não laboram na área judicial, não se revestiria de enriquecimento indevido o recebimento de honorários para os quais os advogados não concorreram de qualquer forma? 12. Como fica a questão do advogado aposentado, uma vez que a Lei Federal refere-se a divisão na proporção dos esforços, e a aposentadoria, não diminui o esforço realizado pelo advogado? 13. Os três advogados comissionados que integram a Diretoria da Secretaria de Assuntos Jurídicos deste Município, por serem comissionados, poderão também ser beneficiados pelo rateio dos honorários de sucumbência? O quadro da Diretoria é composto de um diretor da Procuradoria Administrativa, um diretor da Procuradoria Judiciária e o Secretário de Assuntos Jurídicos. 14. Os advogados municipais que já integraram o corpo jurídico do Município (especificamente, um advogado pediu exoneração em março de 2005, trabalhando por 2 anos; o segundo advogado pediu exoneração em janeiro de 2007, trabalhando por 6 meses; e o terceiro exonerou-se em março de 2007, trabalhando por 2 meses) têm direito, de alguma forma, ao repasse das verbas honorárias de sucumbência referente ao período em que aqui trabalharam? Ressalte-se que os honorários de sucumbência, se concedidos pelo Prefeito Municipal, será através de Lei Municipal a ser aprovada pela Câmara de Vereadores e não haverá retroatividade de pagamento. Portanto, sendo ato discricionário do Prefeito, entendemos que os advogados que já não integram o corpo jurídico desta Prefeitura Municipal não têm direito à parcela arrecadada pelo ente público à época em que aqui trabalharam. Solicitamos uma confirmação a respeito deste detalhe. Grato.

Resposta

Inicialmente é conveniente informar que o serviço oferecido pela Editora Fórum aos assinantes restringe-se a orientação, não alcançando, portanto, a elaboração de pareceres jurídicos.

Em relação ao tema *honorários advocatícios destinados para servidores empregados e estatutários*, o mesmo foi abordado anteriormente, nos seguintes termos:

Pergunta

Tendo em vista o pleito dos advogados concursados (regime da CLT) da Prefeitura Municipal de XXXXXXXXX, em receber os honorários advocatícios em razão do disposto no Estatuto dos Advogados, elaboramos os seguintes questionamentos: 01. Tendo em vista que o edital do concurso jamais previu o pagamento de honorários advocatícios, sua concessão seria ato vinculado ou discricionário do Chefe do Executivo? 02. Sendo ato discricionário e possuindo rubrica orçamentária própria, a destinação dos mesmos poderia ser caracterizada como renúncia indevida de receita, uma vez que não haveria contrapartida pelo Município? 03. Neste caso a alegação de que os advogados trabalhariam melhor caso recebessem este plus não teria caráter subjetivo e contrariaria o princípio da eficiência, uma vez que ao servidor público é obrigatório realizar o máximo de seus esforços em prol do interesse público durante sua jornada de trabalho? 04. Sendo ato discricionário a sua concessão seria revestida de encargos trabalhistas nos termos do art. 457, §1º da CLT, gerando efeitos em férias, 13º salário, FGTS, etc. 05. Estes valores seriam incluídos no limite das despesas com pessoal estabelecido pelo art. 18 Lei de Responsabilidade Fiscal? Ao todo o Município possui 08 advogados, no entanto, somente 2 trabalham na execução fiscal. Como realizar a repartição dos honorários com advogados que não possuem qualquer atuação no âmbito judicial, limitando-se aos processos administrativos se estes não têm participação a ser mensurada na esfera judicial? A lei refere-se á divisão na proporção dos seus esforços. 06. Caso haja possibilidade de divisão entre os que não trabalham na área como fazer com os advogados que trabalham em outras áreas do mesmo setor – exemplo – Chefe da Secretaria de Assuntos Jurídicos – Assistente Técnico Legislativo? 07. Como manter-se a hierarquia e subordinação ante a clara possibilidade dos advogados receberem mais que os Diretores e Secretários? 08. Tratando-se de ato discricionário sua concessão a um número restrito de funcionários não poderia ser interpretada como desvirtuação no disposto no art. 37, X, *in fine*, da Constituição da República — Aumento diferenciado. 09. Ainda em relação à divisão dos seus esforços, como pagar os honorários aos advogados que já integraram o quadro da Prefeitura, e que muitas vezes trabalharam sozinhos nos processos cujos honorários serão recebidos somente no futuro? 10. No caso acima, e no caso de divisão com os que não laboram na área judicial, não se revestiria de enriquecimento indevido o recebimento de honorários para os quais os advogados não concorreram de qualquer forma? 11. Como fica a questão do advogado aposentado, uma vez que a Lei Federal refere-se a divisão na proporção dos esforços, e a aposentadoria, não diminui o esforço realizado pelo advogado. 12. A verba honorária se classifica como verba orçamentária ou extra-orçamentária? Esta verba deve entrar nos cofres do tesouro ou não? Se deve entrar nos cofres do tesouro sua destinação aos advogados pode configurar evasão de receita? Neste caso é necessário estudo de impacto financeiro? Aplicasse o Estatuto da Ordem, neste caso? 13. Sendo verba orçamentária, é obrigatória a necessidade de lei municipal autorizando a sua destinação aos advogados? Pode ser concessão parcial (5, 10...%)? 14. A lei municipal caso necessária poderia destinar parte desta verba ao Fundo Social de Solidariedade do Município?

Resposta

A questão encontra-se dirimida na própria Lei nº 9.527/1994, que em seu art. 4º estabeleceu que "*As disposições constantes do Capítulo V, do Título I da Lei nº 8.906, de 4 de julho de 1994, não se aplicam à Administração Pública direta da União, dos Estados, do Distrito Federal e dos Municípios, bem como às autarquias, às fundações instituídas pelo Poder Público, às empresas públicas e às sociedades de economia mista*".

Tendo excluído, entretanto, a incidência dos dispositivos do Capítulo V, do Título I, do Estatuto da Advocacia sobre os advogados empregados da Administração Pública, ou servidores públicos, não impediu o dispositivo da Lei 9.527/1994, que cada um dos entes que integram a federação (União, Estados, Distrito Federal e Municípios), de, eles próprios fixarem regras a respeito do pagamento de honorários advocatícios para seus empregados ou servidores exercentes dessas atribuições.

A própria jurisprudência do STJ trata a respeito:

> PROCESSUAL CIVIL. PROCURADOR AUTÁRQUICO. HONORÁRIOS ADVOCATÍCIOS. PATRIMÔNIO DA ADMINISTRAÇÃO PÚBLICA. INAPLICABILIDADE DO ART. 21 DO ESTATUTO DA OAB. ART. 4º DA LEI N. 9527/97.
>
> I – Com amparo no art. 2º, anexo XIX, item 3, inciso I, do Decreto n. 28405, de 25 de julho de 1998, a Procuradora-Geral do Instituto de Previdência dos Servidores do Estado de Minas Gerais delegou poderes para que o ora recorrente defendesse os interesses da autarquia, especificamente no tocante à execução fiscal movida contra o Município de Governador Valadares – MG. Pode-se dizer, portanto, estar o recorrente exercendo função pública, qual seja, a de procurador autárquico estadual.

II – Partindo-se desta premissa, vê-se que a relação estabelecida entre este e o Instituto de Previdência recorrido refoge ao âmbito contratual privado, circunscrito ao profissional da advocacia independente ou ao advogado empregado. No particular releva-se não constar dos autos ter o recorrente estabelecido uma relação contratual atípica com a Administração Pública, o que seria de qualquer modo questionável, em razão de não versar o processo sobre especialidade que não detenham os procuradores autárquicos de forma geral, haja vista cuidar de execução fiscal. A vinculação entre o recorrente e o IPSEMG, ao que consta, é empregatícia.

III – Em princípio, os honorários reclamados, in casu, seriam devidos ao recorrente, segundo norma contida no art. 21 do Estatuto da OAB. Todavia, a Lei n. 9527/94, em seu art. 4º, estabeleceu que:

"As disposições constantes do Capítulo V, Título I, da Lei nº 8.906, de 4 de julho de 1994, não se aplicam à Administração Pública direta da União, dos Estados, do Distrito Federal e dos Municípios, bem como às autarquias, às fundações instituídas pelo Poder Público, às empresas públicas e às sociedades de economia mista". Noutras palavras, o advogado que atua, enquanto servidor público, não faz jus aos honorários de sucumbência, os quais não lhe pertencem, mas à própria Administração Pública.

IV – Precedentes citados: STJ – REsp n. 147221/RS, *in DJ* de 31.8.1998; STF – RE n. 205787, *in DJ* de 23.8.2003.

V – Recurso especial conhecido em parte, porém desprovido.

REsp nº 623038 / MG; RECURSO ESPECIAL nº 2004/0004773-5.

Considerando, que com o exposto acima foram atendidos os itens 1, 2 e 3, passa-se a resposta dos itens 4 e 5.

R. (4, 5 e 6): Não correspondem os honorários advocatícios de sucumbência de verba remuneratória com natureza trabalhista, pois são devidos pela parte sucumbente e não pelo empregador com que o advogado mantém vínculo, portanto, não incidem sobre estes valores adicionais de férias, 13, ou refletem sobre o valor a ser depositado a título de FGTS, ou mesmo devem ser acrescidos no montante que servirá de base para o cálculo do limite de gasto com pessoal e sua partilha normalmente se dá entre todos os integrantes da carreira e não apenas entre aqueles que atuaram na área judicial, ou nas ações que resultaram no seu pagamento.

R. (7): A hierarquia no serviço público não decorre da remuneração do cargo, mas de estipulação na lei. Porém, mesmo que se considerasse que haveria relação entre remuneração e hierarquia, e normalmente isso ocorre, deve-se levar em conta que honorários advocatícios não integram a remuneração do cargo e são variáveis, conforme o recebimento dessas verbas nas ações em que a entidade pública sagrar-se vitoriosa.

R. (8): Como já foi dito anteriormente, não se trata de remuneração do cargo, portanto, não há que se falar em violação ao disposto no art. 37, X, da Constituição Federal de 1988.

R. (9, 10): O tratamento da questão deverá realizado pela norma, no caso, Municipal, mas em regra tais normas estipulam que o rateio se dará, por ocasião da percepção entre aqueles advogados que continuam integrando o quadro do órgão. Como a disciplina dos honorários de sucumbência não é a do Estatuto da Advocacia, mas a regra fixada pelo próprio órgão não se poderá questionar se um dos seus objetivos for, por exemplo, estimular a permanência no emprego ou cargo.

R. (12): Os órgãos que estabeleceram a sua distribuição aos advogados criaram fundo próprio para que tais recursos fossem administrados e cumprindo com o mister de repassá-los aos advogados sem que sequer ingressassem nos cofres públicos. Deve-se lembrar que tais honorários não são devidos à parte vencedora, mas ao advogado da parte, apenas diferencia-se neste ponto a parte integrantes da esfera pública porque pode disciplinar de modo diferente a respeito da utilização destes valores, mas isso não significa que tenha sobre eles propriedade.

R. (13 e 14): É necessária regra, no caso, municipal disciplinando a respeito, a qual poderá estabelecer qual o percentual desses valores será destinado aos advogados e a destinação dada para a parte que remanescer, conquanto utilizado no desenvolvimento dos serviços de advocacia. A destinação para fundos sociais, porque desvirtuada do objetivo de sua instituição, implicaria na criação de tributo não previsto constitucionalmente, daí entender-se que tal providência acarretaria inconstitucionalidade.

Como se vê, as questões apresentadas foram abordadas anteriormente, sendo a disciplina relativa a distribuição de honorários advocatícios objeto de tratamento pelo Poder Legislativo Municipal, no caso apresentado.

1

Inexecução parcial do contrato – Sentido da expressão

Pergunta

À luz do art. 87 da Lei nº 8.666/93, o que compreende a inexecução parcial do contrato? O descumprimento de uma determinada cláusula contratual específica que, ao final, não impediu que o contrato tivesse sua conclusão satisfatória pode ser considerado como uma inexecução parcial do contrato? Ou, por exemplo, se ao invés de entregar a totalidade dos bens adquiridos, somente é entregue 50% dos mesmos, estamos diante de uma inexecução parcial?

Resposta

Tanto integra e faz parte do contrato a cláusula que lhe define o objeto como aquelas que estabelecem obrigações, condições e termos acessórios, não havendo que se cogitar da desimportância destas últimas em relação à primeira.

Disto resulta que haverá descumprimento contratual pela inobservância do que dispõe a cláusula que lhe define o objeto, ou pelo não atendimento daquilo que foi fixado como obrigações, condições e termos de cunho acessório.

Exatamente por perceber que a dimensão de algumas transgressões contratuais não será tão ampla quanto outras, foi que o legislador ao invés de estabelecer uma única opção de penalidade relacionou quatro, em ordem crescente de gravidade, variando da simples advertência, passando pela multa, pela suspensão temporária, até a declaração de inidoneidade. Assim, ao se aplicar penalidade por inexecução deve-se fazê-lo de modo a permitir, em razão da maior ou menor repercussão da inexecução contratual, que se faça a dosimetria da penalidade, que terá, neste caso, papel não apenas sancionador, mas também pedagógico.

Portanto, constituirá inexecução contratual tanto aquela decorrente da não execução do objeto do contrato firmado como a resultante de descumprimento de condições, obrigações e termos contratuais de caráter acessório. Entretanto, nestes casos, ao invés de aplicação de penalidade mais grave, caso não tenha repercussão maior a transgressão, se aplicará a sanção considerando o potencial lesivo da conduta ou omissão do contratante infrator.

Informação de endereço falso em licitação

Pergunta

Empresa vencedora de certame informou endereço falso na licitação, mais precisamente nos envelopes de proposta e habilitação, fato constatado em diligência pela Assessoria Jurídica quando da análise da legalidade do procedimento licitatório. Perguntas: 1. Caso tal fato tivesse sido constatado durante o certame pela CPL, seria o caso de inabilitação, visto que a indicação do endereço no envelope era requisito da habilitação jurídica? Se a constatação ocorresse na fase de análise das propostas, seria o caso de desclassificação visto que a indicação do endereço no envelope era requisito de classificação? 2. Como o fato foi constatado após o encerramento da sessão e antes da homologação do certame, pode a Assessoria Jurídica sugerir a anulação das decisões de habilitação e classificação daquela empresa? Como não houve segunda colocada no certame, seria o caso de anulação da licitação (art. 49 da Lei nº 8.666/93)?

Resposta

Trata-se de questionamento relacionado com a participação de licitante em certame licitatório, tendo este informado endereço não correspondente àquele em que de fato mantém sua sede.

A consulente questiona a respeito do procedimento que deverá ser adotado em tal situação, especificamente se deverá a Administração considerá-lo inabilitado ou desclassificá-lo.

Para que responder a respeito é fundamental que se tenha em mente quais são os motivos ensejadores da desclassificação de participantes do certame licitatório. Embora não tenha sido encaminhada cópia do edital, é de se supor, em razão do que normalmente ocorre, que não se considere como motivo, no edital, para a desclassificação de licitante a apresentação de endereço incorreto, sendo assim, restará como única alternativa a apreciação da possibilidade de inabilitação do licitante, mesmo após ter ocorrido a fase em questão.

Deverá ser aplicada, no caso vertente, a regra segundo a qual a Administração pode rever os seus próprios atos quando eivados de vício anulando-os, ou revogando-os por razões de conveniência e oportunidade, consoante dispõe a Súmula nº 473[23] do Supremo Tribunal Federal.

Portanto, deverá a Administração proceder à anulação do ato de habilitação, aplicando-se a regra do contraditório e da ampla defesa, dando ciência aos interessados, refazendo o ato, a seguir, desta feita com a exclusão da licitante que apresentou informações inconsistentes.

Inscrição de débito em dívida ativa

Pergunta

Inscrição em dívida ativa. O Decreto-Lei nº 147/67 diz, em seu art. 1º: "Art. 1º – A Procuradoria-Geral da Fazenda Nacional (PGFN) é o órgão jurídico do Ministério da Fazenda, diretamente subordinado ao Ministro de Estado, dirigido pelo Procurador-Geral da Fazenda Nacional e tem por finalidade privativa: I – (...) II – apurar e inscrever, para fins de cobrança judicial, a dívida ativa da União, tributária (art. 201, da Lei nº 5.172, de 25 de outubro de 1966) ou de qualquer outra natureza; (...)" A Lei nº 6.830/1980, por sua vez, diz em seu art. 2º, §§4º e 5º: "Art. 2º – (...) §4º – A Dívida Ativa da União será apurada e inscrita na Procuradoria da Fazenda Nacional". Por outro lado, a Portaria nº 49, de 01.04.2004, do Ministério da Fazenda, dispõe em seus arts. 1º e 3º: "O Ministro de Estado da Fazenda, no uso da atribuição que lhe confere o parágrafo único, inciso II, do art. 87 da Constituição da República Federativa do Brasil, e tendo em vista o disposto no art. 5º do Decreto-Lei nº 1.569, de 8 de agosto de 1977, e no parágrafo único do art. 65 da Lei nº 7.799, de 10 de julho de 1989, resolve: Art. 1º – Autorizar: I – a não inscrição, como Dívida Ativa da União, de débitos com a Fazenda Nacional de valor consolidado igual ou inferior a R$1.000,00 (mil reais); e (...) Art. 3º – Os órgãos ou unidades responsáveis pela administração, apuração e cobrança de créditos da Fazenda Nacional não remeterão

---

[23] SÚMULA 473 – A Administração pode anular seus próprios atos, quando eivados de vícios que os tornam ilegais, porque deles não se originam direitos; ou revogá-los, por motivo de conveniência ou oportunidade, respeitados os direitos adquiridos, e ressalvada, em todos os casos, a apreciação judicial.

às Procuradorias da Fazenda Nacional processos relativos aos débitos de que trata o inciso I do art. 1º desta Portaria". Este órgão tem encaminhado alguns processos à Procuradoria Regional da Fazenda Nacional para fins de inscrição em dívida ativa, em virtude do não pagamento de multa por empresas contratadas para fornecimento de material, em razão de atraso na entrega, multa esta prevista em edital de licitação. Diante dos dispositivos legais e normativos supracitados, perguntamos: 1. Existe prescrição para inscrição em dívida ativa? Ou seja, havendo uma multa decorrente de atraso na entrega de material ocorrido há mais de cinco anos, por exemplo, pode ser feita inscrição da mesma em dívida ativa da União? 2. Tendo em vista que, consoante Portaria nº 49/2004, do Ministério da Fazenda, os valores inferiores a R$1.000,00 (mil reais) não devem ser encaminhados para inscrição em dívida ativa, e considerando que é prevista correção monetária com base na taxa SELIC, conforme orientação de contabilização constante do Manual de Procedimentos Contábeis relativos à Dívida Ativa (Minuta para Discussão), disponibilizado via Internet na página da Secretaria do Tesouro Nacional, perguntamos: 2.1. Caso o valor original da dívida seja inferior a R$1.000,00 (mil reais), mas à época do encaminhamento do processo à Procuradoria da Fazenda Nacional, o valor da dívida tenha atingido um montante superior a R$1.000,00 (mil reais) em virtude de atualização monetária, tal encaminhamento para inscrição na dívida ativa deve ser feito? 2.2. Sendo a resposta à pergunta anterior afirmativa, ou seja, caso deva ser considerado o valor atualizado da dívida para decisão quanto ao envio ou não do processo à Procuradoria da Fazenda Nacional para fins de inscrição em dívida ativa, existe um prazo limite para essa atualização? Por exemplo: uma dívida relativa a multa aplicada a uma determinada empresa, no valor original de R$400,00 (quatrocentos reais). Até quantos meses (ou anos) após a apuração do débito deve ser feita a atualização monetária do mesmo, verificando se ultrapassou o limite previsto para o não envio à Procuradoria da Fazenda Nacional para, caso tenha ultrapassado referido limite, ser encaminhado ao referido órgão para fins de inscrição em dívida ativa? 3. Considerando que os débitos de valores inferiores a R$1.000,00 (mil reais) não devem ser encaminhados para inscrição em dívida ativa, existe alguma penalidade que o órgão possa aplicar à empresa, como, por exemplo, deixar de incluí-la em processo licitatório ou de contratá-la por um determinado período, em virtude de atraso na entrega de mercadorias e do não pagamento de multa aplicada à mesma por esse motivo?

Resposta

A consulente após expor os fatos formula três questões básicas e mais duas que são desdobramentos de uma delas, as quais passa-se a responder de forma individual, conforme o perguntado.

R.1: A prescrição existente não se caracteriza em relação à inscrição na dívida ativa, mas relativamente ao débito, consoante se pode depreender do disposto no art. 2º, §3º, da Lei 6.830/80, cujos dizeres são os seguintes:

> §3º – A inscrição, que se constitui no ato de controle administrativo da legalidade, será feita pelo órgão competente para apurar a liquidez e certeza do crédito e suspenderá a prescrição, para todos os efeitos de direito, por 180 dias, ou até a distribuição da execução fiscal, se esta ocorrer antes de findo aquele prazo.

Como se vê no texto acima, a inscrição do débito na dívida ativa suspende a sua prescrição.

Desse modo, pode-se afirmar que a dívida que não poderá ser inscrita será aquela cuja prescrição já tiver concluído seu curso.

R.2.1: O art. 1º, inciso I, da Portaria MF nº 049/2004 apenas autorizou a não inscrição na dívida ativa daqueles valores que uma vez consolidados não atingisse o montante de R$1.000,00 (um mil reais). Adiante, no §2º do mesmo artigo, informa que "Entende-se por valor consolidado o resultante da atualização do respectivo débito originário mais os encargos e acréscimos legais ou contratuais vencidos, até a data da apuração".

Portanto, é possível que um débito que originalmente não devesse se inscrever, em razão da dispensa contida na referida Portaria MF, ao ser acrescido do montante correspondente à atualização, mais encargos e acréscimos, terá alterada essa condição, porquanto estará fora da hipótese do art. 1º, I, da Portaria MF nº 049/2004.

R.2.2: A atualização deverá ser efetuada até a data da apuração, nos moldes estabelecidos de forma expressa no §2º do art. 1º da Portaria MF nº 049/2004.

R.3: Mesmo não tendo o débito sido incluído na dívida ativa, não significa que a empresa em questão estará em situação de regularidade fiscal para com a Fazenda Federal. Assim, não poderá obter certidões negativas, o que por si só já impedirá sua participação em certames licitatórios.

Destarte, não há necessidade de imposição de penalidade, mas apenas de se aplicar as exigências legais pertinentes à habilitação de licitantes interessados em contratar com a Administração Pública.

Índice – Reajuste contratual – Fixação

Pergunta

Apresenta-se a seguinte situação hipotética: Um contrato de prestação de serviços foi firmado entre a Administração Pública e a Contratada com o prazo de vigência de 60 meses (corridos), conforme cláusula a seguir: "O período de vigência do contrato se inicia na data da sua assinatura e termina no prazo de 60 (sessenta meses)". Definiu-se este prazo, diante da complexidade do objeto do contrato que deveria ser executado mediante fases diferenciadas de implantação. Quanto à atualização financeira deste contrato, está prevista a seguinte cláusula de reajuste: "O primeiro reajuste será concedido 12 (doze) meses após a assinatura do contrato, levando em conta a variação do índice pactuado entre o mês anterior ao da apresentação da proposta e o mês anterior ao da data do primeiro aniversário do contrato. Os próximos reajustes ocorrerão sempre que decorridos 12 (doze) meses do último reajuste concedido, aplicando a variação do índice pactuado. Os preços serão reajustados de acordo com a variação do IPCA/IBGE". O contrato começou a ser executado. Passado o prazo de 12 meses da assinatura do contrato, a Contratada solicitou o reajuste previsto na cláusula transcrita. Questionamentos: Diante do exposto, sob a luz da melhor doutrina e jurisprudência, pergunta-se: 1. Neste caso o reajuste é automático (considerando o prazo de vigência de 60 meses corridos e a previsão do reajuste no contrato) ou, antes de sua concessão, a Administração Pública deverá realizar pesquisa de mercado? 2. Verificou-se a impossibilidade de se realizar a pesquisa de mercado nos mesmos moldes originais (antes da contratação), diante da complexidade da execução contratual em diversas fases distintas, entre outros fatores. Nestas condições, como proceder para ter um instrumento interno para efeito decisório e como parâmetro para possíveis negociações relativas ao reajuste junto ao contratado?

Resposta

O reajustamento, mesmo previsto no contrato firmado entre as partes, levando-se em consideração apenas a variação do IPCA/IBGE, conforme informado, se caracterizará como mera indexação, podendo destoar dos valores praticados pelo mercado.

Convém lembrar que sendo possível o reequilíbrio econômico-financeiro, que normalmente é utilizado em favor dos contratados, para que se mantenha o equilíbrio da álea contratual estabelecida por ocasião da contratação, pressupõe-se que a relação estabelecida no momento da licitação, entre a prestação das partes contratantes, deverá ser mantida durante toda a vigência do contrato. Sendo assim, não seria correto que não tendo ocorrido defasagem na composição dos custos do preço do serviço o reajuste fosse realizado levando em consideração apenas a variação do IPCA/IBGE, como no tempo em que o País teve a economia indexada.

Assim, ao se realizar o reajuste deverá ser levado em conta além da variação do índice estabelecido no contrato, no caso o IPCA/IBGE, também os valores praticados pelo mercado, sob pena de ocasionar valor contratual abusivo e dissociado daqueles praticados pelo mercado, caracterizando superfaturamento.

Jessé Torres Pereira Junior observando a respeito do art. 55, III, da Lei nº 8.666/93, lecionou:

> A inovação do inciso III deve-se à distinção que se impõe observar entre reajustamento de preço e correção monetária. O primeiro implica revisão do valor inicial em face de alterações mercadológicas que repercutam sobre o contrato (custos da execução e remuneração). A segunda busca manter o valor do contrato, erodido pela inflação que corrói a moeda como meio de pagamento.

Ora, se o valor praticado pelo mercado continua compatível com aquele pago pela Administração ao contratado, não há que se falar em erosão, pois se este em suas contratações com os particulares continua praticando os mesmos valores que lhe são pagos pela Administração contratante não seria correto que apenas para esta, para a prestação dos mesmos serviços ou fornecimento dos mesmos bens, se estabelecessem valores mais elevados, o que inclusive poderia servir de fator de alimentação para uma inflação do mercado.

Responde-se, pois, às questões numeradas.

R.1: O reajuste, portanto, não deverá ser automático, mas resultante de estudos que verifiquem o impacto do índice estipulado nos preços, bem como os valores praticados pelo mercado.

R.2: A impossibilidade de se realizar pesquisa de mercado nos mesmos moldes em que esta se deu antes da licitação não poderá servir de escusa para a utilização do valor de mercado como fundamentos para alteração do valor contratual ou sua manutenção, exceto se apresentada justificativa absolutamente plausível, pois a alegação de impossibilidade de verificação da compatibilidade dos valores com o mercado atual não configura por si só justificativa válida para fundamentar a sua não realização.

Apenas envidando todos os esforços para a constatação dos valores de mercado ou apresentando provas da impossibilidade de que tal avaliação aconteça estará a Administração desincumbida do seu dever de primar pela eficiência, economicidade e moralidade administrativa.

Inidoneidade – Efeitos temporais da declaração

Pergunta

A sanção de inidoneidade para licitar e contratar com a Administração Pública tem incidência sobre contratos administrativos firmados antes de sua decretação? Ou seja, a referida penalidade pode ser aplicada retroativamente ou alcança apenas licitações e contratos futuros?

Resposta

Tratando-se de penalidade imposta em razão de inexecução total ou parcial de contrato não é razoável que seus efeitos retroajam, para alcançar contratos firmados anteriormente e em relação aos quais não há qualquer violação por parte da contratada.

Ademais, não há disposição legal que permita a aplicação extensiva dos efeitos da penalidade a contratações anteriormente firmadas pela contratada com a Administração.

Sendo assim, por se tratar de norma que impõe penalidade, sua compreensão deve se ater a que a penalidade se restrinja à situação ensejadora de sua aplicação sob pena do cometimento de violação a direito subjetivo da empresa, caso se pretenda fazer os efeitos da penalidade atingir situação anteriormente constituída.

No dispositivo que estabelece a penalidade em questão, art. 87 da Lei de Licitações, utiliza-se a expressão "pela inexecução total ou parcial *do contrato*" de modo que ali se encontra limitado o objeto causador da imposição. Adiante o inciso que estabelece a penalidade vale-se da expressão "*declaração* de inidoneidade para licitar ou contratar com a Administração Pública".

Ora, se a situação é de declaração, esta com caráter de constitutividade, não há qualquer possibilidade que algum ato constitutivo venha a incidir sobre fatos ou situações preteritamente ocorridas, porquanto não se altera o passado ou pode-se alterar aquilo que já se encontra superado pelo transcurso do tempo.

Destarte, apenas futuras licitações e futuros contratos serão impedidos de serem firmados pela empresa penalizada.

Inexecução contratual e contratação direta

Pergunta

Diz o art. 24 – Lei nº 8.666/93, *in verbis*: "Art. 24. É dispensável a licitação: XI – na contratação de remanescente de obra, serviço ou fornecimento, em consequência de rescisão contratual, desde que atendida a ordem de classificação da licitação anterior e aceitas as mesmas condições oferecidas pelo licitante vencedor, inclusive quanto ao preço, devidamente corrigido". Com base no dispositivo acima, solicito o esclarecimento das seguintes questões: 1. Podemos enquadrar como dispensa de licitação, prevista no artigo 24, XI, da Lei nº 8.666/93, uma contratação para suprir contratos rescindidos por inexecução total do objeto (o contrato foi assinado, mas não deu início a sua execução)? 2. Qual o entendimento dos doutrinadores em relação à aplicação do art. 24, inciso XI, da Lei nº 8.666/93, para suprir os contratos que foram rescindidos por inexecução total do objeto? 2.1. Sobre o enquadramento da dispensa de licitação neste dispositivo legal (art. 24, XI,), leciona o professor Jorge Ulisses Jacoby Fernandes (*Contratação direta sem licitação.* 5. ed. Brasília: Brasília Jurídica. p. 401): "Para que a contratação direta se enquadre nesse dispositivo, é imprescindível que a execução do objeto tenha sido iniciada. Se o licitante vencedor assinou o contrato mas não deu início à execução, pode o contrato ser rescindido e convocado o segundo licitante, na forma do art. 64, §2º, da Lei nº 8.666/93". Qual o entendimento em relação ao posicionamento do professor Jacoby? 3. Qual a posição do TCU sobre o tema? 4. Existem jurisprudências do TCU que permitem a aplicação do art. 24, XI, da Lei nº 8.666/93, para suprir contratos que foram rescindidos por inexecução total do objeto, isto é, o contrato foi rescindido sem que houvesse a prestação de nenhum serviço ou fornecimento? 5. A decisão do TCU (Acórdão nº 1.317/2006-Plenário), veda a realização de DL (art. 24, inciso XI, da Lei nº 8.666/93) em face da tese da inexecução total ou dos fatos existentes no caso concreto? A vedação de tal Acórdão deve ser estendida a toda Administração Pública ou vale somente para a Administração em tela?

Resposta

Trata o questionamento em tela de inexecução contratual e a possibilidade de contratação direta com fundamento no art. 24, inciso XI, que cuida sobre a contratação direta para execução de obra remanescente.

A consulente indica a doutrina de Jorge Ulisses Jacoby Fernandes e questiona sobre a concordância com aquele posicionamento, fazendo a seguir uma série de questionamentos que enumera de 1 a 5, os quais serão assim respondidos.

R.1: Antes de se tratar propriamente da questão apresentada convém deixar claro que o posicionamento que se adota é que a hipótese relacionada no art. 24, XI, da Lei nº 8.666/93 não corresponde verdadeiramente a caso de contratação direta sem licitação. Tanto assim que os convocados para contratar a obra ou serviço remanescente deverão ser aqueles que participaram do certame e obtiveram classificação subsequente àquela do primeiro colocado. Portanto, a situação demanda que a contratação se dê com a precedência de procedimento licitatório, o que demonstra haver impropriedade na sua inclusão no art. 24, como uma das hipóteses de contratação direta.

Na situação aventada, em que sequer houve início na execução do objeto do contrato, não há que se falar em contratar a execução de parte remanescente, daí não ser aplicável o dispositivo do art. 24, XI, porquanto não caracterizada a situação ali enunciada.

R.2: Quanto ao posicionamento dos doutrinadores a respeito do tema anota-se que Marçal Justen Filho se posiciona do mesmo modo acima apresentado,[24] afirmando que a rigor a hipótese preconizada no art. 24, XI, não se caracteriza como contratação direta e entende haver parentesco daquele inciso com o disposto no art. 64, §2º, ou seja, no mesmo sentido de Jorge Ulisses Jacoby Fernandes, conforme a indicação da própria consulente.

Na mesma direção é o ensinamento de Jessé Torres Pereira Junior, entendendo haver proximidade entre os dispositivos do art. 24, XI e 64, §2º.

R.2.1: O posicionamento desta orientação é no mesmo sentido daquele esposado por Jorge Ulisses Jacoby Fernandes — não tendo sido iniciada a execução do objeto, não há que se falar em fundamentação baseada no art. 24, XI. Todavia, é possível que se realize a contratação com espeque no art. 64, §2º.

---

[24] *Comentários à lei de licitações e contratos administrativos*. 10. ed. São Paulo: Dialética. 2004. p. 251.

R.3: Apenas foi possível a colheita do mesmo posicionamento do TCU indicado pela consulente sobre o tema específico, o qual aponta na mesma direção já indicada pela doutrina e por esta orientação:

> Ementa: RELATÓRIO DE AUDITORIA. FISCOBRAS 2005. CONVOCAÇÃO PARA EXECUÇÃO DE OBJETO REMANESCENTE. CONTRATAÇÃO EXTEMPORÂNEA. PRORROGAÇÃO DOS CONTRATOS DE SERVIÇOS DE SUPERVISÃO, FISCALIZAÇÃO E GERENCIAMENTO DE OBRAS.
>
> 1. *Não é possível a convocação de segunda colocada em licitação para a execução do remanescente de obra, serviço ou fornecimento (art. 24, XI, da Lei nº 8.666/93), quando à época da rescisão contratual não havia sido iniciada a execução do objeto licitado.* (Grifamos para destaque)
>
> 2. Na convocação para a execução de remanescente de obra, serviço ou fornecimento ou para assinatura de contrato em substituição à licitante desistente do certame, devem ser observadas as mesmas condições propostas pelo primeiro classificado, inclusive quanto aos preços atualizados de conformidade com o ato convocatório.
>
> 3. É indevida a assinatura de contrato após transcorrido prazo que inviabilize a verificação da adequabilidade das condições propostas no certame.
>
> 4. Os serviços de fiscalização, supervisão e gerenciamento de obras não constituem serviços de natureza contínua.
>
> 5. A prorrogação de contrato de supervisão, decorrente de atrasos na execução das obras, não implica alteração qualitativa ou quantitativa de seu objeto prevista no art. 65 da Lei nº 8.666/93.
>
> Identificação: Acórdão 1317/2006-Plenário
>
> Número Interno do Documento: AC-1317-31/06-P
>
> Grupo/Classe/Colegiado: Grupo II / Classe V / Plenário
>
> Processo: 003.732/2005-7

Há, portanto, óbice no acórdão acima transcrito e já referenciado pela consulente a que se realize a contratação nos termos do art. 24, XI, quando sequer houve início da execução do objeto, haja vista a hipótese ser aplicável para a execução de remanescente.

R.4: Prejudica pela apresentação da jurisprudência colacionada no item anterior, especialmente porque não houve retorno na pesquisa de jurisprudência com posicionamento diferente daquele acima apresentado.

R.5: O impedimento de aplicação do disposto no art. 24, XI, a contratos cuja execução não foi iniciada não decorre da jurisprudência do TCU, mas da compreensão da norma legal e que neste aspecto tem o caráter de norma geral, sendo, portanto, aplicável a todos os níveis da Administração Pública.

Destarte, não é a decisão do TCU que causa impedimento de contratação direta em tais situações, até porque não possuem estas decisões efeito vinculante, mas a compreensão da norma legal dando a exata dimensão daquele dispositivo.

Irregularidade fiscal – Necessidade de contratação

Pergunta

A Administração do XXX-XX necessita contratar serviços de lavanderia. Concluída licitação instaurada para essa finalidade, o certame foi deserto, não tendo a ele comparecido quaisquer interessados. Diante disso, a Administração deliberou contratar diretamente certo fornecedor, que forneceu o menor preço, após pesquisa de mercado. Entretanto, após consultar sua situação fiscal, constatou-se que ele — assim como mais de dez fornecedores igualmente consultados — apresentava irregularidade fiscal para com a Receita Municipal. Ante o exposto, indagamos: 1. É possível contratá-lo, mesmo diante da irregularidade fiscal municipal constatada? Nas contratações diretas, as regularidades fiscais relativas à Receita Federal, ao INSS e ao FGTS já não seriam bastantes para legitimar a contratação? 2. Em caso de resposta negativa, haveria algum princípio jurídico-administrativo em que se embasar a Administração a fim de proceder à contratação — a exemplo do princípio da razoabilidade —, dado o interesse público consistente no objeto contratual (pois a Administração precisa dos serviços de lavanderia)?

Resposta

Questiona-se a respeito de necessidade de contratação de serviços de lavanderia em situação na qual todos os executores do referido serviço, na localidade, encontram-se em situação irregular perante alguma das Fazendas Públicas.

A exigência legal de regularidade fiscal não se restringe a algumas, ou requer que apenas a maioria das certidões tenham sido emitidas em sentido favorável à regularidade fiscal do interessado em contratar com a Administração. Ou há regularidade fiscal, ou não há.

Entretanto, cuida-se de situação excepcional e, sendo assim, também dá-se tratamento excepcional a tais situações, tanto que neste sentido já se posicionaram Tribunais de Contas, conforme informa Jorge Ulisses Jacoby Fernandes:

> Sobre o mesmo tema, um fato passou a ser reconhecido pelos Tribunais de Contas: a situação em que na cidade há um só ponto de revenda de combustível, ou existindo vários só um está em dia com a seguridade social. No primeiro caso, mesmo não estando em situação regular perante a seguridade social, faz-se a contratação se inviável sob o aspecto econômico, o abastecimento em outra localidade.[25]

Caso reste configurada situação semelhante, embora o objeto seja diferente, deve-se ter como possível a utilização de solução idêntica, desde que se demonstre a mesma adequada ao atendimento ao interesse público e favoreça o princípio da economicidade e da eficiência.

Itens licitados – Substituição

Pergunta

Um contrato de fornecimento de lanches e materialidade com 84 itens, decorrente de Pregão eletrônico. Os itens estão dispostos conforme cota específica de quantidade e valor monetário. Questiona-se se é possível transferir o valor monetário de uma determinada cota para outra de maior demanda. E ainda, se há necessidade de instrumento jurídico formalizado ou basta o "de acordo" da empresa aceitando o acerto acima. Exemplo: um dos itens apresenta 1.000 unidades de coxinha e outro 500 de sanduíche. No decorrer das entregas, percebe-se que serão necessários mais 300 sanduíches. Considerando que há ainda coxinhas a serem entregues, é possível abater os 300 sanduíches da cota das coxinhas, ou de qualquer outro item, sem alteração formal do contrato?

Resposta

Não é possível ou mesmo lícito que se faça tal substituição, porquanto tal alteração modificaria totalmente aquilo que foi estabelecido no edital e no contrato dele resultante.

---

[25] *Contratação direta sem licitação*. 6. ed. Belo Horizonte: Fórum, 2007. p. 624.

Em situações nas quais fique evidenciada a necessidade de redução ou ampliação do objeto a ser fornecido deverá a Administração proceder nos moldes preconizados pela Lei de Licitações e Contratos Administrativos, no art. 65, §1º.

A simples substituição de algum dos itens licitados por outros, ou redução de quantidades de um para o aumento das quantidades de outro, considerando-se apenas o valor monetário dos mesmos, poderia resultar em burla à licitação, porquanto a variação posterior à realização do procedimento licitatório não coaduna com o princípio da impessoalidade, além do que o preço dos bens licitados pode sofrer modificação em razão da quantidade que se pretende adquirir.

Portanto, por não coadunar com os princípios da impessoalidade, da legalidade e da igualdade entre os licitantes e, obviamente, com o princípio da moralidade administrativa, não devem ser levadas a efeito alterações contratuais, fora das hipóteses previstas na Lei nº 8.666/93, para ampliar ou reduzir quantitativos de bens e serviços licitados.

Lanches – Prorrogação de contrato

Pergunta

Foi firmado contrato, decorrente de Pregão eletrônico, entre o Município e uma empresa fornecedora de lanches. Vigência de 12 meses. Valor total: R$150.000,00. O Anexo I ao contrato descreve detalhadamente a qualidade e a quantidade de lanche a ser fornecido. O contrato expira em 15 de novembro de 2008. Pergunta-se: é possível prorrogar o contrato só até 31 de dezembro de 2008? E, ainda, mantendo as mesmas quantidades e qualidades do Anexo, bem como o valor total?

Resposta

A possibilidade de prorrogação de contratos somente tem lugar quando prevalecer nestes instrumentos o caráter de prestação de serviços sobre aquele relacionado à simples compra e venda.

Desse modo, sendo possível caracterizar como prevalente a prestação de serviços, configurada na elaboração de lanches e não o simples fornecimento de gêneros alimentícios utilizados para este fim, certamente que será possível a prorrogação, haja vista a compatibilização deste objetivo com o que preconiza o art. 57, II, da Lei nº 8.666/93.

Entretanto, embora não tenha ficado claro no questionamento, acerca do quantitativo e da qualidade dos lanches, deve-se esclarecer que os lanches a serem preparados no prazo prorrogado devem seguir as mesmas regras estabelecidas para aqueles anteriormente fornecidos, porquanto se trata de simples prorrogação e, ainda, deve-se anotar que de tais prorrogações, em regra, resulta aumento no quantitativo total de lanches a serem elaborados.

Ressalve-se, todavia, que ocorrendo a prorrogação a quantidade de lanches a serem preparados, exceto se houver adicionamento no quantitativo original, deverá ser proporcional ao período da prorrogação realizada.

LEGISLAÇÃO LOCAL DE LICITAÇÕES E NORMAS GERAIS

Pergunta

Solicitamos Parecer do seguinte fato: Numa licitação na modalidade Concorrência, cujo objeto é a reforma de uma Escola, oito empresas participaram da abertura licitatória, sendo que quatro delas foram desclassificadas pelo motivo de que apresentaram a planilha orçamentária em desacordo com a planilha elaborada por esta SEDUC, especialmente quanto ao quantitativo exigido. Das oito empresas classificadas, a de menor preço ficou inabilitada por não atender a uma das parcelas de maior relevância; na ordem de classificação, a segunda ficou inabilitada também por não atender a uma das parcelas de maior relevância e não apresentar o certificado de registro cadastral (CRRC); a terceira ficou inabilitada só por não apresentar o certificado de registro cadastral (CRRC); e a quarta, também parcela de maior relevância. Assim as restantes ficaram todas inabilitadas. A segunda e a terceira, classificadas e inabilitadas são respectivamente, ME e EPP. Informamos que no Estado de XXX vige desde 08.02.2010, a Lei Estadual nº YY.&&&/10, que rege as Licitações e Contratos no âmbito Estadual e que além da inversão de fases como no Pregão, a Tomada de Preços não exige cadastro prévio e apresenta ainda outras diferenças em relação à Lei nº 8.666/93. A empresa classificada em terceiro lugar manifestou seu interesse em recorrer da decisão da Comissão de Licitação que a inabilitou devido a falta do CRRC. Pergunta: *A Comissão de Licitação poderá dar provimento ao referido recurso, considerando que, no entendimento desta Comissão, conforme se pode observar, a referida Lei não estabelece como condição para participação de licitações neste Estado o Cadastramento Prévio na PPPPPP – Central de Aquisições e Contratações? Em tempo: O Edital não faz exigência ao referido documento, entretanto, faz alusão expressa à referida Lei* YY.&&&/10, *como não poderia deixar de fazê-lo.*

Resposta

Tendo em vista que a lei geral de licitações estabelece quais são os requisitos para habilitação em licitação, devendo neste aspecto ser considerada lei geral; e levando-se em consideração que na Lei nº 8.666/93 não foi estabelecido como um dos requisitos para habilitação a existência de cadastramento prévio, deve-se ter que a disposição contida na lei estadual deverá ser compatibilizada com aquela da lei geral.

Sendo assim, o cadastramento prévio somente deverá ser aplicado para o caso de Pregão eletrônico, haja vista que de outro modo não haveria controle do ingresso de licitantes, mas no que se refere às demais modalidades de licitação, a ausência do cadastramento prévio (CRRC) somente impedirá a permanência do licitante no certame quando este não tiver apresentado documentos válidos de regularidade que contenham todas as informações exigidas para a realização do cadastramento.

É mister salientar o que estabelecem os arts. 27 a 33 da Lei nº 8.666/93, nos quais estão presentes as expressões: "para a habilitação nas licitações exigir-se-á dos interessados, *exclusivamente*", ou "a documentação relativa a regularidade fiscal, conforme o caso, *consistirá em*", ou ainda, "a documentação relativa à qualificação técnica *limitar-se-á*"; do mesmo modo que na última expressão está escrita aquela relacionada com a qualificação econômico-financeira.

Ora, fica evidente que o rol de documentos exigidos para a habilitação é taxativo e, neste aspecto, não há que se estabelecer dúvida quanto ao caráter de lei geral dos dispositivos dos artigos 27 a 33.

Portanto, para que a disposição presente na legislação estadual possa ser considerada válida, deverá ser compreendida de tal modo que permita suprir a eventual ausência do CRRC pelos documentos que instruem a sua confecção, sob pena de ser considerada inconstitucional, por invadir a esfera de competência legislativa da União, art. 22, inciso XXVII, da CF/1988.

Lei Complementar nº 123 e concessão de uso

Pergunta

Solicitamos informar se a Lei Complementar nº 123, de 14.12.2006, especificamente o Capítulo V (acesso ao mercado), aplica-se para as licitações de concessão de uso de área uma vez que se trata de licitação do tipo maior oferta, como por exemplo, concessão de uso de área administrativa para instalação de lanchonete.

Resposta

No caso de concessões públicas não é aplicável a situação de tratamento preferencial estabelecida pela Lei Complementar nº 123, pois conforme pode-se concluir pela própria estrutura da Lei em questão, a situação de tratamento especial conferida a microempresas e pequenas empresas destina-se às licitações nas quais realiza-se aquisição pela Administração Pública, não havendo qualquer indicação de que o mesmo seja aplicável em se tratando de concessões públicas.

Ademais, o próprio Capítulo V da Lei Complementar nº 123 e sua Seção Única dão indicativos da não aplicação dos dispositivos ali constantes senão em casos de aquisição, pois são intitulados, respectivamente: "Do Acesso ao Mercado" e "Das Aquisições Públicas", situações nas quais não pode-se afirmar seja enquadrável a realização de concessão.

Na mesma direção indica a compreensão do disposto no artigo 49, III, c/c os artigos 47 e 48, ao estabelecer vedação à utilização do procedimento simplificado, quando deste não resultar vantajosidade para a Administração Pública.

Aliás, a previsão do art. 47 significa vedar que na regulamentação da aplicação da preferência e simplificação se utilize da possibilidade quando esta não caracterizar vantajosidade para a Administração, ao passo que o disposto no art. 48 deixa claro que a possibilidade de conceder tratamento preferencial destina-se às aquisições, porquanto seus três incisos referem-se ao valor das contratações, situação nem sempre comportável na concretização de concessões públicas.

Lei Complementar nº 123 e cooperativas

Pergunta

Considerando o disposto na Lei Complementar nº 123 (de 14.12.2006), art. 3º, §4º, inc. VI; na Lei nº 11.448 (de 15.06.2007), art. 34; e a nova redação dada ao art. 3º, §4º, da LC nº 123/06 pela Lei Complementar nº 128 (de 19.12.2008), solicitamos os seguintes esclarecimentos: 1. Os benefícios relativos à licitação concedidos às Microempresas e Empresas de Pequeno Porte aplicam-se às Cooperativas? Todas as Cooperativas que atendem ao limite definido no inc. II do *caput* do art. 3º da LC nº 123/06 ou só as cooperativas de consumo? 2. O que é cooperativa de consumo? Qual é o seu objeto? Operadoras e/ou Intermediadoras de Planos de Saúde, como a Unimed, podem ser cooperativas de consumo? Caso contrário, em qual espécie (tipo) de cooperativa elas seriam (qual o enquadramento legal)?

Resposta

O pedido de orientação em questão envolve dois grupos de perguntas identificados pelo próprio orientado, os quais serão respondidos *de per si*, para melhor atendimento do pleito formulado.

Grupo I:
Pergunta a) *Os benefícios relativos à licitação concedidos às Microempresas e Empresas de Pequeno Porte aplicam-se às Cooperativas?*
Resposta

Não se aplicam às cooperativas, ressalvadas aquelas direcionadas ao consumo, ou "cooperativas de consumo" as regras pertinentes às pequenas e microempresas, constantes na Lei Complementar nº 123, porquanto assim expressa o seu art. 3º, §4º:

> Art. 3º. [...]
>
> [...]
>
> §4º Não se inclui no regime diferenciado e favorecido previsto nesta Lei Complementar, para nenhum efeito legal, a pessoa jurídica:
>
> [...]
>
> VI – constituída sob a forma de cooperativas, salvo as de consumo;

Portanto, não tem qualquer repercussão sobre as cooperativas, excetuando-se aquelas de consumo, as disposições contidas na Lei Complementar nº 123.
Pergunta b) *Todas as cooperativas que atendem ao limite definido no inc. II do* caput *do art. 3º da LC nº 123/06 ou só as cooperativas de consumo?*
Resposta

Como se aplica a Lei Complementar nº 123 apenas às cooperativas de consumo, apenas estas estarão sujeitas ao limite preconizado pelo inciso II do *caput* do art. 3º; o que significa que mesmo as cooperativas de consumo, somente terão aplicadas a seu favor as regras da LC nº 123 quando se possam ser equiparadas com as empresas de pequeno porte e microempresas por terem receita adequada aos limites fixados no dispositivo em questão.

Grupo II:
Pergunta a) *O que é cooperativa de consumo? Qual é o seu objeto?*
Resposta

A dúvida certamente decorre da inexistência de definição da Lei nº 5.764/1971, que estabeleceu o regime jurídico das cooperativas, porquanto esta não fixou conceituação a respeito dos diversos tipos de cooperativas possíveis, tendo se limitado, consoante o disposto no seu art. 5º, *caput*, a exigência de que tais sociedades tenham em sua denominação a expressão "cooperativa". Vejamos:

> Art. 5º As sociedades cooperativas poderão adotar por objeto qualquer gênero de serviço, operação ou atividade, assegurando-se-lhes o direito exclusivo e exigindo-se-lhes a obrigação do uso da expressão "cooperativa" em sua denominação.

Destarte, não há uma definição legal para o que seja cooperativa de consumo, mas pode-se defluir que tal qualificação decorre do gênero de serviço, operação ou atividade, que se dispôs a oferecer aos seus associados. Assim, cooperativa de consumo é aquela direcionada a proporcionar comodidades de consumo de bens e serviços aos seus associados, em razão da economia de escala proporcionada pela aquisição coletiva.

Pergunta b) *Operadoras e/ou Intermediadoras de Planos de Saúde, como a Unimed, podem ser cooperativas de consumo? Caso contrário, em qual espécie (tipo) de cooperativa elas seriam (qual o enquadramento legal)?*

Resposta

Em tese é possível. Todavia o conhecimento específico a respeito de cooperativas constituídas demandaria o conhecimento de seu objeto presente no ato constitutivo. Mas, caso não se caracterize estas cooperativas como de consumo, provavelmente terão a configuração de cooperativa de serviço, na qual se agrupa uma categoria de profissionais de determinada área com a pretensão de obterem ganho na comercialização de sua mão de obra ocasionada pela junção de esforços.

Licitação deserta e contratação direta com fundamento no art. 24, V

Pergunta

A Fundação XXXXXX, na gestão de recursos públicos, executou Pregão eletrônico que restou fracassado, não sendo possível qualquer contratação. Sendo assim, questiona-se: a) Mostra-se possível a utilização do permissivo legal contido no artigo 24, inciso V, da Lei nº 8.666/93? b) Para a utilização desse permissivo legal, basta uma única licitação fracassada, ou é necessário realizar uma segunda licitação, cujo resultado seja também deserto ou fracassado, para só assim realizar a contratação direta? c) Para a utilização desse permissivo legal, faz-se necessária a apresentação de justificativa circunstanciada (motivação) do prejuízo que a Administração pode sofrer, caso um novo certame seja realizado? d) O mero prejuízo econômico com a realização de uma nova licitação (que envolve publicação de edital etc.) e a demora própria do novo procedimento licitatório são fatores suficientes para justificar a contratação direta, ou é também necessária uma razão técnica que fundamente a contratação sem novo processo licitatório? e) Quais as informações/documentos que devem, necessariamente, conter o processo de contratação direta fundamentado no artigo 24, inciso V, da Lei nº 8.666/93? f) Qual a orientação do Tribunal de Contas da União sobre o tema? g) Qual o posicionamento jurisprudencial predominante sobre o tema, em especial, nos Tribunais Superiores? Colocamo-nos à disposição para quaisquer esclarecimentos.

Resposta

A contratação direta, com amparo no permissivo do art. 24, V, da Lei nº 8.666/93, deve ser utilizada de forma parcimoniosa, pois não bastará que tenha sido deserta num primeiro procedimento licitatório, deverá a hipótese ser aplicada com mira nos princípios da igualdade, da moralidade administrativa, da eficiência e da publicidade.

Típico, portanto, de aplicação da espécie será o caso de licitação que não puder ser repetida sem prejuízo para o interesse público, seja porque o prazo para a execução da atividade ou serviço licitado é exíguo, impedindo a repetição de todos os trâmites necessários, seja porque esse mesmo interesse público restaria prejudicado por algum dano acessório de outra natureza, que pudesse ser impedido em razão da celeridade de uma contratação direta.

Toda contratação direta deverá ser bem fundamentada, de modo que reste demonstrado o interesse público na contratação por esta via. No entanto, não há como se estabelecer uma fórmula infalível em que esta poderá ser ou não utilizada, senão quando defronte com a situação fática apresentada, sendo esta o fundamento a ser apresentado de modo cabal e inequívoco para justificá-la.

O posicionamento do TCU, anotado por Jorge Ulisses Jacoby Fernandes, em seu *Vade-mécum de licitações e contratos*. (3. ed. Belo Horizonte: Fórum, 2006. p. 430-431) é pródigo em decisões a respeito do tema no sentido da possibilidade.

Licitação e habilitação

Pergunta

1. No procedimento do Pregão presencial para registro de preços a desclassificação de empresa por inabilitação de documento é possível ser relativizada em função da proposta da mesma ter sido inferior ao da outra empresa classificada? 2. Pode o edital de Pregão presencial para registro de preços exigir, para compra de mobiliários, laudo dos móveis objetos da licitação, com especificações técnicas de todos os produtos? É abusiva tal exigência? 3. A apresentação de garantia dos produtos, na fase de habilitação da licitação Pregão presencial para registro de preços, datada de 2007, sendo a licitação do ano de 2009, pode ser aceita? 4. Como devo aplicar conjuntamente os princípios da vinculação ao instrumento convocatório e da razoabilidade? 5. No procedimento Pregão presencial para registro de preços, na fase da habilitação, posso abrir prazo para a empresa que seria inabilitada apresentar documentos conforme previsto no edital, como forma de dar uma nova oportunidade?

Resposta

Cada uma das várias perguntas apresentadas deverá ser respondida *de per si*, o que se fará a seguir.

Questionamento 1: *"No procedimento do Pregão presencial para registro de preços a desclassificação de empresa por inabilitação de documento é possível ser relativizada em função da proposta da mesma ter sido inferior ao da outra empresa classificada?"*
Resposta

Não há que se falar em relativização de inabilitação. Ou o requisito é cumprido ou dá-se prosseguimento ao certame licitatório nos termos do que dispõe o art. 4º, incisos XIV, XV e XVI, com a consequente exclusão do licitante inabilitado.

Questionamento 2: *"Pode o edital de Pregão presencial para registro de preços exigir, para compra de mobiliários, laudo dos móveis objetos da licitação, com especificações técnicas de todos os produtos? É abusiva tal exigência?"*
Resposta

Apenas haverá abusividade quando a exigência implicar em limitação do âmbito da disputa, quando esta for estabelecida de forma razoável e permitir o cumprimento por todos os licitantes, por questões de prazo, não haverá que se cogitar de abusividade.

Questionamento 3: *"A apresentação de garantia dos produtos, na fase de habilitação da licitação Pregão presencial para registro de preços, datada de 2007, sendo a licitação do ano de 2009, pode ser aceita?"*
Resposta

O prazo de início da vigência da garantia é contado da entrega do bem ou produto. Assim, querer estabelecer como limite para a validade da garantia da data em que foram registrados os preços constitui irregularidade inaceitável pela Administração, que neste caso deverá se negar a efetuar o recebimento. Todavia, se se tratar de simples datação, havendo indicação de que a garantia tem seu prazo iniciado a partir do efetivo recebimento pelo comprador, não haverá problemas.
Questionamento 4: *"Como devo aplicar conjuntamente os princípios da vinculação ao instrumento convocatório e da razoabilidade?"*
Resposta

A questão não parece apresentar problemas, pois razoabilidade é consequência de conclusões lógicas, sendo assim, estando o edital pautado na lei de licitações, não haverá dúvida de que suas exigências são racionais e, portanto, adequadas ao "Princípio da Razoabilidade".
Questionamento 5: *"No procedimento Pregão presencial para registro de preços, na fase da habilitação, posso abrir prazo para a empresa que seria inabilitada apresentar documentos conforme previsto no edital, como forma de dar uma nova oportunidade?"*
Resposta

Jorge Ulisses Jacoby Fernandes entende possível a aplicação, neste caso, por analogia do dispositivo do art. 48, §3º, da Lei de Licitações e Contratos, abrindo-se novamente a segunda fase do Pregão. *Vide*: *Sistema de registro de preços e pregão*. 3. ed. Belo Horizonte: Fórum, 2008. p. 592-593.

Locação e regularidade fiscal

Pergunta

Na hipótese de contrato de locação de imóvel a ser firmado com pessoa física, a Administração Pública deve exigir do locador obrigatoriamente a comprovação de regularidade fiscal, a exemplo do que sucede nos contratos celebrados com pessoas jurídicas, haja vista que a vedação prevista no artigo 195, §3º, da Constituição Federal de 1988 menciona apenas pessoa jurídica?

Resposta

Inicialmente convém advertir que as regras existentes na Lei de Licitações e Contratos Administrativos somente são aplicáveis aos contratos que possuam esta característica, ou seja, a de se tratar de contrato administrativo, aqueles nos quais predomina o interesse estatal sobre o interesse privado, possibilitando a existência das intituladas "cláusulas exorbitantes", aquelas que possibilitem a sua alteração unilateral.

Esta não parece ser a condição presente nos contratos de locação, nos quais a Administração assume posição de igualdade com o administrado locador.

De fato, em contratos de locação de imóveis a Administração assume posição equivalente à do particular, despindo-se, portanto, do caráter de supremacia de que se reveste nas situações em que se apresenta nas contratações regidas pela norma administrativista.

Sendo assim, não cabe a aplicação em tais contratos de regras administrativistas, mas sim daquelas normas contratuais estipuladas na codificação civil a respeito de tais avenças.

Portanto, vê-se que compreensão do legislador infraconstitucional, ao elaborar a norma que rege as contratações administrativas foi a mesma que predomina na maioria absoluta da doutrina, segundo a qual a Constituição não contém expressões ou mesmo omissões inúteis, o que quer dizer que mesmo quando o texto constitucional se omite a respeito de algo o faz de modo proposital, com algum objetivo. Sendo assim, há que se ter que o teor do art. 195, §3º, da CF/88 não foi omisso em relação ao contratante pessoa natural, mas que o excluiu da exigência, que, por isso mesmo deve ser compreendida com a exata dimensão que possui, até mesmo em função do princípio hermenêutico da taxatividade.

Manutenção – Serviços

Pergunta

Diante de uma empresa inadimplente com as cláusulas contratuais, que não cumpriu com inúmeras cláusulas contratuais, inclusive não comprovou o pagamento do funcionário vinculado ao contrato, o TRE/XX, já tendo aplicado advertência sem resultado, resolveu rescindir o contrato. O objeto do contrato é o SERVIÇO DE MANUTENÇÃO PREVENTIVA E CORRETIVA DOS APARELHOS DE AR-CONDICIONADO. Diante dos problemas das máquinas no interior do Estado, a Administração pretende em nome da concretização do interesse público e com fulcro na prerrogativa conferida pelo art. 58, inciso V, da Lei nº 8.666/93, a intervenção cautelar no objeto do Contrato, com a ocupação provisória do funcionário e demais instrumentos vinculados à execução contratual, em prestígio ao princípio da continuidade do serviço, até a nova contratação. Nesse contexto, como a Administração deve proceder? Principalmente no tocante ao pagamento dos salários do funcionário da empresa, pode fazê-lo diretamente? Qual a melhor solução para a nova contratação?

Resposta

Não parece factível a hipótese de utilizar serviços de terceiros diretamente, assumindo a obrigação de pagar-lhes salários em substituição ao particular que lhes empregava.

Tal situação, embora prevista na Lei de Licitações e Contratos Administrativos, encontra uma série de obstáculos no texto constitucional e na legislação pertinente a servidores públicos, haja vista ser esta a condição que assumiriam tais empregados a partir do momento em que passassem a ser remunerados diretamente pela Administração Pública.

Estabelece o art. 37, II, da Constituição Federal de 1988 que a admissão de servidores públicos somente se dará mediante a realização de concurso público de provas ou de provas e títulos e, ainda, o §2º do mesmo artigo que a transgressão ao disposto no inciso II resulta em nulidade do ato transgressão e responsabilização da autoridade de quem este emanou.

Em casos semelhantes ao descrito na questão formulada entende-se, s. m. j., que a melhor solução é aquela apontada no art. 24, inciso XI, da Lei nº 8.666/93, não sendo possível tal contratação, porque tratava-se de único interessado participante da licitação o contratado anterior, restará a aplicação do disposto no mesmo artigo, inciso IV, desde que caracterizada a situação como emergencial nos termos daquele dispositivo.

Para se resguardar acerca de eventuais reclamações trabalhistas pelos funcionários da empresa anterior, pagamentos pendentes poderão ser depositados em juízo, mediante consignação, caso se o faça em juízo cível, tomando a cautela de informar a respeito no juízo trabalhista a este respeito.

Manutenção com fornecimento de peças

Pergunta

Para fins de Licitação na área de manutenção de equipamentos de informática como a Administração Pública poderá proceder na compra de peças para impressora, "*nobreak*" e estabilizador? Uma vez que não é possível relacionar todas as peças de todos os equipamentos, pode ser contrato de serviços com fornecimento de peças?

Resposta

Solicita a consulente orientação a respeito da contratação de serviços e aquisição de peças de reposição para equipamentos de informática, tais como impressoras, "*nobreaks*" e estabilizadores.

Apresenta como fator de complicação na realização de contratos de manutenção a necessidade de se adquirir peças de reposição e o fato de que estas não têm como ser previamente conhecidas, daí a impossibilidade de fazer previsão das peças a serem utilizadas em eventual procedimento licitatório, sem falar na diversidade de modelos desses mesmos equipamentos, o que dificultaria ou tornaria impossível a realização de licitação.

Soluciona-se a questão com a verificação do que prevalecerá na relação contratual a ser realizada, se a prestação de serviços de assistência técnica ou o fornecimento de peças de reposição. Observe-se que não se trata do valor maior ou menor de um ou de outro, mas o ponto fulcral do instrumento de contrato firmado.

Sendo o aspecto predominante do contrato a prestação de serviços, ao passo que o fornecimento de peças de reposição se trata de mera condição para que tal objeto contratual possa ser executado, não há dúvida de que se trata de contrato de prestação de serviços tendo como acessório o fornecimento das peças necessárias para a realização da atividade precípua prevista no instrumento contratual.

Portanto, o que se terá será a realização de procedimento licitatório para a contratação de serviço de assistência técnica, no qual se inclui o fornecimento das peças necessárias para o cumprimento do mister, conquanto seja possível constatar a prevalência da atividade técnica de manutenção sobre a atividade mercantil de fornecimento.

Marca de objeto licitado

Pergunta

Gostaria de saber se há possibilidade de troca de marca do objeto licitado por Pregão, tendo sido o mesmo já adjudicado.

Resposta

Cumpre inicialmente ponderar que a rigor não se licita marca de bens a serem adquiridos pela Administração Pública, tal regra encontra-se presente nos artigos 7º, §5º; 15, §7º, inciso I e art. 25, inciso I, da Lei de Licitações e Contratos Administrativos.

Portanto, a indicação de marca de bens adquiridos somente deverá ocorrer quando tal medida for tecnicamente justificável, especialmente para padronização de equipamento e, como consequência, barateamento da mão de obra com manutenção.

Sendo a hipótese de licitação de marca decorrente de uma das situações permitidas na legislação que disciplina tais certames, não será lícito que se faça a alteração do bem a ser fornecido, porquanto nessa situação estar-se-á violando o intento da Administração de baratear os seus custos e atribuir eficiência na atividade relacionada.

Todavia, caso não seja esta a situação, mas que decorra a indicação da marca de informação contida na proposta do licitante, e caso este se veja diante da impossibilidade de entregar o bem da marca indicada na proposta, poderá cumprir a obrigação contratual com outro, possuidor de características e qualidade similares ou superiores, conquanto devidamente justificada a razão da substituição em impossibilidade de se cumprir o contrato de outra forma.

Material permanente e material de consumo

Pergunta

A Lei nº 4.320/64 considera material permanente o de duração superior a dois anos. Material de consumo é aquele que com o uso perde a identidade física em razão de suas características de deterioração e fragilidade. Contudo, a Lei nº 10.753/2003 no seu art. 18, dispõe que "o livro não é considerado material permanente". Desta forma, para fins de classificação de despesa e futura aquisição pelo TRE-XX, livros são considerados materiais permanentes ou de consumo?

Resposta

A disposição contida no art. 15, §2º, da Lei nº 4.320/64 tem caráter de generalidade em relação à disciplina a respeito da classificação de material permanente, ao passo que a norma contida no art. 18, da Lei nº 10.753/03 se caracteriza como regra especial, porquanto disciplina, excepcionalmente, a respeito de livro.

Caso se tivesse apenas a norma do art. 15, §2º, da Lei nº 4.320/64, a classificação dos bens a serem adquiridos se daria conforme a destinação que se lhes fosse atribuir. Em se tratando de livros de exercícios – material de consumo, já no caso de livros de literatura – material permanente.

Todavia, a atuação do exegeta na compreensão do dispositivo foi superada pela atuação legislativa. Assim, em se tratando de livros, conquanto livros comuns e não peças raras de acervo, tais despesas deverão ser classificadas como despesas realizadas com a aquisição de material de consumo, para favorecer futuro descarte, quando estes estiverem defasados ou desgastados.

Metodologia de execução

Pergunta

Gostaria de indagar se a exigência de metodologia de execução (art. 30, §8º, da Lei nº 8.666/93) demanda a cumulação dos requisitos de alta complexidade técnica e grande vulto (art. 6º, V, da Lei nº 8.666/93) ou se basta a simples configuração da alta complexidade técnica. Solicito subsídios doutrinários e jurisprudenciais acerca da presente temática. Desde já, agradeço a consultoria prestada.

Resposta

Tal como se encontra redigido o dispositivo, partindo da máxima de hermenêutica, segundo a qual a lei não contém palavras inúteis ou dispositivos inúteis, a determinação contida no art. 30, §8º, que trata de documentação relativa à qualificação técnica, corresponde a um elenco de requisitos que tornam possível a exigência pela Administração aos licitantes da apresentação da metodologia de execução da obra, serviço ou compra.

Obviamente que não será suficiente para que se possa fazer a exigência o vulto da contratação, sendo fundamental que a este requisito se some aquele pertinente à alta complexidade técnica.

Todavia, há que se ter em conta que a exigência relativa ao "grande vulto" refere-se apenas às compras, porquanto o dispositivo legal ao enumerar a respeito das exigências relaciona: obras e serviços, aditando o qualificador "grande vulto" apenas no que diz respeito às compras, não colocando o adjetivo composto após a vírgula, mas antes desta e ligado diretamente à expressão "compras".

Destarte, para que a Administração possa exigir a apresentação da metodologia de execução, em se tratando de obras e serviços, bastará que estes envolvam alta complexidade técnica, ao passo que para compras exige-se além da complexidade técnica que esta seja de grande vulto.

Microempresas – Participação em licitação

Pergunta

O art. 48 da Lei Complementar nº 123/06 prevê que a Administração Pública *poderá* realizar licitação destinada à participação exclusiva de microempresas e empresas de pequeno porte (inc. I). Por sua vez, o art. 6º do Decreto nº 6.204/07 determina que, no âmbito da Administração Pública federal, "Os órgãos e entidades contratantes *deverão* realizar processo licitatório destinado exclusivamente à participação de microempresas e empresas de pequeno porte nas contratações cujo valor seja de até R$80.000,00 (oitenta mil reais)". Pode-se entender que o Chefe do Poder Executivo, ao utilizar a prerrogativa de expedir regulamento, exerceu a discricionariedade conferida pela Lei Complementar nº 123/06 no sentido de que sempre que *puder* a Administração Pública federal *deverá* realizar licitações exclusivas? Como deve ser feita a conjugação do art. 48, I, da Lei Complementar nº 123/06 com o art. 6º do Decreto nº 6.204/07?

Resposta

Trata-se o Decreto nº 6.204/07 de regulamento ao dispositivo da Lei Complementar nº 123.

Constitui preceito constitucional que os decretos, com o caráter de atos regulamentares que possuem, em regra, não podem avançar para além do que foi estabelecido na lei que regulamentou.

Assim é que a compreensão do disposto no art. 48, inciso I, da Lei Complementar nº 123, deve ser realizada em conjugação com o que estabelece o art. 47, cujo teor é o seguinte:

> Art. 47. *Nas contratações públicas* da União, dos Estados e dos Municípios, *poderá ser concedido tratamento diferenciado e simplificado para as microempresas e empresas de pequeno porte* objetivando a promoção do desenvolvimento econômico e social no âmbito municipal e regional, a ampliação da eficiência das políticas públicas e o incentivo à inovação tecnológica, *desde que previsto e regulamentado na legislação do respectivo ente.*

Desse modo a faculdade preconizada no dispositivo seguinte, em seu inciso segundo, relaciona-se com a possibilidade de estabelecer-se, ou não, o tratamento preferencial em relação às microempresas e empresas de pequeno porte, cabendo ao regulamento estabelecer quanto a aplicação do tratamento preferencial e em que situações, o que, no âmbito federal, foi concretizado com a edição do Decreto nº 6.204/07.

Portanto, sempre que o valor do procedimento licitatório for estimado em montante igual ou inferior a R$80.000,00 (oitenta mil reais), deverá o órgão público federal encarregado de realizá-lo limitar a participação dos licitantes àqueles que se caracterizem como microempresas ou empresas de pequeno porte.

Microempresas – Tributos – Licitações

Pergunta

Em um processo licitatório com montante superior a R$80.000,00, no caso de participação de microempresas e demais empresas sujeitas à tributação mais "pesada", como dar tratamento igualitário a todos os proponentes, uma vez que as microempresas acabam apresentando planilha de custos sem alguns impostos, fato este que as deixa geralmente com valores globais mais baixos?

Resposta

Em que pese não se tratar a situação daquelas em que se atribui de modo expresso favorecimento a microempresas ou empresas de pequeno porte, evidentemente que estas são favorecidas pela possibilidade de menor incidência tributária em razão de sujeição do regime do "Simples".

Todavia, não há vedação para que tal situação não se caracterize, assim como não há possibilidade de se estabelecer algum tipo de equalização que restabeleça o equilíbrio entre licitantes diferentes.

Entretanto, há que se considerar que a equalização já foi o objetivo que norteou a própria instituição do regime de tributação diferenciado, porquanto as empresas de maior porte se beneficiam da economia de escala, pois trabalham com quantidades e volumes de bens que lhes permitem negociar em melhores condições.

Destarte, as planilhas apresentadas tanto por uma quanto por outra (micro e pequenas empresas e empresas de maior porte) deverão trazer exatamente as parcelas que integram os seus respectivos custos do bem ou serviço, com as vantagens e desvantagens que lhes são inerentes.

Multa – Aplicação – Valor de alçada

Pergunta

Assunto: O não recolhimento da multa pela Contratada em valores acima de R$1.000,00, nos termos inciso I do art. 1º da Portaria nº 49/2004, M. Fazenda, e art. 1º da IN nº 3/97 da AGU, implica na remessa dos autos à PGU para inscrição em Dívida Ativa. A questão (Pergunta) é: Se esta corte, na formulação de ato para regulamentação da aplicação de penalidades (multa), tomando por base as supracitadas Portaria e Instrução Normativa, assim como os princípios da razoabilidade e da economia processual (custos para a Administração Pública), poderá considerar que as multas com valores inferiores a R$1.000,00 podem deixar de ser aplicadas e cobradas, se podem ser elididas, implicando no arquivamento do processo.

Resposta

Algumas considerações necessitam ser feitas a respeito do que foi acima questionado. Por primeiro é fundamental que se responda a respeito da relação existente entre a AGU e o Poder Judiciário na estrutura Administrativa da União.

É conveniente se reportar ao que expressa o *caput* do art. 131 da Constituição Federal de 1988, cujo teor é o seguinte:

> Art. 131. A Advocacia-Geral da União é a instituição que, diretamente ou através de órgão vinculado, representa a União, judicial e extrajudicialmente, cabendo-lhe, nos termos da lei complementar que dispuser sobre sua organização e funcionamento, as atividades de consultoria e assessoramento jurídico do Poder Executivo.

Percebe-se, portanto, que a AGU tem pelo menos dois âmbitos de atuação, um em que lhe cabe representar a União, indistintamente, judicial e extrajudicialmente; e outro que se relaciona com a advocacia consultiva e de assessoramento, quando lhe competirá apenas a orientação ao Poder Executivo.

Esclarecido este ponto, passa-se a uma segunda ordem de considerações, estas calcadas no princípio da legalidade estrita, estabelecido na Constituição de 1988, no *caput* de seu art. 37, segundo o qual qualquer ato administrativo, independentemente da esfera de poder estatal que o esteja realizando, deverá encontrar lastro em norma legal que o autorize.

Por outro lado, cumpre salientar que a Instrução Normativa nº 03/97, como é da característica de tais atos, dirige-se aos Advogados da União, autorizando-os a não proporem ação quando o valor das mesmas for igual ou inferior a R$1.000,00 (um mil reais).

Destarte, o limite legal para a atuação do TST é aquele estabelecido nas normas com *status* de lei (norma infraconstitucional e suprarregulamentar), ou seja, aquilo que se encontra estabelecido no Decreto-Lei nº 1.569, de 08 de agosto de 1977, cujo teor ao menos em grande parte foi recepcionado pela atual Constituição, e pela Lei nº 7.799, de 10 de julho de 1989, cujos artigos 5º e 65, respectivamente, contêm as seguintes determinações:

> Art. 5º Sem prejuízo da incidência da atualização monetária e dos juros de mora, bem como da exigência da prova de quitação para com a Fazenda Nacional, o Ministro da Fazenda poderá determinar a não inscrição como Dívida Ativa da União ou a sustação da cobrança judicial dos débitos de comprovada inexequibilidade e de reduzido valor.
>
> Art. 65. No caso de lançamento de ofício, a base de cálculo, o imposto, as contribuições arrecadadas pela União e os acréscimos legais poderão ser expressos em BTN Fiscal.
> Parágrafo único. O Ministro da Fazenda poderá dispensar a constituição de créditos tributários, a inscrição ou ajuizamento, bem assim determinar o cancelamento de débito de qualquer natureza para com a Fazenda Nacional, observados os critérios de custos de administração e cobrança.

Assim, caberá ao Poder Judiciário em questão informar ao Ministério da Fazenda a respeito da existência do débito, porquanto não há autorização legal que permita a sua remissão.

Portanto, em que pese a existência de autorização legal para que débitos em valores reduzidos não sejam objeto de inscrição em dívida ativa e promoção de ação de execução, como o processamento destas atividades (inscrição em dívida ativa e promoção de ação de execução) ocorre fora da estrutura do Poder Judiciário, não caberá a este realizar tal juízo de conveniência e oportunidade.

Multa – Redução

Pergunta

O contrato administrativo de limpeza das instalações prediais do órgão foi assinado com a previsão de multa de 20% do valor em face da inadimplência total ou parcial do objeto. A empresa descumpriu parcialmente suas obrigações, e foi rescindido o contrato e agora se quer a multa contratual no valor estipulado. A empresa recorreu da decisão para pedir a diminuição da multa em face do princípio da proporcionalidade, eis que o valor a ser cobrado seria de R$200.000,00 (duzentos mil reais). Poderíamos em face do art. 413 do Código Civil, em aplicação subsidiária, diminuir a multa ou seria incompatível com o princípio da indisponibilidade do interesse público?

Resposta

No caso vertente, por se tratar de contratação administrativa, a qual se aplica a legislação especificamente editada para essa finalidade, a Lei de Licitações e Contratos Administrativos (Lei nº 8.666/93), não há que se falar em aplicação do Código Civil, senão em caráter subsidiário.

Como não há espaço para subsidiariedade, na situação apresentada, porque se subsume ao disposto no art. 87, II, do estatuto das licitações e contratos administrativos, não incide sobre a contratação em questão as regras do Código Civil neste aspecto.

Também há que se mencionar a existência de julgado proferido pelo Tribunal de Contas da União a esse respeito, que "... entendeu que a multa deve ser cobrada e sua dispensa imotivada é irregular. Fonte: TCU. Processo nº 700.449/95-7. Decisão nº 419/1996-Plenário".[26]

No entanto, o que se vê é que a vedação manifesta no entendimento dado pelo TCU diz respeito à dispensa imotivada e irregular. Se a redução do valor da multa é fundada em razões substanciosas, com a aplicação de princípios constitucionais, tais como razoabilidade e proporcionalidade, não estaria esta situação encampada pela vedação em questão.

Para que se cogite, porém, de redução da penalidade a ser imposta é fundamental que isto resulte de dosimetria, levando-se em conta a dimensão do dano ocasionado em face do percentual já executado do contrato.

O princípio da indisponibilidade do interesse público, na situação apresentada, tem incidência e não estará sendo inobservado com a realização de dosimetria, conquanto esta se dê conforme critérios racionais, levando-se em conta aquilo que deixou de ser executado em relação ao objeto total do contrato. Não é possível, em função do princípio da indisponibilidade, que se abra mão de parcela superior àquela realmente devida.

---

[26] JACOBY FERNANDES, Jorge Ulisses. *Vade-mécum de licitações e contratos*. 3. ed. Belo Horizonte: Fórum, 2006. p. 969-970.

Negociação com licitante vencedor

Pergunta

Prezados Senhores, considerando-se a modalidade Concorrência para licitação, haverá possibilidade de negociação com o licitante vencedor? E se houver essa possibilidade, em que momento ela poderá ocorrer? Obrigado.

Resposta

A Lei de Licitações e Contratos Administrativos prevê negociação apenas nos casos de licitação tipo "melhor técnica", na situação estabelecida no art. 46, §1º, incisos II e III. Fora dessas hipóteses não há tratamento a respeito do tema sobre o assunto.

Por se tratar de tema de Direito Administrativo deve-se ter em mente a incidência do princípio constitucional da legalidade estrita, com sede no art. 37, *caput*, da Constituição Federal de 1988. Sendo assim, apenas se realizam atos administrativos quando estes encontram respaldo em lei anterior que os autorize e lhes estabeleça o procedimento para adoção.

Destarte, pode-se afirmar que fora da situação aventada pelo art. 46, §1º, incisos II e III, da Lei nº 8.666/93, não cabe a utilização de negociação com licitante vencedor, sob pena de invalidade de tais atos em virtude de violação ao princípio da legalidade administrativa.

Negociação direta com licitantes

Pergunta

Assunto: Concorrência Pública. Negociação de Preço. Apresentação. Apresenta-se a seguinte situação hipotética: Em uma concorrência pública participaram 04 Empresas: A, B, C e D. As empresas A e B foram inabilitadas, por não terem apresentado os documentos solicitados no edital. As empresas C e D continuaram no certame e apresentaram as propostas econômicas (X e Y, respectivamente). As duas propostas apresentaram valores superiores ao valor estimado pela Administração Pública (valor Z), valor este não publicado no edital. Diante da situação apresentada, a Comissão de Licitação iniciou a negociação exclusivamente com a empresa C, porque a sua proposta (X) era a que mais se aproximava do valor estimado (Z). Importante considerar que o objeto poderia ser adjudicado por este valor (X), embora fosse superior ao valor estimado (Z), diante da necessidade da Administração. Entretanto, *ad cautelam*, preferiu-se negociar para obter valor ainda menor. Da negociação não participou a empresa D, visto que sua proposta era maior do que a apresentada pela empresa C. Foram realizadas sucessivas negociações com a empresa C. Após isto, o valor proposto pela empresa C (valor W) ficou menor do que o valor apresentado inicialmente (X), entretanto maior do que o valor estimado (Z). Diante da necessidade da contratação e da pequena diferença entre o valor negociado com a empresa C (W) e o valor estimado (Z), foi homologada a licitação pelo valor negociado com a empresa C (valor W). Questionamentos: Diante do exposto, pergunta-se: 1. Neste caso, foi correto o procedimento de negociação da Comissão Permanente de Licitação com a Empresa C, a fim de obter condições mais vantajosas para a Administração? Caso negativo, qual deveria ter sido o procedimento adotado? 2. Existe norma jurídica ou orientação do TCU que verse sobre a negociação das propostas em concorrência pública quando não é publicado o valor estimado da contratação? Indicar. 3. Qual a orientação doutrinária sobre a matéria, ou seja, quanto à negociação direta com a empresa que apresentou a menor proposta em uma concorrência?

Resposta

A situação apresentada deve ser solucionada com a aplicação do disposto no art. 48, II, da Lei de Licitações e Contratos Administrativos, que preconiza a desclassificação das propostas com valor global superior ao limite estabelecido ou com preços manifestamente inexequíveis.

No caso vertente, a situação não é de inexequibilidade, mas de excesso sobre o limite estabelecido no valor estimado. Todavia, o deslinde da questão não se dará de modo simplista, pois, conforme a doutrina e a jurisprudência pertinentes ao tema, "Por preço excessivo deve entender-se aquele que ultrapassa abusivamente o da média praticada no mercado para o mesmo produto, obra ou serviço".[27]

Logo a seguir o mesmo autor questiona: "E o que seria ultrapassar abusivamente?" e responde: "Parâmetro aparentemente criterioso, em economia permanentemente desarrumada, seria o que levasse em conta o percentual de variação, ocorrida entre a data da estimativa feita pela Administração e a da abertura do envelope-proposta, do índice oficial que afere os preços ao consumidor".[28]

Para Jessé Torres Pereira Junior "Proposta cujo preço superasse tal percentual, em relação ao preço médio do mercado, seria desclassificada por oferecer preço excessivo".[29] O ilustre administrativista ressalva, no entanto, da desclassificação aqueles casos em que mesmo superado tal limite pudesse se demonstrar a variação súbita reconhecida pelos órgãos de controle de preços.

Marçal Justen Filho aponta a facilidade de aferição da situação quando o edital de licitação trata de estabelecer o valor máximo admissível e anota que a avaliação deve levar em conta a razoabilidade, fundamentando tal posicionamento em jurisprudência do TCU,[30] que a seguir transcreve-se:

> Há de se distinguir os graus de discrepância existentes entre os custos unitários ofertados pelos licitantes e os custos unitários cotados pela

---

[27] PEREIRA JUNIOR, Jessé Torres. *Comentários à lei das licitações e contratações da Administração Pública*. 6. ed. Rio de Janeiro: Renovar, 2003. p. 498.

[28] *Idem, ibidem.*

[29] *Idem, ibidem.*

[30] A transcrição do julgamento do TCU corresponde ao item 10 do voto do Ministro relator, cujo teor literal é o seguinte: "10. Há de se distinguir os graus de discrepância existentes entre os custos unitários ofertados pelos licitantes e os custos unitários cotados pela Administração. Em uma licitação onde o objeto é composto pela execução de vários serviços — como é o caso das adutoras do Alto Sertão e Sertaneja —, é evidente que alguns deles apresentarão preços unitários acima dos fixados pela Administração. O ponto, então, é saber a magnitude dessa diferença, e, ainda, os seus reflexos sobre a execução. Nos casos em que a discrepância é razoável, normal, não há de se falar em desclassificação de propostas. Não fosse assim, quer dizer, se qualquer sobrepreço em custos unitários autorizasse a desclassificação das propostas, seria difícil para a Administração contratar obras de grande porte, formadas pela execução de numerosos serviços. É tendo por bases esses casos, os de discrepância razoável em custos unitários, que a Lei nº 8.666/93, por meio dos artigos que citei, não estabelece a obrigatoriedade de desclassificação em virtude de custos unitários. É neste contexto, inclusive, que o administrativista Marçal Justen Filho (*Comentários à lei de licitações*. 8. ed. São Paulo: Dialética, 2002. p. 403), ao comentar os artigos 43, inciso IV, e 48, diz o seguinte:
'É óbvio que preenche os requisitos legais uma proposta de cujo valor global não é excessivo, ainda quando o preço unitário de um dos insumos possa ultrapassar valores de mercado ou registros de preços (e, mesmo, tabelamento de preços)'".

> Administração. Em uma licitação onde o objeto é composto pela execução de vários serviços... é evidente que alguns deles apresentarão preços unitários acima dos fixados pela Administração. O ponto, então, é saber magnitude dessa diferença, e, ainda, os seus reflexos sobre a execução. Nos casos em que a discrepância é razoável, normal, não há de falar em desclassificação de propostas. Não fosse assim, quer dizer, qualquer sobrepreço em custos unitários autorizasse a das propostas, seria difícil para a Administração obras de grande porte, formadas pela execução de numerosos serviços.[31] (Acórdão nº 159/2003-Plenário, rel. Min. Benjamin Zymler)

Passa-se, a partir das considerações acima, a responder a cada uma das questões formuladas.

R.1: Não há previsão da Lei Geral de Licitações e Contratos Administrativos de procedimento que contemple negociação após a abertura dos envelopes de propostas de preços. Aliás, a jurisprudência do Tribunal de Contas da União, expressa no Acórdão nº 2.393/2006-Plenário é contrária à realização de iniciativa dessa natureza. Sendo o seguinte o teor do item 8 do voto do Ministro Relator Benjamin Zymler:

> 8. Por fim, não há que se suscitar a hipótese de negociação de preços na licitação do tipo técnica e preço, com o intuito de homogeneizar as ofertas pecuniárias. A Lei nº 8.666/93 previu expressamente o procedimento para a realização de licitação na modalidade técnica e preço, excluindo a possibilidade de negociação da proposta de preço. A adoção de negociação de preços entre os licitantes implicaria afronta aos princípios da isonomia, da legalidade e da vinculação ao instrumento convocatório.

R.2: Prejudicada.

R.3: Orientação doutrinária contida na parte preliminar desta orientação técnica.

Norma editalícia – Descumprimento

Pergunta

Em processo licitatório TP para Obra de Reforma e Ampliação de 7 Unidades da XXXXX, constou indevidamente no Edital – Planilha de Composição de BDI, a exigência de tributos relativos à IRPF e

---

[31] JUSTEN FILHO, Marçal. *Comentários à lei de licitações e contratos administrativos*. 10. ed. São Paulo: Dialética, 2004. p. 445.

CSLL. Seis empresas participaram do Certame, sendo que quatro delas apresentaram proposta com os tributos mencionados. Após conferência das propostas, foi constatado que não houve alteração de preços considerável para alterar a ordem de classificação das propostas. Ante o exposto, solicitamos o entendimento dessa consultoria, quanto ao aspecto legal para continuidade do certame.

Resposta

Uma vez que tenha o edital estabelecido a forma e o conteúdo das propostas que serão apresentadas pelos licitantes, tal situação somente poderá ser objeto de alteração, quando esta importar em alteração tempestiva do próprio edital, jamais em descumprimento daquele, haja vista a incidência na espécie do princípio da vinculação ao instrumento convocatório, insculpido no art. 3º da Lei de Licitações e Contratos Administrativos.

Aliás, impõe o art. 43, inciso IV, da Lei nº 8.666/93, a desclassificação das propostas apresentadas em desconformidade com o edital, vejamos:

> Art. 43. *A licitação será processada e julgada com observância dos seguintes procedimentos*:
>
> [...]
>
> IV – *verificação da conformidade de cada proposta com os requisitos do edital e*, conforme o caso, com os preços correntes no mercado ou fixados por órgão oficial competente, ou ainda com os constantes do sistema de registro de preços, os quais deverão ser devidamente registrados na ata de julgamento, promovendo-se a *desclassificação das propostas desconformes* ou incompatíveis;

Não há, pois, discricionariedade em relação à aferição da conformidade da proposta apresentada pelo licitante com as exigências feitas pelo edital, porquanto a própria lei já cuidou de estabelecer a sanção correspondente.

Aliás, sequer é permitida a correção posterior, como se pode constatar pela leitura do disposto no §3º do mesmo art. 43:

> §3º É facultada à Comissão ou autoridade superior, em qualquer fase da licitação, a promoção de diligência destinada a esclarecer ou a complementar a instrução do processo, *vedada a inclusão posterior de* documento ou *informação que deveria constar originariamente da proposta.*

Ora, por mais que se pretenda ampliar o leque de licitantes a participar do certame, tal objetivo não será aceitável quanto importar em transgressão a disposições do edital ou de lei.

Destarte, propostas apresentadas em desconformidade com o que se estabeleceu no edital deverão ser desclassificadas, em cumprimento à determinação contida no art. 43, inciso IV, da Lei de Licitações e Contratos Administrativos.

Objeto diferente do especificado na proposta – Entrega

Pergunta

Foi efetuado um Pregão de nº 19 pelo TRE/XX para aquisição de condicionadores de ar no qual o fornecedor ofertou aparelho da Marca ZZ, modelo WWWWW. O fornecedor apresentou do fabricante ZZ Eletrônicos da Amazônia Ltda. declaração de descontinuidade na fabricação deste aparelho; contudo o fornecedor apresentou em substituição outro aparelho de marca QQQQ, modelo RRRRRR, alegando possuir as mesmas características técnicas exigidas em edital. Diante do exposto qual medida seria mais acertada? Cancelar o empenho e passar para o segundo preço? Ou aceitar o produto de modelo diferente do licitado?

Resposta

Inicialmente convém ressaltar que não se trata de equipamento diferente do licitado, conforme se depreende da questão formulada, mas diferente da proposta inicialmente apresentada e declarada vencedora.

É regra que não se faça licitação, exceto em casos especificados em lei, padronização por ex., que não se faça licitação especificando marcas dos bens a serem adquiridos. Portanto, presume-se que não houve especificação da marca do bem a ser adquirido, mas especificou-se quanto a sua capacidade, potência etc.

Ocorre, no entanto, que aparentemente o licitante ofereceu em sua proposta bem de determinada marca que atendia aos requisitos e especificações previstas no edital, sagrando-se vencedor por oferecer o menor preço.

Se ocorre, posteriormente, fato que o impede de cumprir com a sua proposta, fato este que não poderá ser superado, como se deu no caso noticiado, resultando na descontinuidade de produção do bem oferecido, é possível que se faça a alteração do bem a ser entregue, conquanto mantidas todas as demais condições: preço, prazos, cumprimento das especificações editalícias e, ainda, que seja realizada análise técnica que comprove a adequação do objeto aos termos do edital e do contrato, consoante com a previsão do art. 73, I, "b", da Lei de Licitações, aplicado ao caso por analogia.

Complementem-se tais cuidados, ainda, com a recomendação feita por Jorge Jacoby, segundo o qual: "... Boa prática, aceita pela jurisprudência, tem sido exigir que o próprio licitante apresente o atestado de similaridade do produto".[32]

Obrigatoriedade do instrumento contratual

Pergunta

Qual é a devida aplicação do §4º do art. 62 da Lei nº 8.666/93?

Resposta

Convém ressaltar que o art. 62 da Lei de Licitações e Contratos Administrativos cuida da obrigatoriedade do instrumento de contrato nos casos em que as aquisições feitas pela Administração Pública resultem de Concorrência e Tomada de Preços, assim como em inexigibilidades e dispensas, cujos valores estejam compreendidos naquelas duas modalidades (Concorrência e Tomadas de Preços), mas ressalva o dispositivo do *caput* que nos demais casos de aquisições de bens e serviços, em que as modalidades de licitação utilizadas não sejam aquelas, ou que os valores, mesmo em casos de dispensa ou inexigibilidade fiquem aquém daqueles estabelecidos para Concorrência e Tomada de Preços, poder-se-á substituir o termo de contrato por outro meio que lhe faça as vezes, indicando exemplificativamente: Carta-contrato, Nota de Empenho, Autorização de Compra etc.

O §4º do mesmo dispositivo estabelece situações ainda mais radicais, nas quais não há sequer a necessidade de qualquer tipo de instrumento, mesmo aqueles que substituam o termo de contrato.

Tais situações são aquelas em que as aquisições são de pronto pagamento e entrega, assim caracterizados aqueles casos em que a

---

[32] *Sistema de registro de preços e pregão*. 2. ed. Belo Horizonte: Fórum, 2005. p. 539.

compra de determinado objeto e a sua entrega se dão de forma imediata a Administração recebe o bem tão logo realiza a sua compra e o mesmo, especialmente por ser de utilização instantânea, ou se não instantânea, mas rápida, conta apenas com as garantias preconizadas pelo Código de Proteção e Defesa do Consumidor.

Nestas hipóteses pode-se enquadrar a aquisição de bilhete de passagem, o pagamento de pedágio, a aquisição de alimentação para consumo imediato etc. Basta que a Administração comprove que realizou o referido gasto fazendo juntar na prestação de contas a nota fiscal correspondente, sendo desnecessário termo de contrato ou instrumento hábil que o possa substituir.

Orçamento detalhado e custos unitários

Pergunta

1. Tendo em vista o art. 7º, §2º, inciso II; art. 40, §2º, inciso II, c/c 43, inciso IV da Lei nº 8.666/93; art. 3º, inciso III, da Lei nº 10.520/00; art. 8º, inciso II e art. 21, inciso III do Decreto nº 3.555/00, bem como o art. 9º, §2º, do Decreto nº 5.450/05, solicitamos esclarecimentos sobre o objetivo do documento denominado orçamento detalhado em planilhas que expressem todos os custos unitários. 2. Nesse sentido, os custos unitários referem-se aos insumos tais como, mão de obra, tributos, frete, etc. ou pode-se entendê-los como apenas o detalhamento dos custos unitários e globais de uma obra/serviços? 3. O orçamento detalhado em planilhas poderá ser extraído de pesquisas realizadas no mercado ou tal documento somente poderá ser elaborado por uma área interna ao órgão especializada em orçamento? Caso no órgão não exista orçamentista, como deverá ser elaborado o orçamento detalhado em planilhas? 4. A exigência do orçamento detalhado em planilhas que expressem todos os custos unitários é documento obrigatório para as aquisições ou somente para a contratação de obras e serviços? 5. O modelo da planilha apresentada pelo vencedor da licitação (no caso do Pregão) deverá seguir o mesmo modelo da planilha utilizada na elaboração do orçamento da licitação? Podemos elaborar um orçamento com uma planilha sintética (somente com os custos unitários e globais) e exigir na licitação que o vencedor apresente uma planilha mais analítica (destacando tributos, encargos, mão de obra, lucro, etc.)?

Resposta

R.1: Em relação à exigência contida na Lei Geral de Licitações e Contratos Administrativos, de preparação de planilha contendo orçamento detalhado que expresse a composição de todos os seus custos unitários, motivam tal exigência: I – a necessidade de elementos de verificação de que o preço ofertado é compatível com o preço de mercado, bem como que se trata de preço exequível; e II – principalmente, porque somente existindo planilha dessa natureza será possível, em caso de solicitação de reequilíbrio econômico-financeiro a aplicação de equação que restabeleça a álea contratual. A exigência contida na Lei do Pregão tem o mesmo sentido.

R.2: A expressão "custos unitários" contida nos dispositivos indicados refere-se aos valores unitários de cada um dos elementos que integra o preço de determinado elemento licitado. Somente haverá de se apresentar custo unitário de serviços, caso estes integrem a formação do custo final do objeto licitado e quando tal custo é pago diretamente pelo licitante. Assim, embora haja serviço em qualquer bem que se forneça à Administração, quando este é adquirido pelo contratado pronto para ser utilizado em sua atividade, como, p. ex., cimento, não há que se indicar o custo da mão de obra utilizada na sua confecção. Portanto, custos unitários na expressão contida na legislação está relacionado com os elementos que integram a atividade a ser executada pelo contratado e por este custeados diretamente.

R.3: O orçamento detalhado, inicialmente expressando a composição apurada para o estabelecimento do valor de referência da licitação, deverá ser elaborado por departamento composto por pessoal técnico qualificado para sua execução, conforme a atividade que irá se licitar. Este mesmo orçamento e suas respectivas planilhas deverão ser repetidos pelo licitante vencedor, de modo que deslinde a composição do custo ofertado em sua proposta, sendo este o documento que futuramente irá apoiar eventual pedido de reequilíbrio econômico-financeiro.

Inexistindo pessoal qualificado para a execução da tarefa e mesmo na impossibilidade de se utilizar de pessoal de outro órgão atuando em colaboração, esta deverá ser incumbida mediante licitação a técnico qualificado para a sua execução.

R.4: O entendimento desta orientação é que tal determinação é impositiva apenas para obras e serviços, cujos contratos poderão ser prorrogados para além de um ano e, ainda, porque caso ocorra situação que determine a realização de reequilíbrio econômico no fornecimento de bens este não se fundamentará em variação de componentes da formação do custo, mas na variação desequilibrada do preço praticado pelo mercado, o que poderá ser demonstrado por outros meios. Ademais, o próprio art. 7º, em seu *caput*, refere-se apenas a obras, além do que a seção em que o mesmo está contido disciplina obras e serviços.

R.5: A planilha apresentada pelo licitante vencedor deverá ser simétrica com aquela apresentada no edital, de modo que a verificação da composição de custos possa ser aferida consoante com os padrões inicialmente estabelecidos.

Tema semelhante, aliás, já fora objeto de tratamento anterior por esta consultoria, nos seguintes termos:

> Formulam-se dois questionamentos acerca do mesmo tema: "planilhas em edital por exigência do art. 41, §2º, II, da Lei de Licitações e Contratos Administrativos". Para melhor tratar do assunto, será cada um dos questionamentos respondidos de per si, embora se deva considerar o entrelaçamento de ambos.
>
> Questionamento 1: o orçamento estimado em planilhas de quantitativos e preços unitários deve constar obrigatoriamente como anexo do edital de licitação?
>
> **R.1**: Sim, haja vista que existe determinação legal expressa neste sentido, presente no próprio art. 40, §2º, II, da Lei nº 8.666/1993, que assim estabelece a respeito da exigência:
>
>> Art. 40. [...]
>>
>> [...]
>>
>> §2º Constituem anexos do edital, dele fazendo parte integrante:
>>
>> [...]
>>
>> II – o orçamento estimado em planilhas de quantitativos e preços unitários;
>
> Portanto, não há como se concluir de modo diverso, pois se trata de exigência literal do dispositivo legal. Ao contrário do que possa parecer não se pretendeu com a disposição legal acima transcrita apenas fazer com que tais planilhas, quando existentes fizessem parte integrante do edital, mas que estas estivessem sempre presentes, como forma de padronizar as propostas apresentadas pelos licitantes e, ao mesmo tempo, permitir a comparação entre estas, por quantitativos e preços unitários pela Administração.
>
> Somente assim será possível verificar que embora o preço oferecido por um licitante seja mais baixo, haverá vantajosidade na contratação com a empresa que ofertou o maior preço, em razão da maior quantidade de elementos utilizados e no melhor preço individual destes.

Questionamento 2: o orçamento exigido pelo legislador refere-se apenas a planilhas com os quantitativos e preços unitários (estes obtidos em pesquisa junto ao mercado) dos bens e serviços a serem contratados pela Administração, ou se referem a planilhas de custos e formação de preços nos mesmos moldes estabelecidos no inciso II do §2º do art. 7º da Lei nº 8.666/93?

R.2: Não, o orçamento detalhado em planilhas, especificado no art. 7º, §2º, II, da Lei nº 8.66/1993, diz respeito àquele exigido em licitações que tratem de obras e serviços, sendo que nestes casos é viável a exigência de demonstração da composição de custos, para o caso de eventual pedido de reequilíbrio, a ser futuramente apresentado.

Destarte, não há repetição pelo art. 42, §2º, II, daquilo que já fora expresso no art. 7º, §2º, II, da Lei de Licitações e Contratos Administrativos, o que acontece é que o art. 42, §2º, II, fez exigência genérica a respeito dos editais, ao passo que o art. 7º, §2º, II, estabelece requisito específico para os casos de licitações de obras e serviços.

Orçamento estimado em planilhas e edital

Pergunta

Tendo em conta a nova redação dada pela Lei nº 8.883/94 ao inciso II, do §2º do art. 40 da Lei nº 8.666/93, questiona-se, por primeiro, se o orçamento estimado em planilhas de quantitativos e preços unitários deve constar obrigatoriamente como anexo do edital de licitação. Em segundo lugar, indaga-se se o orçamento exigido pelo legislador refere-se apenas a planilhas com os quantitativos e preços unitários (estes obtidos em pesquisa junto ao mercado) dos bens e serviços a serem contratados pela Administração, ou se referem a planilhas de custos e formação de preços nos mesmos moldes estabelecidos no inciso II do §2º do art. 7º da Lei nº 8.666/93?

Resposta

Formulam-se dois questionamentos acerca do mesmo tema: "planilhas em edital por exigência do art. 41, §2º, II, da Lei de Licitações e Contratos Administrativos". Para melhor tratar do assunto, será cada um dos questionamentos respondidos *de per si*, embora se deva considerar o entrelaçamento de ambos.

Questionamento 1: *o orçamento estimado em planilhas de quantitativos e preços unitários deve constar obrigatoriamente como anexo do edital de licitação?*

R.1: Sim, haja vista que existe determinação legal expressa neste sentido, presente no próprio art. 40, §2º, II, da Lei nº 8.666/93, que assim estabelece a respeito da exigência:

> Art. 40. [...]
>
> [...]
>
> §2º Constituem anexos do edital, dele fazendo parte integrante:
>
> [...]
>
> II – o orçamento estimado em planilhas de quantitativos e preços unitários;

Portanto, não há como se concluir de modo diverso, pois se trata de exigência literal do dispositivo legal. Ao contrário do que possa parecer, não se pretendeu com a disposição legal acima transcrita apenas fazer com que tais planilhas, quando existentes, fizessem parte integrante do edital, mas que estas estivessem sempre presentes, como forma de padronizar as propostas apresentadas pelos licitantes e, ao mesmo tempo, permitir a comparação entre estas, por quantitativos e preços unitários pela Administração.

Somente assim será possível verificar que embora o preço oferecido por um licitante seja mais baixo, haverá vantajosidade na contratação com a empresa que ofertou o maior preço, em razão da maior quantidade de elementos utilizados e no melhor preço individual destes.

Questionamento 2: *o orçamento exigido pelo legislador refere-se apenas a planilhas com os quantitativos e preços unitários (estes obtidos em pesquisa junto ao mercado) dos bens e serviços a serem contratados pela Administração, ou se referem a planilhas de custos e formação de preços nos mesmos moldes estabelecidos no inciso II do §2º do art. 7º da Lei nº 8.666/93?*

R.2: Não, o orçamento detalhado em planilhas, especificado no art. 7º, §2º, II, da Lei nº 8.666/1993, diz respeito àquele exigido em licitações que tratem de obras e serviços, sendo que nestes casos é viável a exigência de demonstração da composição de custos, para o caso de eventual pedido de reequilíbrio, a ser futuramente apresentado.

Destarte, não há repetição pelo art. 42, §2º, II, daquilo que já fora expresso no art. 7º, §2º, II, da Lei de Licitações e Contratos Administrativos, o que acontece é que o art. 42, §2º, II, fez exigência genérica a respeito dos editais, ao passo que o art. 7º, §2º, II, estabelece requisito específico para os casos de licitações de obras e serviços.

Organizações Sociais – Natureza jurídica dos contratos

Pergunta

Qual a natureza jurídica dos contratos celebrados entre as organizações sociais e terceiros? Esses contratos dependem de licitação?

Resposta

Organizações sociais são entidades privadas e como tal formalizam contratos civis, porquanto contratos administrativos são apenas aqueles formalizados pela Administração Pública com manifesta condição de supremacia do interesse público por elas representado na formulação da contratação.

Assim, mesmo as entidades públicas contratarão ajustes civis, quando não houver manifestação do interesse público sobrepujando o interesse privado, como acontece, por exemplo, nos contratos de locação de imóveis que estas estabelecem com terceiros.

As entidades caracterizadas como organizações sociais apenas estarão obrigadas a realizar procedimento licitatório para a contratação de serviços ou fornecimentos quanto estiverem se valendo de recursos provenientes de subvenções públicas.

Organizações Sociais e licitações

Pergunta

Solicito doutrina, jurisprudência dos TCs e judiciário sobre a possibilidade de participação das entidades sem fins lucrativos (ex.: fundações, OS, OSCIP, cooperativas) nas licitações públicas disputando em pé de igualdade com as empresas privadas com fins lucrativos. Trata-se de uma situação que vem ocorrendo no Estado de Pernambuco. As denominadas organizações do terceiro setor estão começando a participar das licitações concorrendo com as empresas privadas. Não se trata de contratações precedidas de dispensas ou inexigibilidades, mas sim de contratações com prévia licitação. Considerando a situação em tela, questiona-se: a) é possível a equalização de tributos para que a disputa na licitação seja mais justa, visto que as entidades sem fins lucrativos são beneficiadas com isenções e imunidades de diversos tributos; b) a legislação brasileira atual, especialmente o código civil e comercial, possibilita a exploração de atividades econômicas pelas entidades do terceiro setor concorrendo com as empresas privadas; c) no caso em que o objeto da licitação seja a terceirização de serviços (ex.: limpeza, conservação, vigilância), há algum tipo de impedimento para a participação dessas entidades; d) quais condições, restrições ou exigências podem ser fixadas no edital para a participação lícita dessas entidades em licitações públicas?

Resposta

O consulente apresenta quatro questionamentos, os quais serão respondidos individualmente, mas de forma sistematizada, levando-se em consideração a doutrina e a jurisprudência existentes sobre o tema, assim como as disposições legais pertinentes.

Questionamento 1: "*É possível a equalização de tributos para que a disputa na licitação seja mais justa, visto que as entidades sem fins lucrativos são beneficiadas com isenções e imunidades de diversos tributos?*"

R.1: Sim. A equalização em questão levará em consideração a incidência do princípio isonômico sobre o procedimento licitatório, de modo a possibilitar a igualdade material entre os licitantes. Tanto assim que o art. 42, §4º, da Lei nº 8.666/93 estabelece que nos casos de licitantes estrangeiros suas propostas serão acrescidas dos gravames consequentes dos mesmos tributos que oneram exclusivamente os licitantes brasileiros.

Questionamento 2: "*A legislação brasileira atual, especialmente o código civil e comercial, possibilita a exploração de atividades econômicas pelas entidades do terceiro setor concorrendo com as empresas privadas?*"

R.2: Embora não tenha sido apresentada de modo a concluir que se trata de uma pergunta, será o item "b" da pergunta tratado como tal haja vista ser esta a condição dos demais. Pode-se afirmar que há permissão legal para que se explorem tais atividades especialmente porque por meio destas é que tais instituições deverão se sustentar. Entretanto, na maioria das vezes tais entidades não se portam como concorrentes com a iniciativa privada, mas como substitutas do Poder Público, exercendo atividades públicas ainda não providas por este, inclusive figurando em muitos casos como tomadores de serviços privados.

Questionamento 3: "*No caso em que o objeto da licitação seja a terceirização de serviços (ex. limpeza, conservação, vigilância), há algum tipo de impedimento para a participação dessas entidades?*"

R.3: Tem havido posicionamentos discordantes desse tipo de atuação por parte da jurisprudência trabalhista, quando se trate de terceirização de serviços por cooperativas, de molde a disfarçar violação à regra do concurso público.

Questionamento 4: "*Quais condições, restrições ou exigências podem ser fixadas no edital para a participação lícita dessas entidades em licitações públicas?*"

R.4: Não apenas em relação à situação ora apresentada, mas relativamente a qualquer limitação que se queira impor à participação em certame licitatório, é fundamental que esta esteja calcada em disposição de lei formal, haja vista que por se tratar o edital de ato regulamentar, não poderá estabelecer regra de forma autônoma.

OSCIPs e licitação

Pergunta

Quanto a contratação de Organização da Sociedade Civil de Interesse Público (OSCIP): 1. O Termo de Parceria previsto na Lei nº 9.790/99 é o único instrumento jurídico utilizado para a contratação de uma OSCIP? 2. Uma OSCIP pode participar de um certame licitatório em igualdade com empresas comerciais? No caso de participar, fere o princípio da isonomia previsto na Lei nº 8.666/93? 3. No caso de uma OSCIP participar concorrendo com empresas comerciais e se a mesma for vencedora de um procedimento licitatório, qual o instrumento jurídico o qual legalmente deve ser firmado com o Poder Público: Contrato Administrativo, Termo de Parceria, Convênio ou outros instrumentos congêneres? 4. Caso seja firmado um Contrato Administrativo é necessário também firmar um Termo de Parceria, conforme preconiza a Lei nº 9.790/99 regulamentada pelo Decreto nº 3.100/99?; 5. Quando da contratação de uma OSCIP é sempre obrigatória a apresentação do Certificado expedido pelo Ministério da Justiça?

Resposta

Trata-se de questionamento contendo várias perguntas a respeito de Organização da Sociedade Civil de Interesse Público, as quais serão respondidas individualmente, para melhor compreensão.

Questionamento 1: *"O Termo de Parceria previsto na Lei nº 9.790/99 é o único instrumento jurídico utilizado para a contratação de uma OSCIP?"*

R.1: O que faz a Lei nº 9.790/99 é cuidar de estabelecer regras a respeito do termo de parceria que poderá ser celebrado entre a Administração Pública e as Organizações da Sociedade Civil de Interesse Público (OSCIPs), não tratando de limitar quanto aos vínculos jurídicos que por esta possam vir a ser estabelecidos.

O fato de não cuidar a norma em questão de outras modalidades de ajustes não implica que estes não possam ser firmados por estas entidades.

Questionamento 2: *"Uma OSCIP pode participar de um certame licitatório em igualdade com empresas comerciais? No caso de participar fere o princípio da isonomia previsto na Lei nº 8.666/93?"*

R.2: Não há impedimento a que uma OSCIP participe de certame licitatório, todavia, em razão do princípio isonômico as propostas por estas ofertadas deverão sofrer acréscimo, para efeito de julgamento da licitação, dos montantes que porventura esta esteja isenta e a que se sujeitam os demais licitantes, tal como acontece nas licitações internacionais com licitantes estrangeiros em relação aos tributos nacionais, cuja carga quase sempre é mais elevada.

Questionamento 3: *"No caso de uma OSCIP participar concorrendo com empresas comerciais e se a mesma for vencedora de um procedimento licitatório, qual o instrumento jurídico o qual legalmente deve ser firmado com o Poder Público: Contrato Administrativo, Termo de Parceria, Convênio ou outros instrumentos congêneres?"*

R.3: Será sempre o contrato administrativo, pois somente se firmará termo de parceria quando se tratar de situação enquadrável nos dispositivos pertinentes a este tipo de ajuste, ou seja, para a realização das atividades descritas no art. 3º da Lei nº 9.790/99.

Questionamento 4: *"Caso seja firmado um Contrato Administrativo é necessário também firmar um Termo de Parceria, conforme preconiza a Lei nº 9.790/99 regulamentada pelo Decreto nº 3.100/99?"*.

R.4: Ou se terá um contrato administrativo, quando o objeto deste não for compatível com as atividades descritas no art. 3º da Lei nº 9.790/99, mas com serviços, obras comuns, ou termo de parceria, na situação oposta, quando as atividades buscadas forem exatamente aquelas relacionadas no artigo em questão.

Questionamento 5: *"Quando da contratação de uma OSCIP é sempre obrigatório a apresentação do Certificado expedido pelo Ministério da Justiça?"*

R.5: Somente deverá ser exigido o certificado em questão nos casos em que a contratação se der com a Administração Pública Federal, porquanto se de outra esfera a exigência da qualificação poderá ser aquela conferida pelo ente com o qual irá se firmar o respectivo termo; e, ainda, tratando-se de contratação administrativa, não é cabível a exigência, haja vista que para tais contratações não se exige a qualificação da contratada como OSCIP.

Pagamento – Atraso e correção monetária

Pergunta

Atualização Monetária – Atraso no Pagamento pela Administração. O edital deste órgão possui usualmente cláusula no sentido de que será pago ao licitante vencedor a atualização monetária *pro rata die* sobre o valor devido entre a data do adimplemento das obrigações contratuais e a do efetivo pagamento, utilizando-se o índice publicado pela FGV, desde que, por óbvio, o contratado não tenha dado azo, em todo ou em parte, ao atraso no pagamento. Ocorre que, como é de curial sabença, a Lei nº 10.192/01 (Plano Real) estabeleceu no art. 1º, parágrafo único, c/c art. 2º, a vedação de estipulação de correção (leia-se atualização) monetária para ajustes inferior a 01 ano. Recentemente, veio à lume a IN nº 02/08-MPOG, cujo art. 36 previu em seu §4º, o qual prevê que "na existência de outra regra contratual, (...) o valor devido será acrescido de atualização financeira (...)". Diante deste quadro normativo, qual seria a melhor postura a ser adotada pela Administração quando da existência de atraso no pagamento nos contratos de execução instantânea ou com prazo inferior a 01 ano, exclusivamente quando tenha dado causa à referida ocorrência? Seriam devidos apenas juros moratórios na hipótese?

Resposta

A questão apresentada busca dirimir dúvida sobre a aplicação de duas normas que aparentemente encontram-se em conflito, sendo uma delas a Lei nº 10.192/2001, que estabeleceu medidas complementares ao Plano Real, e a outra a Instrução Normativa nº 02/08-MPOG, cujo art. 36 estaria estipulando regra que permitiria a aplicação de correção monetária mesmo em período inferior a um ano.

Caso fosse esse o problema a ser solucionado, eventual conflito de disposições normativas, obviamente que deveria prevalecer o disposto na Lei nº 10.192/01, porquanto simples atos normativos não podem alterar disposições contidas em atos legislativos. Todavia, o problema não é esse.

Não há incompatibilidade entre o que afirma o art. 36, §4º, da Instrução Normativa nº 02, de 30 de abril de 2008, e o conteúdo da Lei nº 10.192/01, posto que a vedação ali contida diz respeito à incidência de correção em ajustes em período inferior a 01 (um) ano.

Ora, o dispositivo da instrução normativa não cuida de correção no instrumento contratual por alguma razão qualquer que seja, mas de correção do valor devido e não pago no tempo certo por algum fator atribuível à Administração. Trata-se de forma de dar segurança jurídica ao prestador/fornecedor da Administração Pública, que não raras vezes tem protelado o seu pagamento, em que pese já ter entregado o serviço ou bem há tempos.

A vedação contida na Lei nº 10.192/01 diz respeito a realização de alteração no valor do contrato em razão da aplicação sobre este de índice de correção, ao passo que a previsão trazida pela Instrução Normativa nº 02/2008 tratou apenas de corrigir o valor a ser pago em razão da mora na liberação do pagamento.

Penalidade – Aplicação e dosimetria

Pergunta

É possível a Administração, mesmo havendo previsão no contrato do percentual de multa por inexecução parcial, optar por aplicar uma multa menor ou deixar de aplicá-la, haja vista que o valor a ser pago ao contratado é metade do valor da multa?

Resposta

Não discrepa do Direito Administrativo Processual atualmente em vigor no Brasil a aplicação de dosimetria na fixação de penalidades, sejam elas decorrentes do exercício do poder de polícia administrativa, do poder hierárquico, ou consequência de inexecução contratual.

Pode-se afirmar que a razoabilidade exige mesmo que se aplique dosagem na penalização resultante de procedimento administrativo, porquanto neste, assim como no processo judicial, devem incidir os princípios da razoabilidade e da proporcionalidade, especialmente este último, como sucedâneo do princípio da igualdade.

Não seria racional que se aplicasse em situações de impactos diferentes, quanto a sua repercussão no mundo dos valores tutelados pelo Direito Administrativo, que as penalidades aplicadas sobre transgressões diversas e desproporcionais entre si tivessem consequências semelhantes ou idênticas.

Foi neste sentido o entendimento do Tribunal de Contas da União, expressado no Acórdão-Plenário nº 338/2007, que resultou do voto do Ministro Aroldo Cedraz, do qual se transcreve a parte pertinente ao assunto ora levantado:

> 62. No que tange especificamente à dosimetria da pena a ser imputada ao responsável, é recomendável a redução do valor da multa imposta de forma a ajustá-la à situação que ora se afigura, vez que a multa é uma expressão da reprovabilidade que se atribui à conduta do agente, ao passo que a reprovabilidade da conduta daquele que presta contas fora do tempo não se pode igualar à daquele que nunca as apresenta.

Já o Acórdão nº 304/2004 da Primeira Câmara, relatado pelo Ministro Walton Alencar Rodrigues, expressa a necessidade de utilização dos princípios da razoabilidade e proporcionalidade na fixação de penalidade em processo administrativo:

> ...os princípios da razoabilidade e da proporcionalidade foram adequadamente utilizados na imputação da multa e na sua dosimetria, pois R$3.000,00 configura-se cifra condizente com a irregularidade cometida.

Destarte, não há porque não se aplicar no procedimento administrativo licitatório e contratual a dosimetria das penalidades e multas, mormente tendo em mira que princípios de origem constitucional, como é o caso dos princípios da razoabilidade e da proporcionalidade, irradiam suas influências por todo o espectro do Direito.

Penalidade – Aplicação a não licitante e não contratante – Impossibilidade

Pergunta

No intuito da repreensão de atividades escusas com a Administração Pública, bem como para a atuação preventiva de relações com empresas inidôneas, pergunta-se: É possível a aplicação da sanção disposta no inciso III do art. 88 da Lei nº 8.666/93 à empresa (não licitante/contratada) que, no intuito de obtenção de vantagens ilícitas, faz a intermediação entre a Administração, por meio de servidores corrompidos, e empresas participantes dos processos licitatórios? Ou caberiam tão somente medidas na esfera penal?

Resposta

A regra contida no art. 88, III, da Lei de Licitações e Contratos Administrativos, dirige-se exclusivamente, consoante expresso no teor do próprio *caput* daquele dispositivo, às empresas ou profissionais que possuam vínculo com a Administração Pública em razão de relação contratual firmada com fundamento na Lei nº 8.666/93, ou seja, em razão de contratos administrativos.

Sendo assim, não há que se falar em aplicação de sanção administrativa, quando inexistente relação jurídico-administrativa entre a Administração e aquele a quem se pretende impor sanção dessa natureza.

De todo modo, remanesce a possibilidade de apuração da ocorrência de fato típico penal e o consequente processamento e penalização em decorrência deste.

PENALIDADES DECORRENTES DE CONTRATOS ADMINISTRATIVOS

Pergunta

Consulta: 1. Diante das jurisprudências atuais dos Tribunais, a extensão dos efeitos da suspensão de participação de licitação e impedimento de contratar, conforme prevista no inciso III do artigo 87 da Lei nº 8.666/93, abrange somente à Entidade aplicadora ou a toda Administração Pública Federal (União, Estados e Municípios)? 2. Na contratação proveniente de licitação na modalidade Pregão, é possível disciplinar as penalidades de suspensão do direito de licitar e impedimento de contratar conforme disposto na Lei nº 8.666/93, art. 87, inciso III? 3. É possível a aplicação das penalidades de suspensão do direito de licitar e contratar concomitantemente com a pena de inidoneidade, tendo por base o mesmo fato gerador? 4. Na rescisão unilateral, provocada pela contratada, levará a Entidade Pública a promover a aplicação da penalidade de suspensão de licitar e impedimento de contratar?

Resposta

Tratam-se de vários questionamentos relativos à aplicação de penalidade em razão de infrações cometidas por contratantes ou licitantes, às quais serão respondidas, embora de modo encadeado, individualmente, com o intuito de maior objetividade.

Questionamento 1: "*Diante das jurisprudências atuais dos Tribunais, a extensão dos efeitos da suspensão de participação de licitação e impedimento de contratar, conforme prevista no inciso III do artigo 87 da Lei nº 8.666/93, abrange somente à Entidade aplicadora ou a toda Administração Pública Federal (União, Estados e Municípios)?*"

R.1: Entende a doutrina[33] que o alcance da penalidade relativa à declaração de inidoneidade repercute em todas as esferas da Administração Pública, porquanto a utilização dessa expressão no dispositivo legal, referindo-se à aplicação desta sanção deve ser compreendida em contraposição com a expressão "Administração", que se referiria apenas ao órgão no qual deu-se o procedimento licitatório.

A jurisprudência, por seu turno, pelo Superior Tribunal de Justiça, expressou-se no mesmo sentido com o seguinte julgado:

> Ementa: RECURSO EM MANDADO DE SEGURANÇA. ADMINISTRATIVO. LICITAÇÃO. SANÇÃO IMPOSTA A PARTICULAR. INIDONEIDADE. SUSPENSÃO A TODOS OS CERTAMES DE LICITAÇÃO PROMOVIDOS PELA ADMINISTRAÇÃO PÚBLICA QUE É UNA. LEGALIDADE. ART. 87, INC. II, DA LEI Nº 8.666/93. RECURSO IMPROVIDO.
>
> I – A Administração Pública é una, sendo, apenas, descentralizada o exercício de suas funções.
>
> II – A Recorrente não pode participar de licitação promovida pela Administração Pública, enquanto persistir a sanção executiva, em virtude de atos ilícitos por ela praticados (art. 88, inc. III, da Lei nº 8.666/93). Exige-se, para a habilitação, a idoneidade, ou seja, a capacidade plena da concorrente de se responsabilizar pelos seus atos.
>
> III – Não há direito líqüido e certo da Recorrente, porquanto o ato impetrado é perfeitamente legal.
>
> IV – Recurso improvido.

[33] Neste sentido PEREIRA JUNIOR, Jessé Torres. *Comentários à lei das licitações e contratações da Administração Pública*. 6. ed. Rio de Janeiro: Renovar, 2003. p. 798; e JUSTEN FILHO, Marçal. *Comentários à lei de licitações e contratos administrativos*. 10. ed. São Paulo: Dialética, 2004. p. 605.

RMS 9707/PR RECURSO ORDINARIO EM MANDADO DE SEGURANÇA. 1998/0030835-0. Relatora: Min. Laurita Vaz. Órgão Julgador: T2 – Segunda Turma. *DJ* 20.05.2002 p. 115

RSTJ vol. 157 p. 165.

Conforme anota Jorge Ulisses Jacoby Fernandes, em sua obra *Vade-mécum de licitações e contratos*, a jurisprudência a respeito do tema emanada do Superior Tribunal de Justiça é no sentido de que a decisão proferida com fundamento no inciso III do art. 87 atinge a todas as esferas de governo, vejamos:

> Penalidade – suspensão – efeitos – alcançam toda a Administração
>
> STJ decidiu: "É irrelevante a distinção entre os termos Administração Pública e Administração, por isso em ambas as figuras (suspensão temporária de participar em licitação (inciso III) e declaração de inidoneidade (inc. IV) acarretam ao licitante a não-participação em licitações e contratações futuras.
>
> – A Administração Pública é una, sendo descentralizadas as suas funções, para melhor atender ao bem comum.
>
> – A limitação dos efeitos da 'suspensão de participação de licitação' não pode ficar restrita a um órgão do poder público, pois os efeitos do desvio de conduta que inabilita o sujeito para contratar com a Administração se estendem a qualquer órgão da Administração Pública".
>
> Fonte: STJ. 2ª Turma. REsp nº 151.567/RJ. Registro nº 199700732487. *DJ* 14 abr. 2003. p. 208.[34]

O autor anotou, ainda, a existência de jurisprudência no mesmo sentido advinda do TRF da 1ª Região, AMS nº 2001.34.00.001228-5/DF.

Vale anotar que na mesma obra percebe-se a existência de jurisprudência do TCU em sentido diverso, porém preferida no ano de 2001, no Processo nº 016.737/1999-7, Decisão nº 35/2001-Plenário.

Questionamento 2: *"Na contratação proveniente de licitação na modalidade Pregão, é possível disciplinar as penalidades de suspensão do direito de licitar e impedimento de contratar conforme disposto na Lei nº 8.666/93, art. 87, inciso III (citar jurisprudência)?"*

R.2: Cabe lembrar que a Lei nº 10.520/02 se limita a disciplinar a modalidade de licitação Pregão, não os contratos administrativos

[34] JACOBY FERNANDES, Jorge Ulisses. *Vade-mécum de licitações e contratos* 3. ed. Belo Horizonte: Fórum, 2006. p. 972-973.

dela decorrentes. Mesmo assim, ainda que tratasse também aquela norma de contratos, em virtude de omissão a respeito da aplicação de penalidades, caberia anotar o que expressa o seu art. 9º, segundo o qual "Aplicam-se subsidiariamente, para a modalidade de Pregão, as normas da Lei nº 8.666, de 21 de junho de 1993".

No entanto, não há que se falar em subsidiariedade, haja vista que não há disciplina a respeito de contratos na Lei do Pregão e exatamente, por óbvio, inexistir dúvida quanto a este aspecto não é possível identificar jurisprudência que cuide do tema.

Questionamento 3: "*É possível a aplicação das penalidades de suspensão do direito de licitar e contratar concomitantemente com a pena de inidoneidade, tendo por base o mesmo fato gerador (citar jurisprudência)?*"

R.3: Na verdade deve-se compreender a suspensão do direito de licitar e contratar como consequências da declaração de inidoneidade, sendo esta inclusive a conclusão contida na jurisprudência expendida pelo STJ e transcrita na resposta à questão 2.

Questionamento 4: "*Na rescisão unilateral, provocada pela contratada, levará a Entidade Pública a promover a aplicação da penalidade de suspensão de licitar e impedimento de contratar (citar jurisprudência)?*"

R.4: A rescisão unilateral, decorrente de inação ou ação da contratada, sempre deverá acarretar a abertura de procedimento administrativo direcionada à aplicação das sanções correspondentes, sob pena de não o fazendo incorrer a autoridade responsável em improbidade administrativa. Trata-se de poder-dever do administrador.

Penalidade e repactuação

Pergunta

Solicito orientação acerca da repercussão da aplicação da penalidade prevista no inciso III do art. 87 da Lei nº 8.666/93, considerando as situações relacionadas abaixo: Situação 1. Se existir outro contrato firmado com a empresa penalizada, com data anterior à aplicação da referida pena, será necessário rescindir esse ajuste em função da penalização citada? Situação 2. A vigência do contrato firmado com a empresa penalizada expirou e ainda há faturas pendentes de pagamento pela Administração. Além disso, a contratada também tem direito a receber valor correspondente a repactuação de preços, que foi solicitada no último dia de vigência contratual. Ocorre que a empresa não repassou os valores referentes aos vales alimentação e transporte aos seus funcionários, devendo a Administração efetuar os respectivos descontos. Assim, pergunta-se: – Como efetuar os descontos supracitados? Deve-se cobrar essa diferença do valor referente à repactuação ou das faturas pendentes de pagamento? Ou a empresa deve pagá-la por meio de uma GRU? – Se o valor a ser descontado for igual à soma das faturas pendentes, deverão ser recolhidos os valores relativos à retenção dos tributos federais e municipais?

Resposta

Impende, inicialmente, ressaltar que as questões apresentadas no presente pedido de orientação já foram objeto de abordagem, tendo resultado nas seguintes manifestações:

A respeito dos efeitos da penalidade aplicada por inexecução contratual ou descumprimento de cláusula:

> Efeitos temporais da declaração de inidoneidade
>
> **Pergunta**
>
> A sanção de inidoneidade para licitar e contratar com a Administração Pública tem incidência sobre contratos administrativos firmados antes de sua decretação? Ou seja, a referida penalidade pode ser aplicada retroativamente ou alcança apenas licitações e contratos futuros?
>
> **Resposta**
>
> Tratando-se de penalidade imposta em razão de inexecução total ou parcial de contrato não é razoável que seus efeitos retroajam, para alcançar contratos firmados anteriormente e em relação aos quais não há qualquer violação por parte da contratada.
>
> Ademais, não há disposição legal que permita a aplicação extensiva dos efeitos da penalidade a contratações anteriormente firmadas pela contratada com a Administração.
>
> Sendo assim, por se tratar de norma que impõe penalidade sua compreensão deve se ater a que a penalidade se restrinja à situação ensejadora de sua aplicação sob pena do cometimento de violação a direito subjetivo da empresa, caso se pretenda fazer os efeitos da penalidade atingir situação anteriormente constituída.
>
> No dispositivo que estabelece a penalidade em questão, art. 87 da Lei de Licitações, utiliza-se a expressão "pela inexecução total ou parcial *do contrato*" de modo que ali encontra-se limitado o objeto causador

da imposição. Adiante o inciso que estabelece a penalidade vale-se da expressão "*declaração* de inidoneidade para licitar ou contratar com a Administração Pública".

Ora, se a situação é de declaração, esta com caráter de constitutividade, não há qualquer possibilidade que algum ato constitutivo venha a incidir sobre fatos ou situações preteritamente ocorridas, porquanto não se altera o passado ou pode-se alterar aquilo que já se encontra superado pelo transcurso do tempo.

Destarte, apenas futuras licitações e futuros contratos serão impedidos de serem firmados pela empresa penalizada.[35]

Relativamente à alteração de valores resultantes de convenção coletiva e alteração de elementos de composição de custos e repactuação:

Reequilíbrio econômico financeiro

Pergunta

Com relação ao polêmico assunto do reequilíbrio econômico financeiro do contrato, pergunta-se: 1 – O que se entende por encargos do particular? Somente tributos? 2 – Mais objetivamente, em sendo a Contratada distribuidora ou comerciante de certo produto (por exemplo, material de higiene, desinfetante), e a indústria fabricante desse produto aumenta-o de preço, por conseqüência, a Contratada tem direito ao reequilíbrio econômico-financeiro no contrato feito com a Administração, repassando esse aumento, o qual é comprovado com notas fiscais de compra do produto? Em caso positivo, mesmo que o valor não represente 15% de aumento? 3 – O que deve ser entendido por conseqüências incalculáveis no caso de fatos previsíveis no reequilíbrio da compra de um produto com entrega parcelada?

Resposta

Trata-se de pergunta dividida em diversas questões, as quais serão respondidas indicando a seqüência apontada pelo consulente. Antes, todavia, de adentrar as questões propriamente relacionadas pelo solicitante, convém que se esclareça respeito do que seja reequilíbrio econômico financeiro, para posteriormente responder sobre os pontos questionados.

O tema já foi objeto de estudos por diversas vezes na seção de melhores práticas da revista Fórum de Contratação e Gestão Pública, sendo dali extraído o seguinte esclarecimento:

---

[35] OLIVEIRA, Antônio Flávio de. Efeitos temporais da declaração de inidoneidade. *Fórum de Contratação e Gestão Pública – FCGP*, Belo Horizonte, ano 7, n. 79, p. 58, jul. 2008. Disponível em: <http://www.editoraforum.com.br/sist/conteudo/lista_conteudo.asp?FIDT_CONTEUDO=54218>. Acesso em: 24 out. 2008.

Reequilíbrio Financeiro

– *Conceito* Denomina-se reequilíbrio o restabelecimento da equação inicialmente estabelecida entre os contratantes, de maneira que se preserve a mesma relação entre as prestações de ambas, fixada na ocasião da pactuação entre contratante e contratado, para que assim nenhuma das partes seja desfavorecida em relação ao que fora avençado. Está relacionado com a composição de custos do bem ou serviço objeto do contrato, sendo aplicado nas situações em que a variação para maior ou menor do preço dos insumos que integram o objeto termina por causar desequilíbrio entre as prestações assumidas por cada uma das partes. É importante ressaltar que a possibilidade do reequilíbrio está relacionada com a imprevisibilidade do fato que lhe deu causa, ou se previsível, com a impossibilidade de lhe mensurar, ainda, que por estimativa o impacto.

– *Natureza Jurídica* Trata-se de ato administrativo de caráter vinculado, porquanto uma vez demonstrada a necessidade de reequilíbrio não há que se falar em discricionariedade da Administração a esse respeito.

– *Aplicação na Execução dos Contratos* Aplica-se em relação aos atos futuros e anteriores à concretização do reequilíbrio, conquanto posteriores ao pleito que solicitou a sua aplicação devidamente demonstrada. Deverá se dar por intermédio de termo aditivo. Quanto aos valores anteriores ao pleito de reequilíbrio poderá acontecer o restabelecimento da situação dos contratantes, mas através de indenização administrativa ou judiciária.

Repactuação de Preço

– *Conceito* Cuida-se de adequação dos valores avençados em contratos cujo objeto demandem prestação continuada, para execução de serviços ou fornecimentos, aos preços de mercado, consoante a disposição contida no Decreto nº 2.271/97, conquanto se tenha observado o interregno de um ano. Tal adequação tanto poderá ser realizada para majorar o valor contratado como para reduzi-lo.

Convém advertir, todavia, que o Decreto 2.271/97, porquanto discipline matéria para a qual possuem competência própria os demais entes federativos (Estados e Municípios), tem aplicação apenas no âmbito da Administração Pública Federal.

– *Natureza Jurídica* Trata-se o ato concretizador da repactuação de ato administrativo de natureza vinculada, porquanto verificado o novo posicionamento dos preços no mercado impõe-se a sua realização.

– *Aplicação na Execução dos Contratos* Dirige-se apenas aos serviços e fornecimentos futuros, posteriores a um ano de vigência do contrato firmado. Dar-se-á a repactuação por intermédio de termo aditivo.

Revisão Contratual

– *Conceito* Não há na legislação de licitações e contratos previsão de instituto com tal nomenclatura, daí se concluir que a revisão contratual a respeito da qual se pretende definição seja aquela determinada pela modificação das situações relacionadas com os preços de mercado, ou ocasionada pelo desequilíbrio na álea estabelecida entre os contratantes, por alguma razão estranha às suas vontades, ou mesmo em decorrência da corrosão inflacionária. Assim é de se entender que toda situação que conduza a reequilíbrio, repactuação ou reajuste se extraiu de uma revisão contratual. Trata-se, pois, do exame das condições do contrato a fim de se verificar se se mantêm as condições em que este foi estabelecido, seja para a fixação dos parâmetros de reequilíbrio, repactuação, reajuste ou verificação da conformidade da execução.

– *Natureza Jurídica* Trata-se de fato jurídico do qual poderá decorrer um ato jurídico alterando ou mesmo extinguindo o contrato.

– *Aplicação na Execução dos Contratos* Deverá ser realizada mediante procedimento administrativo, regulado pela legislação própria pertinente à execução de contratos a Lei nº 8.666/93 aplicando-se, ainda, no que couber a lei geral de processo administrativo (no âmbito federal a Lei 9.784/99), sempre se assegurando o contraditório e ampla defesa.

Atualização Monetária

– *Conceito* Atualização monetária ou reajuste é a correção do valor contratado aplicando-se algum índice de mensuração da inflação no período que não poderá ser inferior a um ano. É medida de profilaxia contra a corrosão inflacionária da moeda.

– *Natureza Jurídica* Fato econômico, cuja repercussão no plano dos contratos administrativos materializa-se em ato administrativo vinculado, porquanto não há campo para discricionariedade a respeito da concretização da atualização monetária.

– *Aplicação na Execução dos Contratos* Após um ano de contrato far-se-á a correção pelo índice pactuado, através de termo aditivo.

Reajuste de Preço

– *Conceito* A expressão "reajuste" tem comportado conotações diferentes na doutrina, pois enquanto alguns considerem como tal apenas a correção do contrato, protegendo-o da corrosão inflacionária, há entendimento, é o caso de Jorge Ulisses Jacoby Fernandes, que a expressão comporta além do restabelecimento do valor aquisitivo da moeda o restabelecimento do preço dos insumos.

– *Natureza Jurídica* Fato econômico cuja repercussão no âmbito contratual administrativo dá-se mediante ato administrativo de natureza vinculada.

– *Aplicação na Execução dos Contratos* Mediante o uso de termo aditivo.

DIFERENCIAÇÃO ENTRE OS INSTITUTOS

São institutos e fenômenos diferentes entre si, mas bastante próximos, inclusive pela área de sua ocorrência os contratos administrativos.

Pode-se, todavia, indicar como diferenças preponderantes as seguintes aquelas delineadas nas suas respectivas definições e naturezas jurídicas, sendo, todavia valiosa para esse fim a apreciação do que dispõe o quadro comparativo apresentado por Jorge Ulisses Jacoby Fernandes, onde descreve as diferenças e pontos comuns entre reequilíbrio, repactuação e reajuste, onde se consigna que enquanto reequilíbrio não tem período definido, reajuste e repactuação somente ocorrer após o transcurso de um ano; quanto aos índices aplicáveis em relação a cada um, apenas o reajuste possui índice pré-definido, em razão de sua previsibilidade, tanto que previsto no próprio termo de contrato, já o reequilíbrio e a repactuação dependem da situação que os motivou e seu impacto no mercado; quanto ao objetivo: todos diferem entre si, reequilíbrio busca restabelecer preço dos insumos; reajuste o restabelecimento do preço dos insumos ou o poder aquisitivo da moeda; já a repactuação adequação do valor do contrato àqueles em vigor no mercado.

Após estas considerações, passa-se a responder às questões apresentadas.

R.1: Para que se proceda à interpretação de expressões, é fundamental a indicação da procedência da mesma, porquanto somente assim será possível que seja compreendida a mesma conforme o contexto em que foi produzida.

R.2: É possível que tal situação venha a configurar hipótese na qual se admite a realização do reequilíbrio econômico financeiro, desde que, consoante afirmado no texto que precede a estas respostas, do qual se extrai um trecho para melhor configurar a questão, se tenha a necessidade imperativa por impossibilidade de manutenção dos valores avençados, do "restabelecimento da equação inicialmente estabelecida entre os contratantes, de maneira que se preserve a mesma relação entre as prestações de ambas, fixada na ocasião da pactuação entre contratante e contratado, para que assim nenhuma das partes seja desfavorecida em relação ao que fora avençado. Está relacionado com a composição de custos do bem ou serviço objeto do contrato, sendo aplicado nas situações em que a variação para maior ou menor do preço dos insumos que integram o objeto termina por causar desequilíbrio entre as prestações assumidas por cada uma das partes".

O que torna fundamental o reequilíbrio econômico financeiro não é o percentual, mas a ruptura da álea econômica inicialmente estabelecida, gerando uma prestação por demais onerosa para uma das partes contratantes.

R.3: Por conseqüências incalculáveis deve-se entender aqueles sucedâneos da variação da composição dos custos do serviço ou produto, que não podiam ser antevistas pelos contratantes, pois embora fosse possível imaginar a ocorrência de um aumento não era concebível que o mesmo viesse a ter dimensões tão elevadas, como, por exemplo, vem acontecendo com a variação do petróleo. Era perfeitamente imaginável que o petróleo e seus derivados tivessem alta, porém não até os patamares atualmente atingidos.

No caso de compra com entrega parcelada, o reequilíbrio deverá atender apenas aquelas parcelas ainda não entregues, em relação às quais houve incidência da variação da composição de custos.[36]

A partir das respostas acima, que se passa a ter como considerações preliminares à resposta do que foi questionado, pode-se afirmar que necessariamente não haverá que se falar em direito à repactuação com lastro apenas na ocorrência de alteração de vales de transporte e de alimentação da empresa contratada. É antes fundamental que haja demonstração que estes, além de terem impactado na composição dos custos do serviço contratado, não resultam de situação previsível, ou se previsível, de consequências inestimáveis.

Somente quando a empresa possa demonstrar o impacto da alteração imprevisível, ou previsível, mas de consequências não estimáveis, é que haverá de se cogitar realizar repactuação com o intuito de se manter a equação inicialmente estabelecida entre os licitantes.

Feitas estas considerações adicionais às respostas colacionadas, passa-se a responder pontualmente os questionamentos apresentados pela orientanda:

Questão 1: *Como efetuar os descontos supracitados, relativos aos repasses não efetuados aos trabalhadores da empresa?*

R.1: Em situações tais, deve-se recordar que se trata, em primeiro lugar, de obrigação civil, amparada em contrato administrativo, aquela existente entre a Administração Pública e a empresa contratada. Sendo assim, havendo dúvida quanto ao real credor do valor a ser pago, deverá a Administração se valer de ação de consignação em pagamento. Ressalve-se, no entanto, a hipótese de a credora apresentar certidão de quitação de tais débitos, com a qual possa a Administração se isentar de eventuais complicações decorrentes de ações trabalhistas, nas quais venha a ser inserida como litisconsorte no polo passivo.

Questão 2: *Deve-se cobrar essa diferença do valor referente à repactuação ou das faturas pendentes de pagamento, ou a empresa deverá pagá-la por meio de GRU?*

R.2: A questão está em parte prejudicada pela transcrição da resposta a respeito de repactuação e na parte restante pela resposta dada

---

[36] OLIVEIRA, Antônio Flávio de. Reequilíbrio econômico financeiro. *Fórum de Contratação e Gestão Pública – FCGP*, Belo Horizonte, ano 7, n. 80, p. 42-44, ago. 2008. Disponível em: <http://www.editoraforum.com.br/sist/conteudo/lista_conteudo.asp?FIDT_CONTEUDO=54547>. Acesso em: 24 out. 2008.

ao questionamento anterior, ou seja, antes é necessário que se tenha certeza sobre a existência de direito à repactuação e, posteriormente, que se levar em conta a forma como se efetua pagamento a credor quando este por alguma razão se torne incerto.

Questão 3: *Se o valor a ser descontado for igual à soma das faturas pendentes, deverão ser recolhidos os valores relativos à retenção dos tributos federais e municipais?*

R.3: Qualquer pagamento que venha a ser feito, independentemente de este ocorrer administrativamente ou no âmbito judicial, por meio de ação de consignação, deverá seguir as mesmas regras a respeito do recolhimento de tributos. Assim, se estes deveriam ser retidos pela Administração que paga o valor, é indiferente que o pagamento se faça à própria empresa, ou na via judicial.

Permissão de uso e prazo de duração. Suspensão de contratar e contrato em vigor. Alteração societária e manutenção de contrato

Pergunta

1. Qual o prazo máximo de duração de um termo de Permissão de Uso? Está fora do art. 57 da Lei nº 8.666/93? Qual é o fundamento legal? 1.1. E no caso do Termo ter prazo determinado de 3 anos, é possível prorrogá-lo? 2. No caso de um contrato de prestação de serviços, a contratada é apenada por outra contratante com a suspensão de contratar com o Estado. Como devo proceder? Rescindir de imediato o meu contrato e ficar sem o serviço? Rescindir o contrato e contratar excepcionalmente até nova licitação ou esperar o término do contrato e não proceder a prorrogação? 3. Uma empresa individual de limpeza predial vence a licitação (Pregão eletrônico). Depois de firmado o contrato surge com a notícia que modificou a razão social da empresa de individual-ME para Ltda.-ME surgindo somente uma nova sócia estando registrada na junta comercial (tudo após a licitação e contratação). Como devemos proceder, aceitar ou não a sucessão, (*existe algum impedimento legal?*) por se tratar de uma simples transformação de empresa apesar de constar o capital social de R$10.000,00 totalmente integralizado e o sócio majoritário continua sendo o mesmo da empresa

individual e no contrato social menciona que esta nova empresa Ltda. assume todo o passivo da empresa individual.

Resposta

A resposta ao questionamento formulado demanda, inicialmente, que se considere a respeito da natureza jurídica da denominada permissão de uso, para somente a partir dessa compreensão se estabelecer o prazo de vigência dessa forma de utilização de bens públicos.

Relativamente ao instituto é precioso o escólio de José dos Santos Carvalho Filho, que assim definiu a Permissão de Uso de Bem Público:

> Permissão é o ato administrativo discricionário e precário pelo qual a Administração consente que o particular execute serviço de utilidade pública ou utilize privativamente bem público. Como regra, a permissão é ato discricionário e precário, no sentido de que o administrador pode sopesar critérios administrativos para expedi-la, de um lado, e de outro não será conferido ao permissionário a continuidade do que foi permitido, de modo que poderá o consentimento ser posteriormente revogado sem indenização ao prejudicado.

Feitas estas considerações iniciais, em que se estabelece a natureza jurídica da permissão de uso, em seu sentido clássico, uma vez que é possível atualmente permissão de uso até mesmo com a exigência de prévio procedimento licitatório, o que lhe retira o caráter de precariedade; passa-se a considerar a respeito dos questionamentos formulados de modo pontual, partindo do pressuposto de que a permissão a respeito da qual se questiona é exatamente aquela tradicionalmente tratada nos compêndios de Direito Administrativo, portanto sem a precedência de licitação.

Questionamento 1 "a": "*Qual o prazo máximo de duração de um termo de Permissão de Uso?*"

R.1.a: Uma vez que se trate de ato administrativo discricionário e precário, indicando que a qualquer tempo poderá ser objeto de revogação, não há, em regra, prazo estabelecido para sua vigência.

Questionamento 1 "b": "*Está fora do art. 57 da Lei nº 8.666/93?*"

R.1.b: Evidentemente que sim, pois a Lei de Licitações e Contratos Administrativos não se destina a disciplina de atos administrativos unilaterais, exceto aqueles relativos à disciplina do procedimento licitatório, mas dos atos negociais e vinculados; o que não é o caso da permissão que se trata de ato administrativo unilateral e discricionário.

Questionamento 1.1: *"E no caso do Termo ter prazo determinado de 3 anos, é possível prorrogá-lo?"*

R.1.1: Ora, uma vez que se trata de ato administrativo discricionário sua prorrogação apenas exige do administrador a realização de juízo de conveniência e oportunidade, podendo desse modo ter sua vigência estendida caso a tivesse anteriormente limitada ao período de 03 (três) anos. O fato, todavia, de ter-se fixado vigência não significa que a Administração não pudesse encerrá-lo antes, tendo em vista seu caráter de precariedade.

Suspensão de Contratar e Contrato em Vigor.

Impende anotar que os questionamentos seguintes, embora contidos na mesma consulta, referem-se a temas diferentes daquele tratado no item 1, não tendo com este qualquer relação

Questionamento 2: *"No caso de um contrato de prestação de serviços, a contratada é apenada por outra contratante com a suspensão de contratar com o Estado. Como devo proceder? Rescindir de imediato o meu contrato e ficar sem o serviço? Rescindir o contrato e contratar excepcionalmente até nova licitação ou esperar o término do contrato e não proceder a prorrogação?"*

R.2: A penalidade de suspensão do direito de contratar com a Administração Pública não implica no dever de se rescindir o contrato em execução, salvo se a apenada infringe a regra contida no art. 55, XIII, de manter-se nas mesmas condições de habilitação e qualificação.

Como o aditamento contratual não configura nova contratação, pela mesma razão e com os mesmos parâmetros acima, caso mantenha a contratada as condições de habilitação e qualificação, não haverá empecilho a que possa ser o contrato prorrogado, conquanto se demonstre essa opção como vantajosa para a Administração Pública.

Alteração Societária e Manutenção de Contrato.

Questionamento 3: *"Uma empresa individual de limpeza predial vence a licitação (Pregão eletrônico). Depois de firmado o contrato surge com a notícia que modificou a razão social da empresa de individual-ME para Ltda.-ME surgindo somente uma nova sócia estando registrada na junta comercial (tudo após a licitação e contratação). Como devemos proceder, aceitar ou não a sucessão,* (existe algum impedimento legal?*) por se tratar de uma simples transformação de empresa apesar de constar o capital social de R$10.000,00* *totalmente integralizado e o sócio majoritário continua sendo o mesmo da empresa individual e no contrato social menciona que esta nova empresa ltda. assume todo o passivo da empresa individual".*

R.3: Não há impedimento para a sucessão empresarial ou para que se façam alterações na composição da sociedade de empresa que mantém contrato com a Administração, conquanto se mantenham as condições de habilitação apresentadas na licitação.

Simples modificações na estrutura empresarial de contratadas pela Administração somente terão repercussão no contrato firmado caso disso possa resultar dano ao interesse público, ou transgressão aos princípios que norteiam as ações praticadas pela Administração. Desse modo, alteração, ainda que modifique a denominação da empresa, não tendo repercussão em sua qualificação e habilitação, não tem impacto sobre o ajuste firmado.

Planilha de custos

Perguntas

1. Existe a obrigatoriedade legal para apresentação da planilha de custo para processo de compras (fornecimento) no Pregão e nas demais modalidades de licitação? 2. A planilha de custos poderá ser exigida somente na assinatura do contrato? 3. A exigência de planilhas de custos previstas no inciso II do §2º do art. 7º da Lei nº 8.666/93 deve ser exclusivamente para obras e serviços de engenharia? 4. As planilhas de custos devem ser exigidas para todas as contratações por Pregão (compras e serviços), considerando que no termo de referência (§2º do art. 9º do Decreto nº 5.450/2005) deverá conter o "valor estimado em planilhas"? 5. Quais os componentes que deve conter uma planilha de custos e formação de preços, para serviços em que não haja cessão de mão de obra?

Resposta

A questão apresentada está dividida em cinco (05) partes, as quais responder-se-á de modo individualizado, para melhor atendimento do que foi solicitado.

R.1: A aquisição de bens não está sujeita a apresentação de planilha de composição de custos, porquanto tal exigência refere-se apenas à licitação de obras e serviços. Aliás, tal informação sobressai no teor do *caput* do art. 7º da Lei de Licitações.

R.2: O art. 7º exige planilha de composição de custos para a licitação, mas esta é fundamental na apresentação da proposta pelo licitante, porquanto servirá de base para eventuais reajustes, realinhamentos, recomposições, repactuações etc. Sem que a planilha tenha sido apresentada pelo licitante não haverá como este valer-se da possibilidade de recompor o equilíbrio contratual, p. ex., em decorrência da alteração de um dos componentes do custo da obra ou serviço, nem como informar exatamente o impacto de eventual variação sobre o custo total.

R.3: A exigência do art. 7º, §2º II, da Lei nº 8.666/93, é para obras e serviços em geral, não apenas para obras e serviços de engenharia. Deve-se compreender restritivamente a incidência da norma somente quando o próprio texto assim autoriza, o que evidentemente não é o caso.

R.4: Apenas para obras e serviços, não importando a modalidade de licitação ou se realizada a contratação pela via direta.

R.5: Todos aqueles que integram a formação do custo desses mesmos serviços, como, p. ex., insumos utilizados, transporte etc.

Planilhas e responsabilidade técnica – Elaboração

Pergunta

Solicito orientação se há necessidade de constar nos termos de referência dos serviços de engenharia a anotação de responsabilidade técnica do servidor que elaborar as planilhas orçamentárias, quanto à compatibilidade dos quantitativos do projeto e os custos do SINAPI, haja vista o que impõe o §5º do art. 109 da Lei nº 11.768, de 14 de agosto de 2008 (LDO para 2009), *litteris*: Art. 109. O custo global de obras e serviços executados com recursos dos orçamentos da União será obtido a partir de custos unitários de insumos ou serviços iguais ou menores que a mediana de seus correspondentes no Sistema Nacional de Pesquisa de Custos e Índices da Construção Civil (SINAPI), mantido e divulgado, na Internet, pela Caixa Econômica Federal. (...) §5º Deverá constar do projeto básico a que se refere o art. 6º, inciso IX, da Lei nº 8.666 de 1993, inclusive de suas eventuais alterações, a anotação de responsabilidade técnica e declaração expressa do autor das planilhas orçamentárias, quanto à compatibilidade dos quantitativos e dos custos constantes de referidas planilhas com os quantitativos do projeto de engenharia e os custos do SINAPI. Isso se considerarmos ser essa a interpretação do dispositivo citado para o caso do projeto básico, conforme expressamente citado, e, com isso, utilizarmos subsidiariamente para os termos de referência.

Resposta

Conforme a doutrina de Lucas Rocha Furtado, a expressão "Termo de Referência" é utilizada quando o procedimento licitatório é realizado na modalidade Pregão:

> Quando a licitação é feita na modalidade de pregão, a Lei nº 10.520/02 e o respectivo Decreto nº 3.555/2000, Anexo I, impõem a obrigatoriedade de que a definição do objeto a ser contratado seja feita por meio de documento denominado termo de referência.[37]

O dispositivo do Decreto regulamentador do Pregão, citado pelo autor, cuidou de estabelecer a conceituação do que seja "termo de referência", dando-lhe contornos semelhantes àqueles fixados, no âmbito da Lei Geral de Licitações e Contratos, pelo seu art. 6º, inciso IX, ao conceituar "Projeto Básico". Do mesmo modo, aliás, ocorre em se tratando de Pregão eletrônico, por força do que dispõe o art. 9º, do Decreto nº 5.450/05.

Assim, pode-se afirmar que quando a modalidade a ser realizada for Pregão e não uma daquelas relacionadas na Lei de Licitações e Contratos, ao invés de "projeto básico", utilizar-se-á de "termo de referência", com funções correspondentes.

Destarte, é prudente que se aplique na elaboração de "Termos de Referência" os mesmos rigores e exigências que se utilizam na elaboração de "Projetos Básicos". Ademais, neste sentido tem-se posicionado a jurisprudência do TCU, a exemplo da decisão anotada por Jorge Ulisses Jacoby Fernandes:

> Projeto básico – autor deve ser identificado
>
> TCU decidiu: ... efetue a Anotação de Responsabilidade Técnica – ART dos autores dos projetos básicos utilizados nas licitações, nos termos do art. 1º da Lei nº 6.496/77, bem como atente para a necessidade de que os projetos tragam a necessária identificação dos seus autores, nos termos dos arts. 13 e 14 da Lei nº 5.194/66.[38]

---

[37] FURTADO, Lucas Rocha. *Curso de licitações e contratos administrativos*. Belo Horizonte: Fórum, 2007. p. 224-225.

[38] *Vade-mécum de licitações e contratos*. 3. ed. Belo Horizonte: Fórum, 2006. p. 166.

No mesmo sentido, jurisprudências também anotadas pelo autor acima citado, originadas do TCU: Acórdão nº 1.748/2004-Plenário e Acórdão nº 1.746/2003-Plenário.

Portanto, embora não se refiram as jurisprudências em questão a "termo de referência", dada a similaridade entre este e os intitulados "projetos básicos", recomenda-se que também nestes documentos tenha-se o cuidado de fazer constar a Anotação de Responsabilidade Técnica.

Plano de saúde e aditamento contratual

Pergunta

Prezados Senhores: Em caso de acréscimo do nº de Servidores do TRE, fica valendo o art. 65, §1º, quando se trata de renovação do contrato com administradora de plano de saúde?

Resposta

Tendo ocorrido aumento no quantitativo de servidores do órgão, é possível que se proceda, nos termos do art. 65, §1º, da Lei de Licitações e Contratos Administrativos, à alteração do quantitativo de beneficiários do plano de saúde que o órgão mantém para seus servidores.

No caso vertente, tratando-se de contrato com quantitativo estabelecido é perfeitamente possível que se faça a utilização do dispositivo em questão para essa finalidade, mediante simples apostilamento, haja vista cuidar de alteração unilateral do contrato.

Por outro lado, existem formas de contratação que possibilitam que a inclusão de novos segurados não se dê mediante acréscimo contratual, por não contemplar quantitativos, mas simples estimativa de beneficiários. É possível, por exemplo, no caso em foco, que seja fixado o valor cobrado em relação a grupos, ou indivíduos, apenas se estabelecendo o valor contratado por estimativa, em razão da possibilidade de alterações para mais quanto para menos, conforme a variação do quantitativo de servidores.

Prazo legal de encerramento de balanço para participação em licitações

Pergunta

Qual o prazo de encerramento do Balanço Patrimonial e Demonstrações Contábeis das empresas, para fins de participação em licitações públicas?

Resposta

O balanço patrimonial a ser apresentado nas licitações é aquele já exigível, consoante expressa o art. 31, I, da Lei de Licitações e Contratos Administrativos, ou seja, aquele relativo ao exercício anterior apresentado até o mês de maio do exercício seguinte perante a Junta Comercial do Estado em que esteja localizada a empresa.

Conforme anota Marçal Justen Filho, em sua obra *Comentários à lei de licitações e contratos administrativos*, a respeito do art. 31, I:

> A Lei das S.A. determina que todas as sociedades anônimas deverão realizar, até quatro meses após encerrado o exercício social, uma assembléia geral ordinária para exame, discussão e aprovação das demonstrações financeiras. Portanto, todas as companhias deverão apresentar suas últimas demonstrações financeiras aprovadas por assembléia geral ordinária (comprovada através de ata da Junta Comercial). Se a habilitação ocorrer até quatro meses após o término do seu exercício social e não tiver realizado ainda sua a.g.o., a companhia deverá apresentar as demonstrações financeiras do exercício imediatamente anterior.[39]

Disso resulta concluir que o balanço exigível é aquele que se encontra em situação de exigibilidade nos moldes estabelecidos na legislação comercial/empresarial, sendo importante ressaltar, ainda nos termos da doutrina de Marçal Justen Filho, que "a solução legal importa a aproximação entre o regime das S.A. e das limitadas, o que propiciará a superação das dúvidas existentes".[40]

Carlos Pinto Coelho Motta, fazendo referência ao Professor Pereira Junior, quanto à fixação expressa de datas e períodos assim registrou:

---

[39] JUSTEN FILHO, Marçal. *Comentários à lei de licitações e contratos administrativos*. 10. ed. São Paulo: Dialética, 2004. p. 336-337.

[40] *Idem, ibidem*.

> O problema consistiria, concretamente, nos prazos referentes à exigibilidade de tais documentos, para fins de habilitação. Por vezes coloca-se nítido impasse entre a exigência do balanço e o fator temporal. O Professor Pereira Junior conclui, judiciosamente:
>
> O que parece razoável é fixar-se 30 de abril como a data do termo final do prazo para o levantamento dos balanços e 1º de maio como a data do termo inicial de sua exigibilidade. Antes dessas datas, somente seriam exigíveis os balanços do exercício anterior ao encerrado. Assim, por exemplo, de janeiro a abril de 2004, se se quiser o balanço como prova de qualificação econômico-financeira, somente será exigível o referente a 2002.[41]

É importante anotar que não basta que se apresente o balanço patrimonial, mas aquele já exigível e que tenha sido apresentado para registro perante a Junta Comercial na forma da legislação pertinente, porque caso contrário estar-se-á descumprindo com a expressão literal do dispositivo legal.

Pregão eletrônico – Ata

Pergunta

É necessário que a ata do Pregão eletrônico seja juntada aos autos na íntegra, com todos os lances? Caso não seja necessário, o que deve ser registrado na ata? A pergunta visa resguardar a regularidade do processo licitatório, sem perder de vista a economia de papel, pois a juntada da ata, em sua totalidade de lances, torna o processo muito volumoso.

Resposta

Corresponde a ata de Pregão ao registro das ocorrências havidas no curso deste procedimento licitatório. Sendo assim, correto é que sejam consignados neste documento todos os fatos relevantes para o certame, dentre os quais não se pode excluir a apresentação de propostas.

Assim, todas as propostas apresentadas devem ser registradas em ata, informando quem a apresentou, o momento de sua ocorrência e demais informações pertinentes conforme a previsão editalícia a respeito das mesmas.

---

[41] MOTTA, Carlos Pinto Coelho. *Eficácia nas licitações e contratos*. 11. ed. Belo Horizonte: Del Rey, 2008. p. 389.

Não se pode cogitar de economia de papel em detrimento de documentação imprescindível para o registro da regularidade do feito. Deve-se evitar a preocupação com o volume dos autos de procedimento licitatório, dando evidência à sua regularidade e conformidade com os ditames legais que disciplinam a respeito.

Preferências para micro e pequenas empresas na LC nº 123

Pergunta

A Lei Complementar nº 123, de 14.12.2006, dispõe – *verbis*: "Art. 44. Nas licitações será assegurada, como critério de desempate, preferência de contratação para as microempresas e empresas de pequeno porte. Art. 47. Nas contratações públicas da União, dos Estados e dos Municípios, poderá ser concedido tratamento diferenciado e simplificado para as microempresas e empresas de pequeno porte objetivando a promoção do desenvolvimento econômico e social no âmbito municipal e regional, a ampliação da eficiência das políticas públicas e o incentivo à inovação tecnológica, desde que previsto e regulamentado na legislação do respectivo ente". Questionamentos: Diante do exposto neste dispositivo legal, questiona-se, à luz da melhor doutrina e jurisprudência: 1. O *caput* do art. 47 da LC nº 123/06 especifica as contratações públicas da União, dos Estados e dos Municípios. Este artigo rege também as licitações públicas da Administração Indireta, ou seja, destina-se também aos contratos celebrados com as Empresas Públicas Federais, como a XXXXXXX? 2. Qual a interpretação para a expressão "desde que previsto e regulamentado na legislação do respectivo ente"? 3. Por meio de qual ato normativo, externo ou interno, seria previsto e regulamentado o "tratamento diferenciado e simplificado para as microempresas e empresas de pequeno porte" no âmbito da XXXXXXXX? 4. O direito de preferência concedido às microempresas e empresas de pequeno porte como critério de desempate aplica-se apenas para as licitações de menor preço ou também para as que adotam o critério da técnica e preço? 5. Caso o critério de desempate seja extensivo às licitações por técnica e preço, em que momento será concedido o direito de preferência (avaliação da proposta econômica e/ou ao final)?

Resposta

Responde-se ao pedido de orientação conforme os questionamentos apresentados, elencando-os conforme apresentados, nos termos a seguir:

R.1: Entende-se que sim, porquanto trata-se de regra de caráter geral e principiológica preconizada pelo texto constitucional no art. 179, que para este entendimento deverá ser conjugado com o que dispõe o art. 173, §1º, III.

R.2: A disposição "desde que previsto e regulamentado na legislação do respectivo ente" indica a necessidade de que a legislação e regulamento daquele ente (União, Estado ou Município) que pretender aplicar o tratamento diferenciado deverá conter previsão a esse respeito, bem como disciplina detalhando a forma de sua aplicação (regulamento). Ou seja, não é admissível que se dê tratamento diferenciado simplesmente escorando-se na previsão contida na Lei Complementar nº 123, sem que a possibilidade tenha se consolidado no plano da legislação local (Municípios), regional (Estados) ou federal (União).

Obviamente que no caso da União, uma vez que a Lei Complementar nº 123 foi produzida pelo seu Legislativo, bastará que se produza regulamento a respeito da incidência do sistema de preferência em questão.

R.3: Inicialmente o tratamento deverá ser dado por meio de espécie normativa superior, no caso de Estados e Municípios, utilizando-se, portanto, Leis e, posteriormente à edição destas, passa-se ao plano da regulamentação, com a expedição de norma inferior, regulamentando a norma superior por intermédio de Decreto.

No caso da XXXXXXXX não se trata da expedição de algum ato de regulamentação, porquanto as empresas públicas não possuem tal competência. Ainda que se pretendesse valer do que dispõe o art. 173, §1º, III, da Constituição Federal de 1988, seria necessário que se procedesse a alteração nos seus estatutos, estes aprovados por lei, conforme a determinação contida no *caput* do §1º daquele mesmo artigo.

R.4: Será aplicada a regra da preferência, uma vez prevista em lei e regulamento expedido pelo ente que realiza a licitação, em qualquer tipo de licitação, independentemente de se tratar de melhor técnica ou preço, uma vez que não há qualquer restrição nos artigos 42 a 49 da Lei Complementar nº 123, que apenas cuidam de estabelecer possibilidade de se aplicar a preferência.

R.5: O critério de preferência deverá ser aplicado ao final, porquanto após a sua realização apenas restará o passo da adjudicação do objeto ao licitante vencedor.

Pregão – Licitação por lote ou por item

Pergunta

Estamos fazendo uma licitação na modalidade Pregão para aquisição de medicamentos. O julgamento da licitação é por lote e um fabricante quer impugnar o edital alegando que ele não poderá participar diretamente do processo. O caso é que temos interesse de fazer por lote para acelerar o processo já que se for por item levaremos vários dias para concluir. Gostaria de ter fundamentos para manter o julgamento por lote.

Resposta

O que deve ser levado em consideração é o interesse público no qual se escuda o procedimento licitatório. Assim, a licitação é realizada sempre pensando na ampliação do leque de fornecedores de maneira que se possa obter a maior vantajosidade possível para a Administração Pública.

Esta é a compreensão que se extrai da interpretação do disposto no art. 23, §1º, da Lei de Licitações e Contratos, cujo teor está insculpido nos seguintes termos:

> §1º As obras, serviços e compras efetuadas pela administração serão divididas em tantas parcelas quantas se comprovarem técnica e economicamente viáveis, procedendo-se à licitação com vistas ao melhor aproveitamento dos recursos disponíveis no mercado e à ampliação da competitividade, sem perda da economia de escala. (Redação dada pela Lei nº 8.883, de 1994)

Observe-se que o dispositivo legal transcrito acima expressa que a divisão será realizada em tantas parcelas quantas se comprovarem técnica e economicamente viáveis, dando-se com o objetivo de aproveitamento dos recursos disponíveis no mercado e ampliação da competitividade.

Tem-se, portanto, dois componentes a serem considerados: a viabilidade do fracionamento realizado, e que este fracionamento do objeto permita a ampliação da competitividade, logicamente para proporcionar vantagem para a Administração Pública.

Verdade é que o dispositivo em questão não se encontra lançado na lei do Pregão. Todavia, deve ter em mira que a Lei nº 10.520/02, além de prever a aplicação subsidiária da Lei nº 8.666/93 aos casos de Pregão, coaduna com o propósito expresso no dispositivo transcrito de ampliação da competição, ao vedar, em seu art. 3º, inciso II, que ao se definir o objeto da licitação especificações excessivas, irrelevantes ou desnecessárias limitem a competição.

Destarte, a definição do objeto da licitação tanto em itens quanto em lotes será admitida, conquanto se estabelecendo de uma outra forma, além de atender aos requisitos de viabilidade seja proporcionada, ainda, a ampliação da competitividade.

Procedimento destinado à aplicação de pena de inidoneidade para contratar

Pergunta

Tendo em vista a atuação inidônea da empresa "X", nos contratos "A" e "B", a Administração instaurou processo administrativo para a aplicação de penalidade de suspensão temporária e impedimento de contratar com o órgão contratante. Pergunta-se: 1. Sendo o contrato "A" oriundo de concorrência internacional e o contrato "B" oriundo de Pregão eletrônico, pode ser instaurado um só processo para a averiguação das penalidades cometidas? 2. Como na situação acima a legislação (Lei nº 8.666 e Lei nº 10.520) trata de prazos diferentes para a suspensão temporária e o impedimento de contratar, isso seria fundamento para subdividir processo de aplicação de tal penalidade já em curso? 3. Nessa situação, não poderia gerar mais prejuízo para a Administração "voltar" com um processo já iniciado naqueles termos do que permanecer com o processo uno? 4. Se, por exemplo, existissem três contratos, sendo que dois deles fossem oriundos da mesma modalidade licitatória e o outro não, poderia ser instaurado um só processo para as modalidades iguais? 5. Existe algum embasamento doutrinário e jurisprudencial específico sobre o tema?

Resposta

Atendendo a cada um dos pontos demandados pelo orientando, passa-se a tratar individualmente de cada um dos questionamentos apresentados.

R.1: O entendimento que se esposa a respeito é que se tratando de contratos diferentes e, portanto, infrações contratuais diferentes sem qualquer vinculação uma com a outra, o correto é que sejam processadas em autos diferentes.

Cabe ressaltar que o procedimento disciplinar administrativo sofreu ampla influência do Direito Penal, sendo relevante ter-se em consideração os mesmos cuidados que se deve ter naquele tipo de processo.

Ao se juntar em um mesmo processo fatos diferentes entre si, inclusive porque resultantes de contratos diversos, de certo modo estar-se-ia dificultando a defesa, o que não coaduna com os Princípios do Contraditório e da Ampla Defesa, também aplicáveis na seara do processo disciplinar.

R.2: Embora se possa valer de fundamentação considerando a diversidade da legislação na qual se respaldaram os procedimentos licitatórios, este não é o argumento de maior relevo para motivar a abertura de procedimentos distintos destinados a apuração e penalização de infrações oriundas de dois contratos diferentes.

R.3: Em se tratando de procedimento disciplinar, no qual são aplicáveis princípios semelhantes e até mesmo idênticos àqueles que incidem no processo penal, há que se levar em consideração em primeiro lugar questões relacionadas com a ampla defesa e o contraditório e, apenas a seguir, aquelas atinentes à eficiência.

R.4: A sugestão que se apresente nesta orientação é para que para cada fato tenha-se procedimento próprio em autos independentes, apenas será o caso de reunião de vários fatos em um mesmo processo quando estes forem interligados.

R.5: Não foi possível localizar posicionamento jurisprudencial ou doutrinário a respeito do tema, todavia, a análise aqui expendida deita-se sobre a principiologia aplicável no processo administrativo sancionador. Quanto à doutrina, embora esta aborde diversos aspectos do processo administrativo, nenhum está relacionado com os questionamentos apresentados.

Produto de marca diferente àquela constante na proposta e na licitação

Pergunta

O vencedor da licitação para compra de produtos de determinada marca faz entrega de parte do material de marca diferente, alegando falta temporária da marca licitada. O produto oferecido em substituição atende às especificações do edital (exceto quanto à marca) e aos interesses da Administração, ressaltando ser de necessidade premente, e a recusa poderia trazer prejuízos. Seria ilegal aceitar a substituição? Caberia sanção à empresa ou o contrato deveria ser rescindo por descumprimento?

Resposta

A entrega de bem de marca diferente daquela que foi licitada pode apresentar inconvenientes para a Administração por algumas razões, dentre as quais, pode-se relacionar a inferioridade do produto entregue em relação àquele que foi licitado; o fato de que com a entrega de bem de marca diferente se insurgir contra o propósito de uniformização ou padronização que motivou a opção por uma determinada marca; ou, ainda, que não havendo nenhuma dessas restrições, fique constatado que a opção por certa marca deu-se de modo irregular, ferindo o princípio isonômico que norteia o procedimento licitatório.

Devem, pois, ser feitas todas essas considerações com o objetivo de se aferir a regularidade no recebimento de marca diferente daquela licitada ou ofertada na proposta vencedora.

Portanto, caso a marca tenha sido definida no edital em virtude de uniformização ou padronização, não poderá a mesma ser substituída por outra, ressalvando-se apenas o caso de impossibilidade de fornecimento da marca oferecida e, ainda, de similaridade que permita a manutenção da padronização ou uniformização estabelecida.

Em casos tais, nos quais fique demonstrada a impossibilidade de entrega da marca prevista no edital, não havendo prejuízos para o interesse legítimo que norteou a sua escolha e não ocorrendo também de se tratar de produto inferior, não há que se falar em ilegalidade na substituição.

Por outro lado, se a escolha da marca não se deu por razões de uniformidade ou padronização, ou se não foi indicada no edital apenas como referência de qualidade, tem-se clara situação em que a própria indicação da marca deu-se de modo irregular, ferindo o princípio da igualdade que norteia os procedimentos licitatórios.

Se o produto possui qualidade inferior há afronta a disposição contratual e, portanto, aplicável a penalidade de rescisão, preconizada no art. 78, incisos I e II, da Lei nº 8.666/93. Alerta-se, todavia, para a necessidade de estabelecimento de contraditório nestes casos, abrindo-se oportunidade para ampla defesa do interessado, conforme disposto no art. 78, parágrafo único, da Lei de Licitações e Contratos Administrativos.

Ou seja, cabe sanção e a rescisão do contrato já se caracteriza como tal, o que não impede, porém, a imposição de multa prevista no contrato.

Projeto básico – Utilização vinculada ou discricionária

Pergunta

Considerando os princípios gerais que disciplinam a atuação pública, dentre elas a necessidade de planejamento das ações dos seus agentes e entidades. Considerando a disposição contida no diploma de licitações, em especial no tocante à necessidade de se firmar contratos (*lato sensu*), independentemente da sua denominação, natureza onerosa ou não, inclusive obrigacional ou de livre disposição (art. 1º; art. 2º, parágrafo único e art. 6º, inciso II). Considerando que o instrumento, que estabelece diretrizes básicas para a realização de serviços, adotado pelo poder público é o Projeto Básico, questiona-se: a) A sua utilização é discricionária ou vinculada, quando se tratar da ocorrência de serviços? b) Nos "contratos" denominados Acordo de Cooperação Técnica e/ou Protocolo de Intenções deverá ser dispensada a utilização do Projeto básico? Ou seja, o Projeto Básico apenas deverá ser utilizado quando a relação jurídica envolver transferência de recursos ou de obrigações?

Resposta

Trata-se de questão em que o orientando perquire a respeito de projeto básico, após ter feito várias considerações, especialmente a respeito do caráter substancial dos contratos em detrimento da nomenclatura que a estes instrumentos se atribua.

Questiona, após tais considerações, se a utilização de projeto básico possui natureza vinculada ou discricionária, bem como se nos "contratos" (ajustes) denominados acordos de cooperação técnica e/ou protocolo de intenções tal instrumento deverá ser dispensado, arguindo se a utilização do instrumento estaria relacionada apenas com a transferência de recursos ou com a assunção de obrigações.

A característica de vinculação sobressai do conteúdo do art. 7º, §2º, inciso II, da Lei nº 8.666/93, pois ali se estabelece ser condição *sine qua non* para a realização de procedimento licitatório a existência de projeto básico aprovado pela autoridade competente, o qual deverá ficar disponível para o exame dos interessados em participar do processo licitatório.

Portanto, não há que se questionar sobre seu caráter regrado. Entretanto, não se pode olvidar que a menção que faz a Lei de Licitações e Contratos Administrativos a respeito do instrumento é sempre em dispositivos referentes a procedimento licitatório, o que conduz a entendimento de que em se tratando de ajustes de outra natureza, que não envolvam disputa entre interessados em contratar com Administração Pública não haja necessidade desse tipo de instrumento.

A conclusão nesse sentido é corroborada pela determinação do art. 7º, §2º, inciso I, de que quando se realizar licitação de obras ou serviços o projeto básico aprovado deverá encontrar-se disponível para exame dos interessados. Destarte, é notório que se cuida de meio de instrução dos interessados a respeito do objeto da licitação. No mesmo diapasão é a disposição do art. 40, inciso IV, e §2º, inciso I, todos da Lei nº 8.666/93. Tanto assim que a esse respeito proferiu o Tribunal de Contas da União a seguinte determinação:

> ...atentar, quando da elaboração do projeto básico para elaboração de obras, para o nível de detalhamento previsto no art. 6º, inc. IX da Lei nº 8.666/93, garantindo a competição dos licitantes em condições de igualdade. Fonte: TCU. Processo nº 625.089/95-2. Acórdão nº 159/1995.[42]

Entretanto, o mesmo TCU recomendou:

> ...a) que se faça constar o projeto básico, na forma estabelecida no art. 6º, inciso IX, da Lei nº 8.666/93, nos processos relativos à execução de obras e à prestação de serviços enquadrados nas hipóteses de dispensa de licitação, em observância ao disposto no §9º do art. 7º da citada lei, salvo em situações de emergência ou calamidade pública (subitens 2.1, 4.1 e 5.1 do Relatório de fls. 01/78 e 5.1 da instrução de folhas 78/86); Fonte: TCU. Processo nº 004.724/95-0. Decisão nº 301/1997 – 2ª Câmara.[43]

Acordo de cooperação técnica ou protocolo de intenções não são resultado de procedimento licitatório, em muitos casos estão mais próximos, ou até mesmo se identificam, com convênios, estes disciplinados pelo disposto no art. 116 do Estatuto das Licitações e

---

[42] JACOBY FERNANDES, Jorge Ulisses. *Vade-mécum de licitações e contratos*. 3. ed. Belo Horizonte: Fórum, 2006. p. 171.

[43] *Idem*, p. 167.

Contratos, em que fica consignado que se aplicam a tais instrumentos destinados à colaboração entre Administrações, organismos e entidades, para o atingimento de fins comuns.

Nessas situações não faria sentido a elaboração de projeto básico, porquanto não há que se orientar eventuais contendores em procedimento licitatório. Por isso substitui-se o instrumento pela fixação de metas a serem atingidas, plano de aplicação, cronograma de desembolso, descrição de etapas ou fases de execução etc.

Portanto, projeto básico é imprescindível para que se possa realizar procedimento licitatório ou para se contratar, mesmo que diretamente mediante dispensa ou inexigibilidade, mas não constitui elemento requisitado pelo estatuto das licitações e contratos vigente, para situações caracterizáveis como convênios ou ajustes assemelhados.

PROJETO – NECESSIDADE DE ALTERAÇÃO

Pergunta

Uma construtora é contratada para a obra de ampliação do edifício sede do TRE-XX, em regime de empreitada por preço global. No curso da obra foram constatadas inconsistências no projeto, principalmente com relação ao projeto estrutural, cujo cálculo estrutural não se mostrou seguro. Acionou-se a empresa contratada, à época, para elaboração dos projetos, que respondeu não possuir mais a memória do cálculo estrutural (perdida em acidente no computador), embora tivesse obrigação contratual de responder e corrigir eventuais falhas apontadas no projeto. Assim, diante do desinteresse da empresa contratada para elaborar os projetos, da impossibilidade de continuidade da obra e dos prejuízos decorrentes da sua paralisação, com a possível perda do orçamento, perguntamos: É possível aditar o contrato da obra para que, às expensas da contratada, seja apresentado um novo cálculo estrutural do projeto, se a construtora se prontificou a fazê-lo, com base no art. 65, I, "a", da Lei nº 8.666/93?

Resposta

Há impossibilidade de que se inclua no contrato da empresa vencedora da licitação para a execução da obra, haja vista o que dispõe o art. 9º, incisos I e II, que a seguir se transcreve:

> Art. 9º. Não poderá participar, direta ou indiretamente, da licitação ou da execução de obra ou serviço e do fornecimento de bens a eles necessários:
>
> I – o autor do projeto, básico ou executivo, pessoa física ou jurídica;
>
> II – empresa, isoladamente ou em consórcio, responsável pela elaboração do projeto básico ou executivo ou da qual o autor do projeto seja dirigente, gerente, acionista ou detentor de mais de 5% (cinco por cento) do capital com direito a voto ou controlador, responsável técnico ou subcontratado;

Diante do disposto no dispositivo legal acima transcrito, resta concluir que o teor do art. 65, I, "a", da Lei de Licitações e Contratos Administrativos refere-se a alterações no contrato realizado com a empresa para a elaboração do projeto básico e/ou do projeto executivo, mas não se aplica em situações tais como a apresentada, em que a alteração contratual viria com a empresa executora para que esta procedesse a alteração do projeto.

Ora, se sequer se admite a participação daquela que elabora esses projetos no certame licitatório para a execução da obra, do mesmo modo não é lícito que esta possa, posteriormente, ter alterado o seu contrato original para inclusão de objeto estranho àquele que lhe foi adjudicado. Aliás, o dispositivo do art. 65, I, "a", trata de alteração contratual unilateral para ampliação do objeto não para a sua modificação fazendo-se inserir ali conteúdo diverso daquele colocado em disputa no certame.

Convém observar que o mesmo dispositivo cuida de limitar a ampliação do objeto em 25% e 50%, conforme se trate de serviço ou obra, ou seja, a sistemática legal deixa claro que a alteração que se admite é aquela na qual se amplie o objeto em razão de necessidade da Administração, percebida posteriormente à realização do certame licitatório, mas não a inclusão de objeto diferente daquele originalmente incluído no edital e no contrato.

Prorrogação de contratos de serviços – Ausência de previsão no edital

Pergunta

É possível a prorrogação de contratos de prestação de serviços, na forma do art. 57, II, da Lei nº 8.666/93, se não houver previsão expressa de tal possibilidade no Termo de Referência e no Edital, mas constar da minuta contratual que é parte integrante do instrumento editalício?

Resposta

Conquanto exista previsão na minuta contratual contida no bojo do edital de licitação, não há que se falar em ausência de previsão de prorrogação do contrato de prestação de serviços.

As minutas contratuais integram e fazem parte do edital de licitação, razão porque contendo estas disposições a respeito da possibilidade de prorrogação contratual, não há que se falar em omissão editalícia.

O que se pretende com a exigência de que a possibilidade de prorrogação esteja constando no edital é que todos os interessados tenham igual conhecimento desse fato e em razão dele possam melhor orientar suas propostas, porquanto em muitos casos é possível que a maior duração dos contratos permita a diluição de custos e, portanto, que sejam oferecidos preços menores.

PRORROGAÇÃO DE REGISTRO DE PREÇOS

Pergunta

Solicito maiores informações acerca da possibilidade de prorrogação do Registro de Preços previsto no Decreto nº 47.945/03 que regulamenta o Sistema de Registro de Preços no Estado de São Paulo. A questão é com relação à quantidade inicialmente permitida na licitação. Com a prorrogação da validade, eu considero a quantidade como se estivesse iniciando o contrato?

Resposta

Solicita-se pedido de orientação quanto a possibilidade de prorrogação de ata de registro de preços, realizada com supedâneo no regulamento paulista, trazido a lume pelo Decreto nº 47.945, de 16.07.2003, uma vez que se trata de entidade fundacional integrante da estrutura da Administração Pública estadual daquela unidade da Federação.

Dispõe o regulamento em questão (Decreto nº 47.945/03), em seu art. 13, com a redação que lhe foi atribuída pelo Decreto nº 51.809, de 16 de maio de 2007, que a vigência do registro de preços será de 12 (doze) meses, podendo ser prorrogado por uma vez por igual período, nos seguintes termos:

> Artigo 13 – O prazo máximo de validade do registro de preços será de 12 (doze) meses, contados a partir da data da publicação da respectiva Ata, podendo ser prorrogado por uma única vez por igual período.

Assim, estabelece a legislação aplicável à espécie que poderá ocorrer a prorrogação, a qual, se efetivada, fará com que a ata de registro de preços tenha validade por 24 (vinte e quatro) meses. Neste aspecto, porém, convém alertar para a inconstitucionalidade contida no regulamento, haja vista que contraria a determinação contida no art. 15, §3º, III, da Lei nº 8.666/93, que estabelece normas gerais de licitação e fixou em um ano a vigência máxima do registro de preços.

Ainda que se deixe de levar em consideração a inconstitucionalidade contida no art. 13 do Decreto nº 47.945/03, a respeito da possibilidade de aditamento de quantitativos, o que também foi perquirido pelo orientando, cabe ressaltar que não estabeleceu o regulamento previsão de acréscimo dos daqueles inicialmente previstos, o que indica pela impossibilidade de aditamento.

Mesmo que houvesse previsão no regulamento paulista, esta estaria maculada por inconstitucionalidade, tal qual a previsão de aditamento para sua vigência por período superior a um ano, haja vista o disposto no art. 15, §7º, inciso II, que assim fixou:

> Art. 15. [...]
>
> [...]
>
> §7º Nas compras deverão ser observadas, ainda:
>
> [...]
>
> II – a definição das unidades e das quantidades a serem adquiridas em função do consumo e utilização prováveis, cuja estimativa será obtida, sempre que possível, mediante adequadas técnicas quantitativas de estimação;

Destarte, não há que se falar em aditamento de quantidades em ata de registro de preços, tal providência somente poderá ter lugar após a contratação, nas situações que se caracterizem como adequadas ao disposto no art. 65 da Lei Geral de Licitações e Contratos Administrativos, bem como naquelas definidas pela legislação especial do Estado de São Paulo.

Protocolo de intenções – Natureza jurídica

Pergunta

Qual é a natureza jurídica dos denominados "protocolos de intenções"? Trata-se de contratos ou convênios?

Resposta

Impende anotar, de início, que por se tratar de "protocolo de intenções" e não de instrumento contratual ou de convênios, os quais de fato estabelecem obrigações aos seus signatários, o que resta consignado nos "protocolos de intenções" é apenas a intenção de adotar as providências que lhes couberem para a consecução do objetivo estabelecido no documento.

É fundamental considerar, inicialmente, quanto a natureza jurídica de que se revestem os denominados "protocolos de intenções", trazendo à colação posicionamentos doutrinários a respeito, que elucidam sobre sua natureza e conteúdo, como o faz Odete Medauar:

> Protocolos – são firmados entre a Administração e um particular, entre a Administração e vários sujeitos privados ou entre órgãos estatais; mediante esse instrumento se ajusta a realização de atividade ou de certas condutas ante uma questão; por exemplo: protocolo entre poder público, montadoras (de automóveis) e sindicato dos metalúrgicos visando a não demissão de empregados em troca de maior produtividade ou benefícios fiscais. Nesse tipo se inclui o protocolo de intenções que, em geral, desencadeia futuros convênios ou contratos, como especificações ou concretização daquele.[44]

Na mesma direção encontra-se a definição apresentada pelo art. 8º, inciso XXII, da Lei Estadual Goiana de Licitações, Contratos e Convênios, que a seguir se transcreve:

> Art. 8º. Para os fins desta Lei, considera-se:
> [...]
> XXII – protocolo de intenções – documento de natureza prévia, caracterizado pela ausência do rigor formal e que prevê atividades futuras, inclusive de cooperação técnica, cujas obrigações, quando seus signatários representarem entidades distintas e para o desenvolvimento de suas atividades houver necessidade de repasse de recursos, serão formalizadas por convênios e/ou contratos;

Portanto, apenas por analogia se aplica o disposto no art. 116 da Lei Geral de Licitações e Contratos e nos arts. 180 a 199 da Lei Estadual nº 16.920/2010, haja vista a inexistência de disposições legais específicas a respeito da elaboração de tais instrumentos na Lei Geral de Licitações e Contratos Administrativos, assim como na Lei Estadual.

---

[44] *Direito administrativo moderno*. 9. ed. São Paulo: Revista dos Tribunais, 2005. p. 269.

Resta, pois, concluir que não se trata de negócio jurídico mas de afirmação da expectativa de estes venham a se firmar no futuro, traçando desde o momento do protocolo as condições em que deverão ser firmados.

Publicação de extrato de Nota de Empenho

Pergunta

Situação prática: Em 21.08 foi emitida uma Nota de Empenho, no valor de R$630,00. O extrato dessa nota foi publicado no *DOU* de 25.08. Posteriormente, foi constatado que houve erro na classificação do subelemento da despesa. Quando constatado o erro, aquela nota foi anulada e, em 15.09, emitida outra, de mesmo valor, com os dados corretos. Será necessário republicar o extrato dessa nova NE?

Resposta

No ordenamento normativo superior (leis), que disciplinam acerca de Direito Financeiro, não há exigência da publicação de extrato de notas de empenho, daí concluirmos que tal publicação ou ocorre em razão de costume do órgão público, ou porque este disciplinou a respeito em ato normativo regulamentar de alcance interno.

Caso seja a última hipótese a correta, será necessária a indicação do regulamento em questão para que se possa fazer a interpretação do mesmo, a fim de compreender a dimensão da exigência e, portanto, a necessidade ou não da republicação.

Do mesmo modo, em se tratando de simples praxe administrativa, não há que se falar em obrigatoriedade, porquanto esta somente poderá derivar de atos normativos formais, em face do Princípio da Legalidade insculpido no *caput* do art. 37, da Constituição Federal de 1988.

Publicidade em procedimento licitatório

Pergunta

No dia 24.10.2007 tornamos pública uma licitação na modalidade Tomada de Preços com recursos do Ministério XXXXX, fizemos a divulgação do edital no *Diário Oficial do Estado* e em jornal de grande circulação, por um lapso deixamos de efetuar a publicação do mesmo no *Diário Oficial da União* (cf. prevê o art. 21 inciso I da Lei nº 8.666/93). A licitação está concluída e a obra está sendo executada, porém o órgão gerenciador deste recurso solicitou a publicação no *DOU* para a liberação do pagamento da nota fiscal e como informado anteriormente não possuímos essa publicação. Qual o procedimento a ser tomado para justificarmos essa falha?

Resposta

Ocorreu, conforme já constata o próprio consulente, violação a disposição expressa da Lei de Licitações e Contratos Administrativos. Todavia, Jessé Torres Pereira Junior a respeito de situação correspondente àquela acima apresentada anotou:

> ... o eventual descumprimento, pela Administração, dos prazos e formas do art. 21 afronta pelo menos três princípios de *status* constitucional (igualdade, publicidade e devido processo legal), podendo gerar impugnação ao edital e sua anulação, na instância administrativa (autotutela) ou por via de controle externo (medida judicial ou de Tribunal de Contas), admitida, com a parcimônia que lhe é inerente, a máxima processual de que não há nulidade sem prejuízo, incorporada ao nosso direito positivo pelos arts. 249 e 250 do Código de Processo Civil, aplicável no processo administrativo...[45]

O Tribunal de Contas da União, por seu turno, assim decidiu a respeito de irregularidades em procedimento licitatório, sendo uma delas a falta de publicação no *Diário Oficial da União*:

> Ementa: Auditoria. Penitenciária Agrícola do Amapá. Verificação das obras paralisadas de reforma e ampliação da Penitenciária. Pedido de reexame de decisão que rejeitou as alegações de defesa e aplicou multa ao responsável em decorrência de ausência de projeto básico, falta de publicação de resumo do Edital, enquadramento inadequado de modalidade licitatória, ausência de cláusulas de garantia e de Boletim de medição de obra sem as especificações adequadas. Conhecimento. Provimento. Exclusão da responsabilidade do ex Governador do Amapá. Autorização de parcelamento do débito dos demais responsáveis.
> Acórdão 177/1998-Plenário

---

[45] *Comentários à lei das licitações e contratações da Administração Pública*. 6. ed. Rio de Janeiro: Renovar, 2003. p. 232.

Portanto, embora possível que se aproveite o procedimento, inclusive com fundamento no princípio da ausência nulidade por inexistência de prejuízo, poderá ocorrer de resultar a imposição de penalidade pelo TCU aos responsáveis pela ausência da publicidade.

O aproveitamento do procedimento, no entanto, dependerá de não ficarem constatadas irregularidades maiores e comprometedoras de outros aspectos da licitação, como, p. ex., economicidade, direcionamento etc.

Publicidade – Ausência de veiculação em jornal de grande circulação

Pergunta

A ausência de veiculação em jornal de grande circulação necessariamente anula a tomada de preços que tenha sido, além da publicação oficial, divulgada na Internet?

Resposta

A ausência de publicação em jornal diário de grande circulação no Estado onde se dará a obra ou serviço a ser futuramente contratado acarretará a nulidade do certame licitatório, porquanto se trata de violação a disposição literal de lei e, portanto, transgressão ao princípio da legalidade estrita, ainda incidente sobre a confecção de atos administrativos, mormente porque tal publicidade tem o caráter de ampliar o universo de participantes do certame licitatório.

Não será suficiente que tenha sido dada publicidade da realização da tomada de preços pela Internet, pois a utilização de outros meios de divulgação, consoante preconiza o art. 21, inciso III, da Lei nº 8.666/93, constitui faculdade de que poderá se valer a Administração com o intuito de ampliar a área de competição, jamais como subterfúgio para excluir determinação expressa no mesmo dispositivo de lei.

Consentâneas com tal compreensão acerca do tema estão as jurisprudências do TCU e do TFR da 1ª Região, anotadas por Jorge Ulisses Jacoby Fernandes:

TCU

... observe estritamente, na realização de licitações, o que estabelece a Lei nº 8.666/93, em especial (...) o art. 21, inciso III, relativamente à publicação dos avisos contendo os resumos dos editais em jornal diário de grande circulação no Estado.

TFR – 1ª Região

1. A Lei nº 8.666/93, em seu art. 21, inciso III, dispõe que os resumos dos editais da licitação deverão ser publicados em jornal diário de grande circulação.

2. Desse modo, se o ato convocatório do procedimento não foi publicado, ao menos uma vez, em jornal local de grande circulação, fica configurada a violação ao princípio da publicidade e da legalidade, que norteiam o procedimento licitatório.[46]

Jessé Torres Pereira Junior, com a maestria peculiar no tratamento do tema licitações e contratos, sentencia:

> ... não se compreende, porque incompatível com o princípio da indisponibilidade e inconciliável com o da publicidade, que alguma modalidade de licitação possa ser iniciada sem a correspondente divulgação. Sendo o edital, como é, instrumento desta, terá de ser objeto de publicação (por aviso resumido), que se trate de concorrência, tomada de preços, concurso ou leilão. A publicação é da índole do edital.
>
> A publicação do aviso será obrigatória sempre, porém variável o seu veículo, segundo a posição administrativa que ocupe o responsável pelo objeto da licitação.[47]

Destarte, a não publicação do aviso de edital, nos moldes preconizados pelo art. 21, inciso III, em se tratando de tomada de preços, ocasionará a nulidade de certame, não sendo supridora do imperativo de publicação em jornal diário de grande circulação, a divulgação pela Internet.

---

[46] *Vade-mécum de licitação e contratos*. 3. ed. Belo Horizonte: Fórum, 2006. p. 333.

[47] *Comentários à lei das licitações e contratações da Administração Pública*. 6. ed. Rio de Janeiro: Renovar, 2003. p. 225-226.

Qualificação técnica – Pregão – Exigências

Pergunta

Em Pregão eletrônico para contratação de empresa para prestação de serviços especializados no atendimento médico, de enfermagem e odontológico nos ambulatórios da XXXX, exigimos que a empresa vencedora do lote apresentasse o Registro no Conselho Regional de Medicina, Odontologia, Enfermagem e Administração, com indicação do Responsável Técnico. Recebemos nesta data-11h, impugnação ao Edital, com a alegação de ferir o art. 27 da Lei nº 8.666/93. Como proceder?

Resposta

A exigência em questão encontra-se adequada ao que dispõe a legislação sobre licitações e contratos (Lei nº 8.666/93), em que pese tratar-se de procedimento licitatório regido pela Lei nº 10.520/02, que rege a modalidade "Pregão".

Deve-se compreender que o art. 9º da Lei do Pregão estabelece a aplicação subsidiária da Lei de Licitações e Contratos Administrativos também àquela modalidade de procedimento licitatório, encontrando-se assim redigido:

> Art. 9º. Aplicam-se subsidiariamente, para a modalidade de pregão, as normas da Lei nº 8.666, de 21 de junho de 1993.

Aliás, o próprio impugnante está ciente dessa realidade, tanto que fez a impugnação do edital com fundamento no art. 27 da Lei nº 8.666/93, conforme indicado no pedido de orientação.

Estabelecida a aplicabilidade da Lei Geral das Licitações e Contratos Administrativos, subsidiariamente, aos pregões, deve-se direcionar o raciocínio para a constatação da regularidade na aplicação da exigência de apresentação dos registros junto aos conselhos regionais.

Fixa o art. 27 da Lei nº 8.666/93 quais os requisitos possíveis de serem exigidos para a habilitação do interessado em participar de certame licitatório. Entretanto, coube aos artigos seguintes esclarecer em que consistiria cada uma daquelas exigências ali expressas.

No caso do inciso II do art. 27, que trata da documentação pertinente a qualificação técnica, necessária para a habilitação, coube ao art. 30 da mesma lei estabelecer quais os documentos exigíveis para cumprir com essa finalidade, ficando estabelecida, de forma expressa no inciso I do artigo referido, a possibilidade de exigência concernente ao registro na entidade profissional competente:

> Art. 30. A documentação relativa à qualificação técnica limitar-se-á:
>
> I – registro ou inscrição na entidade profissional competente;

O mesmo artigo, em seu inciso II e §1º inciso I, não deixa qualquer dúvida a respeito da necessidade de demonstração do registro do pessoal técnico que possui, vejamos:

> §1º A comprovação de aptidão referida no inciso II do "*caput*" deste artigo, no caso das licitações pertinentes a obras e serviços, será feita por atestados fornecidos por pessoas jurídicas de direito público ou privado, devidamente registrados nas entidades profissionais competentes, limitadas as exigências a: (Redação dada pela Lei nº 8.883, de 1994)
>
> I – capacitação técnico-profissional: comprovação do licitante de possuir em seu quadro permanente, na data prevista para entrega da proposta, profissional de nível superior ou outro devidamente reconhecido pela entidade competente, detentor de atestado de responsabilidade técnica por execução de obra ou serviço de características semelhantes, limitadas estas exclusivamente às parcelas de maior relevância e valor significativo do objeto da licitação, vedadas as exigências de quantidades mínimas ou prazos máximos; (Incluído pela Lei nº 8.883, de 1994)

A exigência é garantia de qualidade na execução dos serviços contratados, tanto assim que para se substituir os profissionais indicados por ocasião da licitação deverá o licitante contar com aprovação da Administração e, mesmo assim, conquanto os substitua por outros que possuam qualificação equivalente ou superior, conforme o §10, do art. 30:

> §10. Os profissionais indicados pelo licitante para fins de comprovação da capacitação técnico-profissional de que trata o inciso I do §1º deste artigo deverão participar da obra ou serviço objeto da licitação, admitindo-se a substituição por profissionais de experiência equivalente ou superior, desde que aprovada pela administração. (Incluído pela Lei nº 8.883, de 1994)

Não há, portanto, razão em questionamento que tenha por fundamento simplesmente a exigência de registro do pessoal indicado na proposta apresentada por licitante interessado na contratação de prestação de serviços com a Administração Pública.

R

Reajustamento de preços e prorrogação

Pergunta

1. Anteriormente à edição da Medida Provisória nº 2074-72, de 27 de dezembro de 2000 o reajustamento de preços, em tais casos, teria que obedecer a periodicidade de 1 ano para o primeiro reajuste e os seguintes também? Qual a fundamentação legal? 2. Porque a apostila tem que ser efetivada dentro do prazo de vigência do contrato? Solicita-se fundamentação na legislação e na doutrina 3. Qual a legislação aplicável para obrigar a Administração a efetivar a apostila dentro do prazo de vigência do contrato? 4. Existe diferença na prorrogação de contrato para execução de serviços e de obras? Em ambos os casos é possível a prorrogação? Qual a legislação aplicável? Em ambos é possível ocorrer reajustamento? 5. É possível fazer alteração da dotação orçamentária e da fonte de recurso por meio de Apostilamento? O instrumento correto não seria Termo Aditivo? 6. Uma prestação de contas de ordenador de despesa foi protocolada no Tribunal. Após o gestor faleceu. Feita a análise da prestação de contas não havendo débito e havendo apenas multa a aplicar, qual a decisão do Tribunal? Poderá o Tribunal extinguir a prestação de contas sem julgamento de mérito ou tem que obrigatoriamente analisar a prestação de contas? 7. No caso de falecimento do responsável, estando em curso o processo ainda sem citação, como deve ser o procedimento? E se já foi citado? E se já tem decisão?

Resposta

Tendo em vista a enumeração de vários questionamentos passa-se a respondê-los de modo pontual, objetivando maior facilidade de compreensão por parte do solicitante.

R.1: Sim, mesmo anteriormente à edição da Medida Provisória nº 2.074-72/2000, os contratos firmados em real ou convertidos para a moeda somente poderiam ser reajustados após o transcurso do período de pelo menos 01 (um) ano, o fundamento legal para tal exigência encontra-se no artigo 28 da Lei nº 9.069/1995, com o seguinte teor:

Art. 28. Nos contratos celebrados ou convertidos em REAL com cláusula de correção monetária por índices de preço ou por índice que reflita a variação ponderada dos custos dos insumos utilizados, a periodicidade de aplicação dessas cláusulas será anual.

§1º É nula de pleno direito e não surtirá nenhum efeito cláusula de correção monetária cuja periodicidade seja inferior a um ano.

§2º O disposto neste artigo aplica-se às obrigações convertidas ou contratadas em URV até 27 de maio de 1994 e às convertidas em REAL.

§3º A periodicidade de que trata o *caput* deste artigo será contada a partir:

I – da conversão em REAL, no caso das obrigações ainda expressas em Cruzeiros Reais;

II – da conversão ou contratação em URV, no caso das obrigações expressas em URV contratadas até 27 de maio de 1994;

III – da contratação, no caso de obrigações contraídas após 1º de julho de 1994; e

IV – do último reajuste no caso de contratos de locação residencial.

§4º O disposto neste artigo não se aplica:

I – às operações realizadas no mercado financeiro e no Sistema Financeiro de Habitação – SFH, por instituições financeiras e demais entidades autorizadas a funcionar pelo Banco Central do Brasil, bem assim no Sistema Brasileiro de Poupança e Empréstimo – SBPE e aos financiamentos habitacionais de entidades de previdência privada;

II – às operações e contratos de que tratam o Decreto-lei nº 857, de 1969, e o art. 6º da Lei nº 8.880, de 27 de maio de 1994.

§5º O Poder Executivo poderá reduzir a periodicidade de que trata esse artigo.

§6º O devedor, nos contratos com prazo superior a um ano, poderá amortizar, total ou parcialmente, antecipadamente, o saldo devedor, desde que o faça com o seu valor atualizado pela variação acumulada do índice contratual ou do IPC-r até a data do pagamento.

§7º Nas obrigações em Cruzeiros Reais, contraídas antes de 15 de março de 1994 e não convertidas em URV, o credor poderá exigir, decorrido um ano da conversão para o REAL, ou no seu vencimento final, se anterior, sua atualização na forma contratada, observadas as disposições desta Lei, abatidos os pagamentos, também atualizados, eventualmente efetuados no período.

R.2: A apostila de reajustamento contratual terá que ser efetivada durante a vigência do contrato porque esta é ato jurídico acessório em relação àquele, sendo assim não será possível se reajustar o que já está extinto. Neste sentido a doutrina de Lucas Rocha Furtado, Procurador Geral do Ministério Público junto ao Tribunal de Contas da União:

Outra hipótese de extinção do contrato ocorre com a expiração de seu prazo de vigência. A Lei nº 8.666/93, em seu art. 57, §3º, veda a celebração de contrato com prazo de vigência indeterminado. Ademais, o *caput* do art. 57 fixa a regra em matéria de vigência de contrato, *in verbis*: "a duração dos contratos regidos por esta Lei ficará adstrita à vigência dos respectivos créditos orçamentários". Somente nas hipóteses indicadas nos incisos do art. 57 poderão ser celebrados contratos com prazos superiores ao do exercício financeiro. Nesses termos, expirando o prazo de vigência do contrato, caso não ocorra a sua renovação, ocorrerá sua extinção.[48]

R.3: A resposta a esta questão está compreendida na anterior.

R.4: Tanto o contrato destinado à prestação de serviços como aquele destinado a contratar empresa para a execução de obra são contratos administrativos, sendo que neste aspecto não se diferem. A diferença é apenas aquela óbvia — a distinção do objeto — sendo-lhes aplicável a mesma legislação, a Lei nº 8.666/93, com as peculiaridades legais estabelecidas a cada um deles.

Em ambos os contratos, prestação de serviços ou execução de obras, conquanto tenha sido previsto no edital, é possível que sejam prorrogados, pelo prazo máximo estabelecido no art. 57 da Lei de Licitações e Contratos Administrativos.

R.5: A dotação orçamentária não poderá ser alterada após a realização da licitação, senão para se adequar a novo orçamento aprovado, para viger em exercício seguinte àquele do ano em que se deu a licitação e a contratação, mas sempre guardando a mesma correlação de indicação do programa e subprograma.

Exige a Lei nº 8.666/93 que a realização de procedimento licitatório somente se dê quando "houver previsão de recursos orçamentários que assegurem o pagamento das obrigações decorrentes de obras ou serviços a serem executadas no exercício financeiro em curso",[49] quando a obra ou o serviço tiverem de ser executados por mais que a duração de um exercício financeiro, deverá se tomar o cuidado de verificar que o serviço ou a obra encontram-se previstos no Plano Plurianual.

Todavia, quando da realização de reajustes a prorrogação deverá ser contemplada com recursos originários de dotação orçamentária, programa e subprograma correspondentes àquele que foi informado na licitação e utilizado no contrato.

---

[48] FURTADO, Lucas Rocha. *Curso de licitações e contratos administrativos*. Belo Horizonte: Fórum, 2007. p. 556.

[49] Art. 7º, III.

Portanto, nem por apostilamento, nem por termo aditivo poderá ser alterada a dotação orçamentária originalmente presente no edital e no contrato.

R.6: Não é possível que se dê a aplicação de penalidade *post mortem*, pois nos termos do art. 5º, inciso XLV, da Constituição Federal de 1988, penalidade não pode ultrapassar a pessoa do condenado. O dispositivo constitucional, que abaixo se transcreve, é incisivo a esse respeito:

> Art. 5º. [...]
>
> [...]
>
> XLV – nenhuma pena passará da pessoa do condenado, podendo a obrigação de reparar o dano e a decretação do perdimento de bens ser, nos termos da lei, estendidas aos sucessores e contra eles executadas, até o limite do valor do patrimônio transferido;

Assim, apenas no caso de constatação de prejuízo ao erário poderia eventual busca pela recuperação do valor do prejuízo causado motivar ação judicial, atingindo o patrimônio transferido pelo falecido aos seus sucessores. No caso vertente, trata-se de penalidade de multa, o que faz com que falecendo o apenado deixe de existir também a possibilidade de aplicação da pena.

De qualquer modo deverá o Tribunal realizar o julgamento do mérito da prestação de contas, pois caso resulte demonstrado prejuízo ao erário este deverá ser ressarcido pelos herdeiros até a força da herança por eles percebida.

R.7: Ao procedimento administrativo deverá ser procedida a juntada de cópia do atestado de óbito do responsável pelas contas prestadas, mas este somente será levado em consideração, para eventual determinação de arquivamento do feito, no caso de restar configurada a inexistência de dano, com a mera possibilidade de imposição de penalidade.

Portanto, se já presente decisão a respeito, caso tenha-se apenas estabelecido a imposição de multa, ante o falecimento do responsável e à vista do que dispõe o art. 157 do Regimento Interno do Tribunal de Contas do TCE/XX, deverá ser o processo remetido ao arquivo. Transcreve-se o artigo em questão:

> Art. 157 – A aplicação das multas previstas no art. 37 da Lei Estadual nº 1.284, de 17 de dezembro de 2001, será proposta a critério do Relator, podendo os demais órgãos técnicos da Casa fazer sugestões para a proposição.

§1º A multa recairá na pessoa física que lhe deu causa e seu recolhimento aos cofres públicos far-se-á no prazo de trinta dias, contados da data da respectiva notificação.

§2º Admitir-se-á o parcelamento das multas, aplicadas pelo Tribunal, na forma estabelecida no artigo 84 deste Regimento e em Resolução específica.

§3º Ficam, também, sujeitas às multas previstas neste artigo as autoridades administrativas cuja ação ou omissão as tornem solidárias pelas irregularidades ou ilegalidades apuradas.

Reajuste e índice deflacionário

Pergunta

Hipótese: Contrato para prestação de serviços de natureza contínua, nos termos do art. 57, II, da Lei nº 8.666, de 21 de junho de 1993, em que se pactuou a possibilidade de reajuste anual dos preços, de acordo com a variação do IGP-M (Índice Geral de Preços de Mercado). Passado um ano da vigência do contrato e requerido o reajuste pela contratada, verificou-se que houve deflação naquele lapso temporal, vale dizer, o IGP-M acumulado ao longo do ano foi de -0,6591%, o que resultaria, pela aplicação deste, em redução do valor contratado em R$1,66 (um real e sessenta e seis centavos). Pergunta: A Administração está obrigada a efetuar a redução do valor contratado, ou pode deixar de fazê-la, à vista do princípio da insignificância?

Resposta

Inicialmente há que se alertar para a diferença entre reajustamento de preços, que, consoante com a dicção do art. 55, III, da Lei de Licitações e Contratos Administrativos, constitui situação distinta da correção monetária. Enquanto o primeiro instituto busca adequar o valor do bem ou serviço àquele que atualmente está sendo praticado pelo mercado, tendo, portanto, um viés mercadológico; o segundo preocupa-se em restabelecer o valor da moeda corroído pela inflação.

Sendo assim, duas situações deverão ser cogitadas em relação à aplicação de índice negativo em caso de reajustamento de preço contratualmente estabelecido: a primeira é acerca da possibilidade de que em virtude de ajustamento venha a se praticar valor contratual inferior àquele originalmente estabelecido, ou seja, redução contratual decorrente da aplicação de índice de reajuste; a segunda relaciona-se com a necessidade constante de verificação da situação do mercado em relação aos bens ou serviços em questão.

Portanto, iniciando a análise pelo ponto colocado em primeiro lugar, resta concluir que em função da aplicação de reajuste não há que se falar em redução do valor contratado, sendo este o posicionamento adotado por doutrinadores de escol do direito administrativo contratual, valendo citar a respeito Jorge Ulisses Jacoby Fernandes, que afirma: "O reajuste é uma adequação de preços sempre para um valor superior, com periodicidade e índice pré-definidos".[50] E, ainda, Jessé Torres Pereira Junior,[51] que ao tratar do assunto não cogita redução de valores em razão de reajustamento.

Quanto ao segundo aspecto, vale lembrar que mesmo ante a índices positivos é necessário que ao se fazer o reajustamento se verifique a manutenção da vantajosidade do valor contratado, porquanto não poderá prosperar a contratação com a aplicação de reajuste quando disto decorrer que os valores a serem pagos se tornam excessivos ante aqueles praticados pelo mercado, ou impraticáveis, em face de não poderem suprir os custos.

Em tais casos, havendo interesse na manutenção da contratação será possível a repactuação, conforme pode-se conferir no quadro apresentado por Jorge Ulisses Jacoby Fernandes, na obra *Sistema de registro de preços e pregão*, p. 299-300.

Destarte, o que irá ocorrer no contrato exemplificado no presente pedido é que este deverá ter o seu valor mantido, não em razão da aplicação do princípio da insignificância, mas pela inexistência de reajuste negativo.

Reclassificação tributária da empresa contratada e repactuação

Pergunta

É cabível a concessão de pedido de repactuação de empresa contratada pela Administração em 2009, como optante pelo Simples

---

[50] *Sistema de registro de preços e pregão*. 3. ed. Belo Horizonte: Fórum, 2008. p. 298.

[51] *Comentários à lei das licitações e contratações da Administração Pública*. 6. ed. Rio de Janeiro: Renovar, 2003. p. 562-563.

Nacional, que teve seu regime de tributação alterado em 1º.01.2010, e por consequência, houve majoração no percentual de encargos sociais (Acórdão TCU nº 2.475-Plenário – voto do Min. Relator)? É cabível repactuação com a incidência dos encargos sociais sobre o adicional de risco de vida, sendo que na Convenção Coletiva de Trabalho dos empregados de segurança do DF consta apenas que o salário normativo será de "X" acrescido de 5% do adicional de risco de vida, sem, no entanto, estar expresso na norma coletiva as parcelas que incidem sobre o referido adicional? Sobre esse assunto, cito Acórdão TST – AIRR-157/2004-028-01-40-1 e Acórdão TRT 4ª Região – RO – 01257-2007-017-04-00-3.

Resposta

Não se vislumbra como possível a realização de repactuação com fundamento na alteração da classificação tributária da empresa contratada, haja vista que tal modificação não se amolda ao que dispõe o art. 65, I, "d", da Lei nº 8.666/93, que assim encontra-se redigido:

> Art. 65. Os contratos regidos por esta Lei poderão ser alterados, com as devidas justificativas, nos seguintes casos:
>
> I – unilateralmente pela Administração:
>
> a) quando houver modificação do projeto ou das especificações, para melhor adequação técnica aos seus objetivos;
>
> b) quando necessária a modificação do valor contratual em decorrência de acréscimo ou diminuição quantitativa de seu objeto, nos limites permitidos por esta Lei;
>
> II – por acordo das partes:
>
> [...]
>
> d) para restabelecer a relação que as partes pactuaram inicialmente entre os encargos do contratado e a retribuição da administração para a justa remuneração da obra, serviço ou fornecimento, objetivando a manutenção do equilíbrio econômico-financeiro inicial do contrato, na hipótese de sobrevirem fatos imprevisíveis, ou previsíveis porém de conseqüências incalculáveis, retardadores ou impeditivos da execução do ajustado, ou, ainda, em caso de força maior, caso fortuito ou fato do príncipe, configurando álea econômica extraordinária e extracontratual.

Como se vê, nenhuma das hipóteses presentes no inciso I, que trata da possibilidade de alteração contratual unilateralmente, ampara a possibilidade de alteração frente à mudança informada, do mesmo modo ocorrendo com a hipótese trazida pelo inciso II, alínea "d", que restringe sua aplicação para os casos de fatos imprevisíveis, ou previsíveis, mas de consequências incalculáveis.

É de se ressaltar, ainda, que a condição de pequena ou microempresa pode até ter servido como critério de desempate do certame licitatório, em razão da aplicação dos dispositivos dos artigos 42 a 49 da Lei Complementar nº 123/06, em razão do que alteração posterior na condição da empresa implicaria em injusto benefício desta em detrimento das demais competidoras envolvidas na licitação.

Destarte, diante dessa situação e da possibilidade de que com o crescimento econômico da empresa esta possa ser reenquadrada, mudando sua categoria, quando da formulação de sua proposta deverá levar em consideração o valor normal dos tributos, sem considerar eventuais benefícios decorrentes de sua condição de empresa de pequeno porte ou microempresa.

Reconhecimento de despesa

Pergunta

Quais são os requisitos para o reconhecimento de despesa? Se a Administração já reconheceu a despesa de uma determinada empresa, pode fazê-lo novamente, nas mesmas circunstâncias e após formular um contrato com a referida? Como a Administração pode reaver os valores de despesas consideradas irregulares, como, por exemplo, sem prévio empenho?

Resposta

Aparentemente o que se denomina por reconhecimento de despesa deve ser compreendido como "confissão" de débito. Por isto tratar-se-á da questão como sendo este o significado da expressão "reconhecimento de despesa".

São vários os requisitos para que se possa confessar a existência de débito por parte da Administração Pública em relação a terceiros, valendo enumerar alguns que são relevantes para a futura contabilização de eventual pagamento:

- abertura de procedimento administrativo de sindicância para que seja apurada a responsabilidade pela realização

da despesa sem que tenham sido executados os trâmites legalmente previstos;
- abertura de procedimento administrativo destinado a apurar a efetiva execução do serviço e/ou fornecimento;
- que, após ter ficado cabalmente demonstrado que foram executados os serviços e/ou entregues os bens, sejam tomadas as providências para o pagamento, que se dará com o cumprimento dos passos seguintes;
- comprovação da existência de recursos orçamentários para atender indenizações administrativas pertinentes ao bem ou serviço fornecido;
- comprovação de regularidade fiscal do credor;
- apresentação de documentos fiscais relativos ao serviço ou bem que se pretende receber;
- declaração do ordenador de despesa, nos termos do art. 16 da Lei de Responsabilidade Fiscal;
- parecer do órgão jurídico responsável pela análise de procedimentos no órgão;
- manifestação do órgão de controle interno;
- outros documentos necessários, conforme a praxe administrativa do órgão ou entidade.

O fato de a Administração ter efetuado pagamento anterior em relação a uma determinada empresa não autoriza que novamente possa fazê-lo sem tomar as precauções devidas.

Para que ocorra o ressarcimento de valores à Administração é antes fundamental que se perquira se tal ressarcimento será efetuado administrativamente ou judicialmente. Se administrativamente, deverá se apurar o montante a ser devolvido, corrigi-lo e o valor resultante poderá ser recolhido à conta do órgão ou entidade, ou se a devolução dever ser efetivada por servidor público, verificar a possibilidade de que o mesmo seja parcelado. Se judicialmente, deverão ser seguidos os procedimentos adequados previstos no Código de Processo Civil.

Reconhecimento de dívida

Pergunta

Prezados Senhores, Venho solicitar posição dessa Instituição sobre a seguinte dúvida: 1. A Fundação Fulana de Tal celebrou convênio com a Associação Beltrana com o objeto de estabelecerem as bases e condições operacionais de mútua cooperação entre os partícipes, com vista a: a) Conceder oportunidade de estágio para estudantes universitários, de interesse acadêmico; b) Propiciar o custeio, em parte, de mensalidades escolares devidas por alunos universitários. Em face do item "propiciar o custeio" a Fundação citada deve repassar mensalmente à Associação Beltrana o montante de parte das mensalidades dos alunos universitários cadastrados no programa. Porém, em 2008 os repasses ocorreram somente até o mês de setembro. Diante disso, e em cumprimento a legislação do XX, o processo de repasse dos recursos em comento vem a este Órgão de Controle Interno para analisar sua instrução processual, a qual está direcionada para o reconhecimento de dívida dos repasses remanescentes. Em face disso e considerando que o entendimento do corpo técnico desta Corregedoria-Geral do XX é o de que não se aplica o instituto do reconhecimento de dívida a convênios, venho solicitar posicionamento se cabe ou não o reconhecimento de dívida no caso em questão, se negativo, qual é o caminho a ser seguido.

Resposta

O que é chamado de reconhecimento de dívida, no questionamento apresentado, é, na verdade, procedimento de indenização pela via administrativa, o que realmente não coaduna com o intento objetivado nos convênios.

Entretanto, uma vez que existe ou existiu convênio entre as duas entidades e não tendo ocorrido os repasses dos valores comprometidos pela fundação, nada obsta, conquanto ainda esteja o convênio em vigor, sejam efetuados os repasses em questão.

Destarte, embora não seja possível a indenização administrativa, porque não haveria como se demonstrar o enriquecimento sem causa, de entidade repassadora, em detrimento daquela que receberia os recursos, a execução do convênio, desde que não tenha se expirado o seu prazo de validade, poderá ser continuada efetuando-se os repasses faltantes.

Redução de quantidade de fornecimento

Pergunta

Sistema de Registro de Preços. Quando da formalização do 1º pedido (feito por uma Autorização de Fornecimento, com validade de 60 dias) a Administração solicitou determinada quantidade que, posteriormente, verificou-se que, para aquele pedido, parte dela não seria necessária. Exemplo: Total de objetos registrados na Ata de Registro de Preços: 500 objetos solicitados no 1º pedido: 150, sendo que somente 100 foram utilizados e pagos. Saldo remanescente do 1º pedido: 50. Dessa forma questiona-se: 1. É possível o retorno desse saldo remanescente (50), não utilizado e não pago, à Ata de Registro de Preços, eis que não se trata de uma supressão haja vista a necessidade de utilização desse quantitativo nos próximos pedidos? 2. Em caso afirmativo, tal "estorno" das quantidades seria cabível caso a AF/ Contrato já estivesse vencido embora a Ata de Registro de Preços ainda estivesse vigente?

Resposta

A situação apresentada poderá ser solucionada com a aplicação do que prevê o art. 65, §2º, II, da Lei de Licitações e Contratos Administrativos, que trata das alterações contratuais, caso haja concordância por parte do contratado, ou não havendo, com a aplicação do disposto no §1º do mesmo artigo, embora o limite neste caso seja de 25% (vinte e cinco por cento) nas obras, serviços ou compras.

Procedida a redução do volume de bens a serem entregues, mediante aditamento contratual, bastará que se comunique acerca do evento à entidade gerenciadora da ata de registro de preços, a fim de que a mesma proceda a correção do saldo remanescente de bens disponíveis na ata.

Deve-se ressaltar, porém, que caso tenham sido os bens entregues, mesmo que não tenham sido pagos, não estará o fornecedor obrigado a recebê-los de volta, ainda que dentro do limite de 25% ou 50%.

Registro de preços e desistência de licitante

Pergunta

O XXX-XX possui uma Ata de Registro de Preços em plena vigência feita na modalidade Pregão. Ocorre que o primeiro colocado com preço registrado em ata na quantidade total do item solicitou o cancelamento do seu registro sem justificativa razoável. Indaga-se: 1. Além de aplicar as penalidades a esta empresa, posso convocar o 2º colocado para entregar o objeto por meio de aditivo à Ata? 2. Chamando o segundo colocado qual o preço a ser registrado? o do primeiro colocado que solicitou o cancelamento ou o preço dele? Ressalto que o preço do 2º colocado está dentro do valor de referência.

Resposta

Inicialmente é fundamental que se estabeleça contraditório, abrindo ao licitante que requereu o cancelamento a possibilidade de se valer do seu direito de ampla defesa, especialmente ante a constatação pela Administração de que seus fundamentos padecem de razoabilidade, informando-lhe da possibilidade de que venha sofrer penalização em virtude de sua disposição.

Não há previsão específica de penalização ao licitante que se nega a fornecer os bens ou serviços que tiveram seus preços registrados, assim como não há previsão de convocação do segundo colocado, do mesmo modo que aconteceria em procedimento licitatório para a contratação.

Somente concebeu o legislador a possibilidade de credenciamento de outros fornecedores quando o quantitativo ofertado pelo primeiro for insuficiente para atender o montante estipulado no edital de licitação objetivando a confecção de ata de registro de preços.

Não havendo, portanto, previsão legal impõe-se a constatação de impossibilidade jurídica, em face da imperatividade do princípio da legalidade estrita aplicável aos atos administrativos.

Destarte, para a aquisição de bens ou serviços que constavam da ata cujo fornecedor se recusa a entregá-los ao Poder Público, deverá se realizar novo procedimento licitatório, ou se for o caso, valer-se de contratação direta, caso verificada alguma das situações que determine a utilização desta solução.

A penalização do fornecedor que frustrou a Administração Pública poderá se realizar nos termos do processo administrativo preconizado pela Lei nº 9.784/99, garantindo-se a observância dos princípios do contraditório e da ampla defesa, aplicando-se, para o caso as disposições constantes no artigo 81 c/c o art. 87, da Lei de Licitações e Contratos Administrativos (Lei nº 8.666/93).

Tal penalização administrativa, no entanto, não impede que a Administração em questão tome a iniciativa de buscar se ressarcir civilmente do prejuízo que lhe tenha causado a recusa do licitante.

Registro de preços e publicação em jornal de grande circulação

Pergunta

Devido à grande quantidade de itens que constam do acervo do almoxarifado de uma das nossas unidades, serão realizados dois certames licitatórios a fim de proporcionar maior celeridade ao processo de aquisição, uma vez que para cada item, normalmente, se exige dos licitantes a disponibilização de amostras, no prazo de três dias úteis (para fins de aferição da qualidade do material). Contudo, em se tratando de ata de registro de preços, os custos com publicação serão mais elevados, pois, além da publicidade regular por meio do *Diário Oficial da União* e do *site* da unidade, necessário se faz publicar aviso de licitação em jornal de grande circulação regional e nacional, nos termos do §6º e inciso III do art. 17 do Decreto nº 5.450/05. Solicitamos então informações acerca da obrigatoriedade em publicar aviso de licitação em jornal de grande circulação regional ou nacional para fins de registro de Ata de Registro de Preço, uma vez que a realização de dois certames licitatórios, necessariamente, implicarão gastos duplicados para fins de publicidade, além da determinação legal por meio da imprensa oficial. Também, em caso de obrigatoriedade da publicação em tela, há possibilidade legal ou regulamentar para publicar, valendo-se de um único aviso de abertura de licitação, informação acerca da realização dos dois certames para um mesmo objeto (ressuprimento de materiais de almoxarifado), porém em datas distintas, como forma de reduzir gastos com publicidade na imprensa extraoficial (privada)?

Resposta

O que se tem, de pronto, é a necessidade de publicação do aviso de licitação, para a formação de ata de registro de preços, nos moldes preconizados pelo art. 17, III, alíneas "a", "b" e "c", do Decreto nº 5.450/05, seja porque o valor envolvido nas aquisições superem R$1.300.000,00 (um milhão e trezentos mil reais), ou nos casos de registro de preços, como estabelece o §6º, do mesmo artigo.

Quanto à possibilidade de realizar uma mesma publicação para dois certames licitatórios diferentes, convêm alertar que a publicação não será do edital, mas apenas aviso do procedimento licitatório a ser realizado. Assim, conquanto seja possível em um único aviso deixar claro o fato de se tratar de licitações distintas, atendendo o que expressa o §2º do art. 17 do Decreto nº 5.450/05, não haverá obstáculo a que a publicidade se dê de modo mais econômico.

Para tanto, convêm trazer a lume o teor do referido dispositivo, ao qual se recomenda integral observância, para o fim pretendido:

> Art. 17. [...]
>
> [...]
>
> §2º O aviso do edital conterá a definição precisa, suficiente e clara do objeto, a indicação dos locais, dias e horários em que poderá ser lida ou obtida a íntegra do edital, bem como o endereço eletrônico onde ocorrerá a sessão pública, a data e hora de sua realização e a indicação de que o pregão, na forma eletrônica, será realizado por meio da internet.

Destarte, para a confecção de um único aviso que ampare dois procedimentos licitatórios distintos, há que se tomar o cuidado de fazer com que tal divulgação cumpra de modo suficiente o que estabelece a determinação emanada do art. 17, §2º, do Decreto nº 5.450/05.

Registro de preços – Exaurimento de ata e caronas

Pergunta

Havendo o exaurimento de 100% do objeto da Ata de Registro de Preços e também não havendo interesse em proceder qualquer acréscimo quantitativo, pode a Administração — único órgão participante — determinar o cancelamento do registro a qualquer momento ou teria o compromissário algum direito subjetivo à manutenção da ata pelo prazo mínimo de um ano em razão da possibilidade de fornecer para caronas?

Resposta

A questão formulada encontra resposta no posicionamento de Jorge Ulisses Jacoby Fernandes, para quem o "carona" "só pode comprar até o limite de quantidades registradas".[52]

---

[52] *Sistema de registro de preços e pregão*. 3. ed. Belo Horizonte: Fórum, 2008. p. 675.

Também o Tribunal de Contas da União, no Acórdão nº 1.487/2007-Plenário, concluiu, no item pela necessidade de limitação às adesões a registros de preços, estabelecendo ao Ministério do Planejamento, Orçamento e Gestão a adoção de providências para alteração, a esse respeito, do Decreto nº 3.931/2001.[53]

Registro de preços para a elaboração de projetos de engenharia e construção

Pergunta

SRP – Elaboração de Projetos de Engenharia – Construção de Imóveis Seguindo Padrão em Diversos Municípios – Inexistência de Terrenos – Caracterização do Objeto (Elementos Necessários). Órgão pertencente à União planeja a construção de doze imóveis em diversos municípios no decorrer dos anos de 2008 e 2009. Com esse objetivo, realizará licitação para a contratação de elaboração de projetos arquitetônicos e complementares (estrutural, elétrico, entre outros). Os imóveis seguirão um padrão e já têm determinados alguns elementos, como: a área construída, o número de pavimentos e de ambientes. Obstáculos à contratação: 1. Os terrenos onde serão construídos os imóveis ainda não foram obtidos pela Administração; 2. Os recursos orçamentários estão assegurados apenas para a construção de três imóveis dos seis previstos para o ano de 2008. Pergunta-se: 1. É possível a utilização de registro de preços, na modalidade de Pregão eletrônico, para a contratação de projetos para os doze imóveis previstos, considerando que a formalização da contratação de cada projeto se dará à medida que forem obtidos os terrenos e os recursos orçamentários? 2. A inexistência de dados acerca dos terrenos inviabiliza a abertura da licitação em razão do disposto art. 9º, I, do Decreto nº 3.931/01 exigir "a especificação/descrição do objeto, explicitando o conjunto de elementos necessários e suficientes, com nível de precisão adequado, para a caracterização do bem ou serviço, inclusive definindo as respectivas unidades de medida usualmente adotadas"?

[53] O teor integral do acórdão poderá ser consultado na obra referenciada na nota anterior, a partir da p. 626 até a p. 642.

Resposta

Embora a existência de recursos orçamentários não seja imprescindível para a realização de registro de preços, porquanto se trata de registro objetivando eventual contratação, caso surja real necessidade para a Administração, há exigência legal, esta que se entende intransponível, contida no §7º, inciso I, do art. 15, da Lei de Licitações e Contratos Administrativos, com o seguinte teor:

> Art. 15. [...]
>
> [...]
>
> §7º Nas compras deverão ser observadas, ainda:
>
> I – especificação completa do bem a ser adquirido sem indicação de marca;

Ora, se se pretende licitar a contratação da execução de projeto e, aparentemente, a construção de prédios, é fundamental que estejam definidos certos aspectos mínimos, sob pena de não ser possível estabelecer, de maneira racional o valor do bem licitado, pois as condições do terreno influenciam na composição de custo de obras. Não havendo indicação da localização do imóvel onde será edificada a obra qualquer valor ofertado terá característica de mera elucubração, podendo frustrar a execução do objeto a ser contratado por inviabilidade do preço oferecido ou por inviabilidade por excessivamente oneroso à contratada.

Portanto, é de se concluir positivamente acerca da impossibilidade indicada no art. 9º, I, do Decreto nº 3.931/01.

Registro de preços – Livros – Pregão – Maior desconto por item

Pergunta

A licitação, na modalidade Pregão, tipo Menor Preço (Maior Desconto) por Item, para contratação de livraria ou distribuidor especializado para fornecimento de livros e publicações, encontra amparo legal? Quais os possíveis inconvenientes?

Resposta

Mesmo que se fale em maior desconto por item, tal modalidade seria enquadrável como Licitação por Menor Preço. Entretanto, para que se utilize de tal possibilidade é necessário se demonstrar cabalmente que se trata de preços tabelados ou com valores mínimos estipulados pelo fabricante.

Em se tratando de livros sem tal previsão em tabela que lhes estabeleça um valor básico, será irregular a utilização da modalidade Maior Desconto por Item.

A respeito do tema, aliás, já decidiu o Tribunal de Contas da União, conforme anota o Jessé Torres Pereira Junior, em sua obra *Comentários à lei das licitações e contratações da Administração Pública*:

> Com relação ainda ao tipo menor preço, o Tribunal de Contas da União tomou posição, ao que parece definitiva, em face de questão que atormentava a Administração Pública brasileira, a propósito de aceitar-se, ou não, o critério de julgamento fincado no maior desconto oferecido pelas agências de viagens. Eis o teor da decisão, acolhida pelo Plenário da Corte: "...ante o disposto nos arts. 2º, 3º, 24, 25, 45 §1º, e 46, *caput*, da Lei nº 8.666/93, é obrigatória a realização de certame licitatório do tipo menor preço para contratação de serviços de transporte aéreo, devendo ser viabilizada, a fim de atender o princípio da igualdade e de alcançar o objetivo de seleção da proposta mais vantajosa para a Administração Pública, a ampla participação de empresas concessionárias dos mencionados serviços e de agências de viagens; considerar regular a inserção, nos instrumentos convocatórios das licitações a que se refere o item anterior, para efeito de aferição da proposta mais vantajosa, do critério de julgamento baseado no maior desconto oferecido pelas agências de viagens sobre o valor de suas comissões, devendo ser levados em conta, ainda, os preços efetivamente praticados pelas concessionárias dos serviços em questão, inclusive aqueles promocionais" (Processos TCU de nº 007.913/94-0 e 009.802/94-0, Rel. Min. Bento José Bugarin, *DOU*, p. 14771, 28 nov. 94).[54]

Destarte, em situação semelhante, conquanto fique configurada a existência de tabela ou listagem de preços sugeridos ao consumidor, ou equivalente, estabelecida pela indústria, entende-se pela possibilidade de utilização do sistema de menor preço, por maior desconto.

---

[54] PEREIRA JUNIOR, Jessé Torres. *Comentários à lei das licitações e contratações da Administração Pública*. 6. ed. Rio de Janeiro: Renovar. 2003. p. 485-486.

Registro de preços – Orientações gerais

Pergunta

Considerando a relevância do Sistema de Registro de Preços para as contratações realizadas pela XXXX, apresentamos as consultas a seguir formuladas. 1. Utilização do SRP a) Diz o art. 15 da Lei nº 8.666/93, *verbis*: Art. 15. As compras, sempre que possível, deverão: I – (...) II – ser processadas através de sistema de registro de preços. Neste contexto, pergunta-se: 1. A utilização do SRP é obrigatória ou facultativa? 2. A utilização do SRP, obrigatoriamente, deve ser precedida de justificativa? (aqui não se está falando da justificativa da contratação, esta sem dúvida obrigatória. A justificativa questionada é sobre a utilização do SRP em detrimento da compra efetiva); Qual a posição dominante da doutrina especializada e do TCU sobre a matéria. b) Diz o Decreto nº 3.931/01 *verbis*: Art. 2º. Será adotado, preferencialmente, o SRP nas seguintes hipóteses: I – quando, pelas características do bem ou serviço, houver necessidade de contratações frequentes; II – quando for mais conveniente a aquisição de bens com previsão de entregas parceladas ou contratação de serviços necessários à Administração para o desempenho de suas atribuições; III – quando for conveniente a aquisição de bens ou a contratação de serviços para atendimento a mais de um órgão ou entidade, ou a programas de governo; e IV – quando pela natureza do objeto não for possível definir previamente o quantitativo a ser demandado pela Administração. Neste contexto, pergunta-se: 1. A lista de hipóteses preferenciais acima é exaustiva? 2. Para utilização preferencial do SRP todas as hipóteses acima devem estar presentes no caso concreto ou podem ser individuais? 3. Em outros casos, não listados nas hipóteses acima, deve haver justificativa para utilizar o SRP? 4. Quais os objetos típicos de SRP? 5. A falta de bloqueio orçamentário é justificativa plausível para a utilização do SRP? Qual a posição dominante da doutrina especializada e do TCU sobre a matéria. 2. Adesão à Ata de Registro de Preço da XXXX. A primeira questão que se submete a esta consultoria é sobre a possibilidade ou não de um órgão ou entidade da Administração Pública municipal, estadual ou distrital aderir à Ata de Registro de Preço da XXXX, empresa pública federal. Em outras palavras: à luz do ordenamento jurídico (princípios e normas), doutrina e jurisprudência brasileiras que regem a matéria, é juridicamente possível a utilização da ata de registro de preço entre entes interfederativos? Em que pese a existência de controvérsias sobre o assunto, solicitamos trazer o entendimento predominante sobre a mencionada adesão ("carona") para apreciação dos administradores públicos da XXXX. Pelo exposto, pergunta-se: 1. Qual o fundamento legal para a possibilidade ou não de adesão entre órgãos e entidades interfederativos? 2. Qual o entendimento predominante entre os doutrinadores do Direito Público? 3. Qual o posicionamento do Tribunal de Contas da União? 4. Qual a jurisprudência sobre o assunto? 3. Adesão Ata de Registro de Preço – Carona. É sabido que nas hipóteses de adesão ("carona"), a XXXX está limitada às quantidades registradas na ata de registro de preço do órgão ou entidade da Administração Pública a que se pretende aderir. Entretanto, muitas vezes a necessidade da XXXX ultrapassa estes limites fixados na ata pelo órgão gerenciador. Considerando esta hipótese, em que a quantidade licitada/contratada pelo Gerenciador é menor do que a estimativa da demanda do órgão usuário (carona), submetemos à consulta dois casos concretos, de forma bem simples, tão somente para a compreensão da questão jurídica. 3.1 A XXXX tem necessidade de registrar preços de 100 unidades de canetas. Realizada a pesquisa de mercado chegou-se à conclusão de que a unidade da caneta custa, em média, R$1,00 (um real), ou seja, estima-se um valor global de R$100,00. O órgão público federal "A" é Gerenciador de ata de registro de preço de 50 unidades de canetas no valor unitário de R$0,80. O órgão público federal "B" é Gerenciador de ata de registro de preço de 50 unidades de canetas no valor unitário de R$0,90. Pergunta-se: diante da real necessidade de aquisição de 100 unidades, e de que os preços registrados (0,80 e 0,90) são inferiores ao da estimativa realizada (1,0), pode-se aderir às duas atas de registro de preço, ou seja, adesão de 100% à ata de "A" para aquisição de 50 unidades e 100% à ata de "B" para aquisição de mais 50 unidades? 3.2 Considerando o mesmo caso concreto, coloca-se a segunda questão. O órgão público federal "A" é Gerenciador de ata de registro de preço de 50 unidades de canetas no valor unitário de R$0,80. O órgão público federal "B" é Gerenciador de ata de registro de preço de 50 unidades de canetas no valor unitário de R$1,20. Pergunta-se: diante da real necessidade de aquisição de 100 unidades, pode-se aderir à ata de registro de preço do órgão "A" para a aquisição de 50 unidades e licitar o restante? 4. Pesquisa de Mercado. Publicação A Lei nº 8.666/93 prevê no art. 15, §2º, que os preços registrados serão publicados trimestralmente para orientação da Administração, na imprensa oficial. Pergunta-se: 1. Qual a interpretação doutrinária e do TCU sobre a necessidade de os preços registrados serem publicados trimestralmente na imprensa oficial para orientação da Administração? A publicação permanente no *site* do órgão eliminaria a necessidade de publicação na imprensa oficial? 2. Qual a periodicidade da realização de pesquisa de preços de mercado dos itens registrados em ata? A pesquisa é obrigatória a cada compra? Trimestralmente?

Resposta

Trata-se não de uma, mas de uma série de questões relativas ao sistema de registro de preços, as quais passa-se a responder de forma individualizada para melhor compreensão, dividindo-se em temas conforme consta da questão.

I – Utilização do SRP

R.I.1: A primeira das questões dá-se em virtude do disposto no art. 15 da Lei de Licitações, que dispõe que sempre que possível as compras realizadas pelo Poder Público deverão ocorrer através do sistema de registro de preços. Perquire o consulente se a disposição legal em questão torna o SRP (Sistema de Registro de Preços) modalidade obrigatória, ou se ainda assim se cuida de faculdade.

Responde-se a pergunta com o disposto no §4º do mesmo artigo 15 da Lei nº 8.666/93, que assim fixou:

> §4º A existência de preços registrados não obriga a Administração a firmar as contratações que deles poderão advir, ficando-lhe facultada a utilização de outros meios, respeitada a legislação relativa às licitações, sendo assegurado ao beneficiário do registro preferência em igualdade de condições.

Desse modo, o beneficiário do registro, em igualdade de condições, terá preferência para a contratação sobre aqueles que obtiveram vitória em certame posterior e que não dispunha sobre registro de preços.

R.I.2: Questiona se a utilização do SRP, obrigatoriamente, deverá ser precedida de justificativa. Não há que se falar na obrigatoriedade de justificativa na utilização do SRP, até porque se assim fosse não se trataria de faculdade, mas de ato de natureza vinculada.

Portanto, como é faculdade da Administração valer-se do SRP ou de outro tipo de procedimento licitatório, vê-se logo que se trata de ato predominantemente discricionário, do que resulta que não há que se expor os motivos de sua concretização, embora devam existir e configurar-se como de interesse público.

Conforme anota Jorge Ulisses Jacoby:

SRP – recomendação

Nota: o TCU recomendou que sempre que possível, processe as compras através do Sistema de Registro de Preços, consoante estabelece o art. 15, inciso II, da Lei nº 8.666/93, regulamentado pelo Decreto 3.931/2001.

Fonte: TCU. Processo nº TC-014.662/2001-6. Acórdão nº 2.521/2003 – 1ª Câmara.

SRP – recomendação de adoção

TCU recomendou: "... estude a possibilidade de adoção do Sistema de Registro de Preços, previsto no art. 15 da Lei nº 8.666/93, como forma de obter preços mais baixos na aquisição de gêneros alimentícios e de evitar o eventual fracionamento de despesas..."

Fonte: TCU. Processo nº TC-014.018/2002-3. Acórdão nº 100/2004 – 2ª Câmara.[55]

Assim encontra-se, portanto, orientado o tema no Tribunal de Contas da União, consoante as transcrições acima.

R.I.3: Depois de considerar a respeito do regulamento contido no Decreto nº 3.931/01, que estabelece em seu art. 2º um rol de situações nas quais preferencialmente se utilizará o Sistema de Registro de Preços, o consulente apresenta subquestões enumeradas de 01 a 05, as quais se respondem enumerando como subdivisões da questão 3.

R.I.3.1: O primeiro dos questionamentos desdobrados da questão 3 é quanto a ser exaustiva lista de situações em que se utilizará o SRP. Deve-se ressaltar que a expressão "preferencialmente" contida no *caput* do art. 2º exclui a possibilidade de que se trate de rol exaustivo.

Portanto, o rol em questão é meramente exemplificativo, ou seja, outras hipóteses poderão ser incluídas no sistema.

R.I.3.2: Como já foi afirmado anteriormente, a utilização do SRP constitui faculdade, sendo que a verificação da situação, para aplicação preferencial, dar-se-á em relação à situação conforme ela se apresentar.

R.I.3.3: Prejudicada. Veja-se resposta nº 2.

R.I.3.4: Como pode-se ver no rol constante no Decreto nº 3.931/01, objetos típicos do SRP são aqueles bens e serviços cuja utilização seja demandada com frequência, a aquisição possa e muitas vezes deva ser parcelada, devam ser adquiridos para atender mais de um órgão ou entidade e/ou quando os quantitativos não sejam possível de definir com exatidão, embora se saiba da necessidade.

---

[55] *Vade-mécum de licitações e contratos*. 3. ed. rev. atual. e ampl. Belo Horizonte: Fórum, 2006. p. 272.

R.I.3.5: Simples questões orçamentárias não são fundamento para a adoção do SRP, embora em situações assim possa se valer do sistema, contudo sem indicar tal situação como motivadora da situação. Aliás, é desnecessário indicar a razão de adoção do SRP, porquanto se tratando de faculdade o ato que determinar a opção pelo mesmo é ato de caráter predominantemente discricionário, sem necessidade, portanto, de motivação.

II – Adesão à Ata de Registro de Preço da XXXX

Centra o tópico em questão sobre a possibilidade de adesão à ata de registro de preços realizada pela XXXX.

R.II.1: O fundamento encontra-se no art. 8º do Decreto nº 3.931/01, nos seguintes termos:

> Art. 8º A Ata de Registro de Preços, durante sua vigência, poderá ser utilizada por qualquer órgão ou entidade da Administração que não tenha participado do certame licitatório, mediante prévia consulta ao órgão gerenciador, desde que devidamente comprovada a vantagem.
>
> §1º Os órgãos e entidades que não participaram do registro de preços, quando desejarem fazer uso da Ata de Registro de Preços, deverão manifestar seu interesse junto ao órgão gerenciador da Ata, para que este indique os possíveis fornecedores e respectivos preços a serem praticados, obedecida a ordem de classificação.
>
> §2º Caberá ao fornecedor beneficiário da Ata de Registro de Preços, observadas as condições nela estabelecidas, optar pela aceitação ou não do fornecimento, independentemente dos quantitativos registrados em Ata, desde que este fornecimento não prejudique as obrigações anteriormente assumidas.
>
> §3º As aquisições ou contratações adicionais a que se refere este artigo não poderão exceder, por órgão ou entidade, a cem por cento dos quantitativos registrados na Ata de Registro de Preços. (Incluído pelo Decreto nº 4.342, de 23.8.2002)

R.II.2: Dentre os doutrinadores pátrios anota-se o posicionamento de Jorge Jacoby Fernandes, a respeito da adoção do registro de preços como carona entre entes federativos diversos:

> É conveniente lembrar que o Decreto nº 3.931/01 não definiu que os órgãos participantes e usuários devem necessariamente integrar a mesma esfera de governo.
>
> A primeira interpretação literal poderia levar à negativa. [...]
>
> [...]
>
> Numa interpretação sistemática, contudo, como Administração é órgão da Administração Pública, parece possível a extensão além da esfera

> de governo. Assim, um órgão municipal poderá, atendidos os demais requisitos, servir-se da Ata de Registro de Preços federal ou vice-versa.
>
> Aliás, o procedimento já vem sendo utilizado com bastante sucesso pelo Ministério da Saúde para aquisição de medicamentos com base em lei específica – Lei nº 10.191, de 14 de fevereiro de 2001.
>
> Desse modo, sintetizando, embora não exista objeção à participação de órgãos de outras esferas, pode ser sustentada, sob o aspecto jurídico, a necessidade de norma autorizativa específica.[56]

Assim também se posiciona Lucas Rocha Furtado, asseverando que a única limitação a utilização do SRP como "carona" seria o disposto no art. 8º, §3º, do Decreto nº 3.931/01, que estabelece que "as aquisições ou contratações adicionais a que se refere este artigo não poderão exceder, por órgão ou entidade, a cem por cento dos quantitativos registrados na Ata de Registro de Preços".[57]

R.II.3: Não retornaram resultado pesquisas realizadas a respeito do tema no sítio do Tribunal de Contas da União.

R.II.4: *Idem.*

III – Adesão Ata de Registro de Preço – Carona

R.III.1: Questiona-se sobre a possibilidade de adesão simultânea em duas atas de registro de preços, com o intuito de se valer do quantitativo de cada uma delas, haja vista que ambos são insuficientes. Responde-se em sentido afirmativo, é possível. Todavia, é necessário que em primeiro lugar realize-se a aquisição, caso não sejam ambas feitas imediatamente, daquela cujo valor for menor.

R.III.2: É perfeitamente possível, uma vez que se trata de faculdade e o quantitativo da ata a que se adere não seja suficiente, que o restante das unidades de bens necessárias sejam adquiridos mediante a realização de procedimento licitatório de compra.

IV – Pesquisa de Mercado. Publicação

R.IV.1: Jorge Ulisses Jacoby, com sua peculiar argúcia a respeito do tema licitações, assim dispôs sobre a necessidade de publicação trimestral, cuidada pelo art. 15, §2º, da Lei de Licitações:

> O atual Decreto, de modo diverso do anterior estabeleceu que os preços serão divulgados em órgão oficial sem imposição de períodos, devendo estar disponíveis durante toda a vigência da Ata de Registro de Preços.

---

[56] *Sistema de registro de preços e pregão presencial e eletrônico*. 2. ed. rev. ampl. Belo Horizonte: Fórum, 2005. p. 209-210.

[57] *Vide*: *Curso de licitações e contratos administrativos*. Belo Horizonte: Fórum, 2007. p. 387.

> Nada dispôs a norma sobre a regra do art. 15, §2º, da Lei nº 8.666/93, segundo a qual os preços constantes do SRP devem ser publicados trimestralmente. Entendemos que a razoável estabilização da moeda erigiu duas possibilidades de interpretação da norma. A primeira, segundo a qual a obrigação de publicar só atinge os preços que foram registrados ou alterados no trimestre; a segunda, que abrange os preços registrados no trimestre e também os que não tiveram alteração. Ambas têm pontos a favor e contra. Parece-nos que, como há custo para publicar, é mais correto publicar apenas os preços que no trimestre tiveram alteração, fazendo-se remissão ao Diário Oficial anterior em que houve a publicação inicial dos preços inalterados.[58]

O mesmo autor, em nota de rodapé nº 486, anota o posicionamento no sentido da publicação trimestral, com ou sem alteração, emitido pelo Tribunal de Contas do Estado de São Paulo, no Processo TC nº 15805/026/96, publicado no *Diário Oficial do Estado de São Paulo*, p. 18, 26 abr. 1997.[59]

Como se trata de determinação legal expressa, a mesma não poderá ser substituída por simples publicação permanente no sítio eletrônico do órgão.

R.IV.2: Não há uma definição de periodicidade. Contudo, para que a ata cumpra com o seu papel deverá se manter atualizada.

Para que fique atualizada deverá levar em consideração não um período específico, mas as características do bem ou serviço cujos preços foram registrados, uma vez que a variação de preços está estritamente relacionada com características próprias dos objetos do registro.

Assim, a verificação dos preços em períodos mais longos e menores estará relacionada com os objetos do registro e é fator de eficiência e vantajosidade no uso do sistema.

Registro de preços – SRP – Cuidados a serem observados na execução de contratos

Pergunta

Quais são os cuidados que o órgão participante tem que observar no SRP e na respectiva execução dos contratos?

---

[58] *Sistema de registro de preços e pregão presencial e eletrônico*. 2. ed. rev. e ampl. Belo Horizonte: Fórum, 2005. p. 414-415.

[59] *Idem*, p. 414-415.

Resposta

O participante do Sistema de Registro de Preços, inicialmente, deverá tomar todos os cuidados para a regularidade do procedimento licitatório adotado, se Pregão ou Concorrência, consoante a determinação contida no art. 3º do Decreto nº 3.931/01.

Não é possível que se tenha registro de preços regular se o procedimento para sua confecção foi falho ou viciado.

É conveniente anotar as orientações expendidas na revista *Fórum de Contratação e Gestão Pública – FCGP*, nº 45, na qual ficou assim delineado a respeito da implantação de sistema de registro de preços:

> O uso do SRP demandará, além da estrutura já existente, usada para outras licitações, a criação ou ampliação daquela, com vistas à realização das atividades específicas do sistema de registro de preços.
>
> A licitação para o registro de preços não encontra obstáculos na sua instrumentalização pela comissão de licitações já existente na estrutura da Administração, mas o mesmo não se pode afirmar quanto a necessidade de estabelecimento de uma estrutura burocrática com a finalidade de manter acompanhamento sobre a ata de registro de preços, especialmente em virtude do que prevê o art. 12 do Decreto 3.931/2001 (artigo de idêntica numeração e teor no Decreto 6.092/2005 de Goiás), a respeito de possíveis variações nos preços registrados.
>
> Ora, a variação dos preços registrados, especialmente se se tratar de um volume muito extenso de bens ou serviços relacionados, somente poderá ser efetivamente controlada caso se disponha de pessoal e estrutura votados a essa finalidade.
>
> A essa estrutura caberá:
>
> – realizar o monitoramento dos preços praticados pelo mercado para aqueles bens e serviços registrados, a fim de possibilitar as negociações previstas no §2º do art. 12;
>
> – verificado que o preço registrado encontra-se superior àquele praticado pelo mercado realizar a convocação do fornecedor para com este negociar a adequação, ou formalizar a liberação deste em relação ao compromisso assumido por ocasião da firmatura da ata, quando não houver sucesso na negociação;
>
> – convocar os demais fornecedores, a fim de oferecer-lhes igual oportunidade de permanecerem signatários da ata, após a negociação para a adequação dos preços;
>
> – com a mesma atividade de monitoramento de preços poderá indicar a necessidade de reequilíbrio na equação financeira dos futuros contratos, mediante revisão da ata;

> – manifestar quanto ao pleito de liberação do fornecedor, caso este entenda não poder cumprir o compromisso anteriormente firmado em ata, observando sempre a anterioridade dessa solicitação ao pedido de fornecimento; e,
>
> – finalmente convocar os demais fornecedores com o objetivo de negociação em virtude de majoração dos preços de mercado.[60]

O edital, seja ele de Pregão ou Concorrência, deverá observar o que dispõe o art. 9º, do Decreto nº 3.931/01, ou seja, ter como conteúdo mínimo o seguinte:

> Art. 9º O edital de licitação para registro de preços contemplará, no mínimo: (Redação dada pelo Decreto nº 4.342, de 23.8.2002)
>
> I – a especificação/descrição do objeto, explicitando o conjunto de elementos necessários e suficientes, com nível de precisão adequado, para a caracterização do bem ou serviço, inclusive definindo as respectivas unidades de medida usualmente adotadas;
>
> II – a estimativa de quantidades a serem adquiridas no prazo de validade do registro;
>
> III – o preço unitário máximo que a Administração se dispõe a pagar, por contratação, consideradas as regiões e as estimativas de quantidades a serem adquiridas;
>
> IV – a quantidade mínima de unidades a ser cotada, por item, no caso de bens;
>
> V – as condições quanto aos locais, prazos de entrega, forma de pagamento e, complementarmente, nos casos de serviços, quando cabíveis, a freqüência, periodicidade, características do pessoal, materiais e equipamentos a serem fornecidos e utilizados, procedimentos a serem seguidos, cuidados, deveres, disciplina e controles a serem adotados;
>
> VI – o prazo de validade do registro de preço;
>
> VII – os órgãos e entidades participantes do respectivo registro de preço;
>
> VIII – os modelos de planilhas de custo, quando cabíveis, e as respectivas minutas de contratos, no caso de prestação de serviços; e
>
> IX – as penalidades a serem aplicadas por descumprimento das condições estabelecidas.

---

[60] OLIVEIRA, Antônio Flávio de. Sistema de registro de preços: configuração, implantação e vantagens para a Administração Pública. *Fórum de Contratação e Gestão Pública – FCGP*, Belo Horizonte, ano 4, n. 45, p. 6008-6012, set. 2005. Disponível em: <http://www.editoraforum.com.br/sist/conteudo/lista_conteudo.asp?FIDT_CONTEUDO=30944>. Acesso em: 28 ago. 2007.

> §1º O edital poderá admitir, como critério de adjudicação, a oferta de desconto sobre tabela de preços praticados no mercado, nos casos de peças de veículos, medicamentos, passagens aéreas, manutenções e outros similares.
>
> §2º Quando o edital prever o fornecimento de bens ou prestação de serviços em locais diferentes, é facultada a exigência de apresentação de proposta diferenciada por região, de modo que aos preços sejam acrescidos os respectivos custos, variáveis por região.

Já a execução dos contratos havidos do Sistema de Registro de Preços deverá ser norteada pelas disposições contidas nos artigos 66 a 76 da Lei nº 8.666/93, que disciplina a execução dos contratos administrativos, bem como as disposições específicas do SRP, presentes no Decreto nº 3.931/01, a esse respeito, mormente aquelas dos arts. 11 a 13.

Regularidade fiscal – Ausência – Contratação de fornecedor

Pergunta

É preciso contratar um fornecedor de combustível para suprir a necessidade de abastecimento dos veículos da 3ª Zona Eleitoral, no Município de ZXZX/XX, distante 380Km da capital. Ocorre que os dois postos de gasolina existentes no Município estão irregulares com suas obrigações junto ao INSS. Como proceder nesse caso? Há como justificar a contratação nessa situação, já que a consecução do interesse público exige a aquisição do bem e não há outro meio de adquiri-lo senão contratando com alguma dessas empresas?

Resposta

A questão foi tratada por Jorge Ulisses Jacoby Fernandes, em sua obra *Contratação direta sem licitação*, ao abordar situações caracterizadoras de monopólio, assim discorrendo sobre o tema após informar da constituição de grupo de trabalho que irá sugerir sobre novas formas de contratação:

> No mesmo sentido, a compra de combustíveis não pode ser feita, em princípio, com supedâneo no art. 25, ou seus incisos, porque há viabilidade de competição entre os fornecedores, não cabendo à Petrobras qualquer privilégio nesse sentido.

Sobre este mesmo, um fato passou a ser reconhecido pelos Tribunais de Contas: a situação em que na cidade há um só ponto de revenda de combustível, ou existindo vários só um está em dia com a seguridade social. No primeiro caso, mesmo não estado em situação regular perante a seguridade social, faz-se a contratação se inviável sob o aspecto econômico, o abastecimento em outra localidade. Reconhecendo-se a inviabilidade de fato na competição.[61]

Destarte, o que se percebe é que em vista da supremacia do interesse público, torna-se possível em situação excepcionalíssima a contratação direta, quando inviável a competição e antieconômico que se busque fornecedor em Município vizinho, mesmo quando aquele único existente na localidade esteja em situação de irregularidade fiscal.

Regularidade fiscal e documentação necessária

Pergunta

A) Regularidade Fiscal – Pessoa Física: a.1) Quais os documentos obrigatórios que deverão ser exigidos da Pessoa Física para fins de contratação direta (por DL ou IL) com Empresa Pública Federal? a.2) Quais os documentos obrigatórios que deverão ser exigidos da Pessoa Física quando do pagamento de contratação direta firmada com Empresa Pública Federal? Obs.: Solicitamos especial atenção quanto à necessidade de comprovação da regularidade fiscal para com a fazenda municipal e estadual. B) Regularidade Fiscal – Pessoa Jurídica: b.1) Quais os documentos obrigatórios que deverão ser exigidos da Pessoa Jurídica para fins de contratação direta (por DL ou IL) com Empresa Pública Federal? b.2) Quais os documentos obrigatórios que deverão ser exigidos da Pessoa Jurídica quando do pagamento de contratação direta firmada com Empresa Pública Federal? Obs.: Solicitamos especial atenção quanto à necessidade de comprovação da regularidade fiscal para com a fazenda municipal e estadual.

---

[61] JACOBY FERNANDES, Jorge Ulisses. *Contratação direta sem licitação*. 6. ed. Belo Horizonte: Fórum, 2007. p. 624.

Resposta

Com o intuito de melhor compreensão e apreensão do que se solicita, responder-se-á de forma pontual aos diversos questionamentos.

Deve-se observar que os questionamentos pretendem que seja estabelecido quais os documentos necessários quando se tratar de pessoa jurídica ou pessoa natural, haja vista que não há nos dispositivos legais que fazem a exigência especificação a respeito. Assim, a conclusão sobre o tema deverá partir do teor dos dispositivos compreendidos à luz do princípio da razoabilidade.

Pessoa Natural (pessoa física)

Questionamento A.1: *"Quais os documentos obrigatórios que deverão ser exigidos da Pessoa Física para fins de contratação direta (por DL ou IL) com Empresa Pública Federal?"*

R.A.1: No caso de contratação com pessoas naturais dever-se-á atender quanto ao disposto no art. 28 que cuida da habilitação jurídica, o que expressa o inciso I. Quanto a regularidade fiscal (art. 29), ao disposto nos incisos I, II (se se tratar de atividade que exige inscrição no cadastro de contribuintes estadual ou municipal) e incisos III e IV, quando o interessado possua inscrição no cadastro de contribuintes, porquanto do contrário torna-se a exigência despicienda.

Já no que pertine à exigência do art. 30, em se tratando de pessoa natural, deverão ser atendidos os requisitos dos incisos I, II (no que se refere a comprovação de aptidão para o desempenho da atividade pertinente), III e IV, quando existirem requisitos previstos em lei especial.

Nenhum dos documentos relacionados no art. 31, que trata de qualificação econômico-financeira, haverá de ser exigido a pessoas naturais, porquanto incompatíveis com as características destas.

Portanto os documentos a serem exigidos são: documento de identidade; cadastro de pessoas físicas (CPF); comprovação de inscrição no cadastro de contribuintes estadual ou municipal, quando se tratar de atividade que exija a inscrição do profissional; certidões negativas de débito ou positivas com efeito de negativa com as Fazendas Públicas Federal, Estadual e Municipal e com o FGTS e INSS (apenas quando se tratar de profissional inscrito no cadastro de contribuintes, na forma do inciso II, do art. 29); demonstração de inscrição na entidade profissional competente (CRA, CREA, OAB etc.); atestado de capacidade técnica emitido por algum anterior usuário de seus serviços; declaração emitida pelo órgão licitante de que recebeu os documentos e; caso haja exigência em lei especial, documento que comprove o seu cumprimento, sempre que esta se aplicar às pessoas naturais.

Questionamento A.2: "*Quais os documentos obrigatórios que deverão ser exigidos da Pessoa Física quando do pagamento de contratação direta firmada com Empresa Pública Federal? Obs.: Solicitamos especial atenção quanto à necessidade de comprovação da regularidade fiscal para com a fazenda municipal e estadual*".

R.A.2: Por ocasião do pagamento deve-se exigir documentos que comprovem a manutenção pelo contratado das mesmas condições de habilitação que cumpriu por ocasião da licitação. Todavia, caso não as cumpra por inteiro deve-se abrir procedimento administrativo, oferecendo oportunidade para o contraditório e ampla defesa, com o intuito de rescindir o contrato, haja vista o que estabelece o art. 55, XIII, da Lei de Licitações e Contratos Administrativos.

Pessoa Jurídica

Questionamento B.1: "*Quais os documentos obrigatórios que deverão ser exigidos da Pessoa Jurídica para fins de contratação direta (por DL ou IL) com Empresa Pública Federal?*"

R.B.1: Todos aqueles necessários para a comprovação dos requisitos de habilitação, preconizados nos artigos 28, 29, 30 e 31 da Lei nº 8.666/93, apropriados para as pessoas jurídicas.

Portanto os documentos a serem exigidos são: documento de identidade; cadastro nacional de pessoas jurídicas (CNPJ); comprovação de inscrição no cadastro de contribuintes estadual ou municipal; certidões negativas de débito ou positivas com efeito de negativa com as Fazendas Públicas Federal, Estadual e Municipal e com o FGTS e INSS; demonstração de inscrição na entidade profissional competente (CRA, CREA, OAB etc.); atestado de capacidade técnica emitido por alguém com quem tenha anteriormente firmado contrato; declaração emitida pelo órgão licitante de que recebeu os documentos e; caso haja exigência em lei especial, documento que comprove o seu cumprimento.

Questionamento B.2: "*Quais os documentos obrigatórios que deverão ser exigidos da Pessoa Jurídica quando do pagamento de contratação direta firmada com Empresa Pública Federal? Obs.: Solicitamos especial atenção quanto à necessidade de comprovação da regularidade fiscal para com a fazenda municipal e estadual*".

R.B.2: Assim como ocorre no caso de pessoas naturais, deverão ser apresentados quando do pagamento do valor do contrato, ou de cada uma de suas parcelas, aqueles documentos necessários para demonstrar a manutenção das condições cumpridas por ocasião da licitação.

Cabe observar que não há a necessidade de se apresentar nova documentação quando se tratar de documentos que não são passíveis de sofrer alteração em virtude do transcurso de lapso temporal, como, p. ex., inscrição no Cadastro Nacional de Pessoas Jurídicas.

Regularidade fiscal – Matriz e filial

Pergunta

Encontra-se em andamento licitação realizada na modalidade Pregão eletrônico, para registro de preços de combustíveis (gasolina e óleo diesel comum). O Edital define que a empresa pode participar pela matriz, ou sua filial, apresentando os documentos individualmente, exceto os centralizados por Lei. Na referida licitação, uma determinada empresa apresentou corretamente todos os documentos de sua filial, porém a empresa que ficou em 2º lugar, impetrou recurso tempestivo, alegando que no caso da Fazenda do Estado de São Paulo, não basta a filial comprovar situação legal, e sim todas as suas filiais dentro do Estado de São Paulo. Pois bem, passamos a pergunta: Qual o correto entendimento, o julgamento individual (filial) da empresa arrematante, ou a empresa deveria comprovar também a regularidade com a Fazenda Estadual, de suas outras filiais, já que a empresa tem sede no Rio de Janeiro?

Resposta

Na Lei de normas Gerais sobre Licitações, Lei nº 8.666/93, não contém exigência de apresentação de documentação senão da empresa que está participando do procedimento licitatório.

Do mesmo modo não há previsão de exigência na Lei Estadual de Licitações do Estado de São Paulo, Lei nº 6.544, art. 27, §4º, não contém exigência de que a regularidade fiscal deverá ser comprovada também em relação às demais filiais e matriz.

Por outro lado, impende anotar que a legislação estadual de licitações não alcançará o Município senão quando este tiver, por meio de lei, estipulado que esta é a legislação aplicável em licitações, haja vista ter estas unidades da federação competência para legislar questões específicas sobre o tema, consoante a previsão contida no art. 22, XXVII.

Portanto, não há que se falar em exigência de regularidade fiscal, abrangendo filiais e matriz, quando a legislação aplicável for a Lei Geral de Licitações e Contratos Administrativos — Lei nº 8.666/93.

Remessa extemporânea de autos e aplicação de multa por Tribunal de Contas

Pergunta

Trata-se de justificar atraso (pelo acúmulo de atividades) no envio compulsório de cópia de autos considerando o valor de alçada, ou seja, aquisições/serviços acima de R$750.000,00 e obras acima de R$1.500.000,00. Ocorre que de fato encaminhamos quase 3 meses após o prazo estipulado de 01 mês, após firmada avença, tendo o TCE/XX declinando para a aplicação de multa por infração (Inciso II do art. 104) Lei Orgânica daquela Corte. Existe alguma escusa em justificativa na remessa extemporânea do contrato e cópia do processo, que infringe frontalmente o art. 18 da Instrução Normativa nº 01/2008 do E. Tribunal de Contas do Estado de XXXXX?

Resposta

Trata de situação na qual é difícil de reverter o posicionamento adotado pelo TCE/XX no âmbito de sua própria atuação. No entanto, é sempre possível a utilização de argumentação para se esquivar da imposição de multa.

Em recurso administrativo, pode-se aduzir a inexistência de impacto negativo para o interesse público no atraso da apresentação da cópia dos autos, bem como o fato de que foram as cópias apresentadas, embora em atraso, suprindo a omissão apontada, postulando em razão disto, que se limite o Tribunal a julgar as contas regulares com ressalva, nos termos do art. 33, II, da Lei Orgânica do TCE/XX, porquanto não tenha resultado o atraso em dano ao erário.

Sugere-se, para a situação, nos contornos apresentados, a alegação, em eventual ação perante o Poder Judiciário, de inexistência de multa específica para o fato noticiado, no caso — atraso de envio de cópia de autos, porquanto a simples autorização presente no art. 104, II, da Lei Orgânica do TCE/XX não supre a necessidade de previsão de penalidade em lei, tornando-se claro que a fixação da multa para cada fato transgressor reside no campo da discricionariedade do julgador, o que não coaduna com o princípio do devido processo legal.

Repactuação – Contrato administrativo

Pergunta

Firmado contrato com a empresa vencedora do certame em junho 2005 (proposta de fevereiro 2005), passado o primeiro aniversário da proposta a empresa não requereu a repactuação, embora tenha havido aumento com os encargos trabalhistas devido a dissídio coletivo. Passados mais de três meses do segundo aniversário da proposta, bem como novo aumento com os encargos trabalhistas devido a novo dissídio, a empresa pleiteia repactuação dos dois aniversários. Pergunta-se: a) A análise da repactuação agora deve considerar o aumento ocasionado pelos dois dissídios ou ocorrera a decadência no que se refere ao primeiro tendo em vista já ter se passado mais de 1 ano e ocorrido o novo dissídio? b) Qual o termo *a quo* da repactuação? A data do pedido da empresa, a data da concessão administrativa ou retroativa a data do desequilíbrio, no caso o dissídio coletivo? c) Em sendo retroativa a data do dissídio, qual é o prazo máximo desta retroatividade? Solicito que a resposta, se possível, demonstre as posições doutrinárias a respeito, assim como precedentes jurisprudenciais e do Tribunal de Contas da União.

Resposta

Em outra oportunidade, assim tratou-se do tema, conceituando e estabelecendo qual a natureza da repactuação:

Repactuação de Preço

- *Conceito* – Cuida-se de adequação dos valores avençados em contratos cujo objeto demandem prestação continuada, para execução de serviços ou fornecimentos, aos preços de mercado, consoante a disposição contida no Decreto nº 2.271/97, conquanto se tenha observado o interregno de um ano. Tal adequação tanto poderá ser realizada para majorar o valor contratado como para reduzi-lo.
  Convém advertir, todavia, que o Decreto nº 2.271/97, porquanto discipline matéria para a qual possuem competência própria os demais entes federativos (Estados e Municípios), tem aplicação apenas no âmbito da Administração Pública Federal.
- *Natureza Jurídica* – Trata-se o ato concretizador da repactuação de ato administrativo de natureza vinculada, porquanto verificado o novo posicionamento dos preços no mercado impõe-se a sua realização.

- *Aplicação na Execução dos Contratos* – Dirige-se apenas aos serviços e fornecimentos futuros, posteriores a um ano de vigência do contrato firmado. Dar-se-á a repactuação por intermédio de termo aditivo.

Portanto, o termo *a quo* da repactuação é definido pelo início da vigência do contrato, sendo que a sua aplicação somente poderá se dar ao cabo de um ano.

Relativamente ao primeiro período que transcorreu sem que se realizasse repactuação, entende-se que ocorreu preclusão, o que não significa que estará impossibilitada a recuperação da equação contratual, entretanto através de reequilíbrio, que assim como a repactuação foi objeto de estudo com as seguintes conclusões:

Reequilíbrio Financeiro

- *Conceito* – Denomina-se reequilíbrio o restabelecimento da equação inicialmente estabelecida entre os contratantes, de maneira que se preserve a mesma relação entre as prestações de ambas, fixada na ocasião da pactuação entre contratante e contratado, para que assim que nenhuma das partes seja desfavorecida em relação ao que fora avençado. Está relacionado com a composição de custos do bem ou serviço objeto do contrato, sendo aplicado nas situações em que a variação para maior ou menor do preço dos insumos que integram o objeto termina por causar desequilíbrio entre as prestações assumidas por cada uma das partes. É importante ressaltar que a possibilidade do reequilíbrio está relacionada com a imprevisibilidade do fato que lhe deu causa, ou se previsível, com a impossibilidade de lhe mensurar, ainda, que por estimativa o impacto.
- *Natureza Jurídica* – Trata-se de ato administrativo de caráter vinculado, porquanto uma vez demonstrada a necessidade de reequilíbrio não há que se falar em discricionariedade da Administração a esse respeito.
- *Aplicação na Execução dos Contratos* – Aplica-se em relação aos atos futuros e anteriores à concretização do reequilíbrio, conquanto posteriores ao pleito que solicitou a sua aplicação devidamente demonstrada. Deverá se dar por intermédio de termo aditivo. Quanto aos valores anteriores ao pleito de reequilíbrio poderá acontecer o restabelecimento da situação dos contratantes, mas através de indenização administrativa ou judiciária.

Quanto a retroatividade da repactuação, deve-se ter como limite os primeiros doze meses de vigência do contrato, porquanto durante aquele período por força de determinação legal não é possível o reajustamento contratual.

Repactuação e convenção coletiva

Pergunta

Um órgão federal contratou em janeiro deste exercício empresa para prestação de serviços na área de reprografia, transporte, atendimento ao público e telefonia. Trata-se de contrato contínuo, firmado, inicialmente, por 12 meses. Em decorrência de Convenção coletiva de trabalho que aumentou os valores do piso salarial dos empregados e do vale-refeição, bem como em virtude do aumento da tarifa de transporte público coletivo, a empresa contratada está pleiteando o aumento do valor do acordo. O contrato prevê a repactuação do art. 5º do Dec. nº 2.271, de 7.7.1997 somente após um ano de vigência contratual, pois é assim que dispõe o decreto. Diante disso pergunta-se: 1. é possível fundamentar a concessão na mencionada repactuação do art. 5º do Dec. nº 2.271, de 7.7.1997, mesmo sem ter transcorrido um ano de vigência contratual? 2. Se negativo, o pleito da empresa se enquadra em alguma outra hipótese legal de aumento do valor do contrato administrativo, como por exemplo, na alínea "d" do inciso II do art. 65 da Lei nº 8.666/93 ou no §5º do mesmo artigo. Ressalte-se, contudo, que o aumento salarial dos empregados não foi em índices extraordinários, contudo a margem de lucro da contratada será reduzida, caso não se defira o aumento pretendido.

Resposta

O tema em questão já foi objeto de abordagem em orientações práticas, resultando na seguinte resposta:

> Não há que se falar em repactuação de preços fundamentada em aumento de salário em decorrência de dissídio coletivo ou convenção.

Abordando o tema anteriormente assim foi orientado:

> Dissídio coletivo não é motivo para a repactuação de contrato, porquanto ocorre de modo periódico, o que torna previsível o acréscimo no valor do

objeto contratado. Somente haverá que se falar em repactuação quando o desequilíbrio econômico for resultado de fatores imprevisíveis ou previsíveis, mas de efeitos inestimáveis.

A imprevidência da empresa contratada não pode servir de razão para o aumento do valor do contrato.

Se o evento era previsível ele já foi, ou pelo menos deveria, ter entrado no cálculo do valor do contrato, caso contrário é possível que se atribua desse modo vantagem à empresa que omite certos custos futuros de sua proposta e, com isto, consiga obter a vitória no certame, apresentando, posteriormente, pedido de repactuação.

O que possibilita a repactuação é a ocorrência de desequilíbrio causada por fato imprevisível ou se previsível de efeitos não mensuráveis, situação na qual não se enquadra o dissídio coletivo.

Jorge Ulisses Jacoby Fernandes distingue repactuação, reequilíbrio e reajuste, esclarecendo que reequilíbrio busca restabelecer o preço dos insumos (parece ser este o caso vertente) e não tem período predefinido; reajuste tem período e índice predefinido e procura restabelecer o preço dos insumos ou o poder aquisitivo da moeda; ao passo que repactuação tem período predefinido, embora não possua índices, e busca adequar o preço do contrato aos valores praticados pelo mercado.

O mesmo autor, no entanto, assevera que:

..., o fato motivador do reequilíbrio é imprevisível, por esta razão ele não tem data certa para ser realizado e, como suas conseqüências são incalculáveis, também não há como pré-fixar um determinado índice para a correção.

Já a repactuação, regulamentada pelo Decreto nº 2.271/97, pode ocorrer para aumentar ou diminuir valores, numa época previamente determinada. Como regra, destina-se à revisão para mais ou para menos, nos serviços contínuos, após um ano da vigência dos contratos.

O reajuste pode ser concedido somente um ano após a apresentação da proposta; o reequilíbrio, a qualquer momento. No entanto para concedê-lo, é importante notar o seguinte procedimento:

1. apresentar requerimento de reequilíbrio (este último, é claro, pela Administração);

2. duas planilhas para verificação, atual e a da época da proposta;

3. análise econômica do pedido;

4. parecer jurídico, analisando o assunto com fundamento no art. 12, Decreto nº 3.931/01; art. 65, inc. II, alínea "d" da Lei nº 8.666/93; art. 37, inc. XXI da Constituição Federal de 1988;

5. verificar o cumprimento do art. 16 da Lei de Responsabilidade Fiscal;

> 6. certificar-se que o preço reequilibrado está dentro do valor de mercado;
>
> 7. atento a excepcionalidade do procedimento, conceder o reequilíbrio.
>
> Portanto, qualquer que seja a situação deverá o administrador se ater ao cumprimento das regras legais pertinentes, sob pena de ver comprometida a regularidade de suas contas.

Destarte, não há que se falar em repactuação decorrente de dissídio coletivo, em tal situação não existe o fator de imprevisibilidade que determinaria a necessidade de sua realização.

Aliás, seria temerário que se adotasse tal postura em face de eventuais dissídios coletivos, pois possibilitaria que a Administração não tivesse previsibilidade nos dispêndios que teria com suas contratações.

Ora, incumbe a empresa interessada em contratar com a Administração calcular o montante real de seus custos, inclusive já levando em consideração dissídio coletivo cuja data é predeterminada e cujos percentuais de reajuste dos salários de seus empregados são estimáveis.

Portanto, não se enquadra na hipótese de repactuação ou em qualquer outra hipótese que permita a alteração do valor contratual.

Jorge Jacoby esclarece a respeito de cada um dos institutos: reajuste, reequilíbrio e repactuação, nos seguintes termos:

> A adequação de preços pode ser feita por meio do reajuste, do reequilíbrio e da repactuação.
>
> O reajuste é uma adequação de preços sempre para um valor superior, com periodicidade e índice pré-definidos.
>
> Ressalte-se, todavia, que, conforme Renato Guanabara Leal de Araújo, o reajuste é permitido, desde que a diferença percentual apurada entre o valor de mercado e o valor da proposta originária seja mantida, atendendo-se às regras editalícias.
>
> De outra forma, o fato motivador do reequilíbrio é imprevisível, por esta razão ele não tem data certa para ser realizado e, como suas conseqüências são incalculáveis, também não há como pré-fixar um determinado índice de correção.
>
> Já a repactuação, regulamentada pelo Decreto nº 2.271/97, pode ocorrer para aumentar ou diminuir valores, numa época previamente determinada. Como regra, destina-se à revisão para mais ou para menos, nos serviços contínuos, após um ano de vigência dos contratos.
>
> O reajuste pode ser concedido somente um ano após a apresentação da proposta; o reequilíbrio, a qualquer momento. No entanto, para concedê-lo, é importante notar o seguinte procedimento:

1. apresentar requerimento de reequilíbrio (este último, é claro, pela Administração);
2. duas planilhas para verificação, a atual e a da época da proposta;
3. análise econômica do pedido;
4. Parecer jurídico, analisando o assunto com fundamento no art. 12, Decreto nº 3.931/01; art. 65, inciso II, alínea "d" da Lei nº 8.666/93; art. 37, inc. XXI da Constituição Federal de 1988;
5. verificar o cumprimento do art. 16 da Lei de Responsabilidade Fiscal;
6. certificar-se que o preço reequilibrado está dentro do valor de mercado;
7. atento a excepcionalidade do procedimento, conceder o reequilíbrio.

Ao que parece, a situação narrada não se enquadra em nenhuma das modalidades apresentadas, o que determina que o valor contratado não poderá ser objeto de alteração sob nenhum destes fundamentos.

Repactuação e pesquisa de mercado

Pergunta

Trata-se de pedido de repactuação de preços contratados para prestação de serviços contínuos (encarregado geral, auxiliar de encarregado, eletricista, bombeiro hidráulico, marceneiro, pedreiro, ajudante geral de manutenção e reparos) em razão vigência de nova Convenção Coletiva de Trabalho. Questionamentos: a) É necessário que se proceda à pesquisa de preços no mercado, para saber se — com o deferimento do *quantum* pretendido pela contratada por intermédio da repactuação — os preços contratados continuam sendo os mais vantajosos para Administração? b) Essa pesquisa continuaria sendo necessária mesmo que a licitação tenha ocorrido em dezembro de 2008? (Obs.: A abertura do respectivo Pregão eletrônico se deu em 11.12.2008 e a habilitação da licitante vencedora se iniciou e findou em 18.12.2008) c) Essa pesquisa continuaria sendo necessária mesmo que cerca de 95% do valor da contratação esteja relacionado, direita ou indiretamente, ao custo da mão de obra? d) O fato de, segundo as respectivas planilhas, cerca de 95% da contratação estar relacionada a mão de obra não é um indício de equívoco ou jogo de planilha? e) A previsão mensal (pela análise das planilhas) de um lucro total mensal de R$8,62 (oito reais e sessenta e dois centavos) em um contrato de R$16.795,94 (dezesseis mil, setecentos e noventa e cinco reais e noventa e quatro centavos) é um indício de erro de planilha ou jogo de planilha? Em caso afirmativo, o que geralmente causa esse tipo de erro ou onde se dá, em regra, o jogo de planilha para esse tipo de contratação?

Resposta

Por pertinente, antes de adentrar na resposta aos questionamentos formulados pelo orientando, convém trazer à colação os seguintes posicionamentos já apresentados por esta consultoria:

> Reequilíbrio econômico financeiro
>
> Antônio Flávio de Oliveira
>
> **Pergunta**
>
> Com relação ao polêmico assunto do reequilíbrio econômico financeiro do contrato, pergunta-se: 1 – O que se entende por encargos do particular? Somente tributos? 2 – Mais objetivamente, em sendo a Contratada distribuidora ou comerciante de certo produto (por exemplo, material de higiene, desinfetante), e a indústria fabricante desse produto aumenta-o de preço, por conseqüência, a Contratada tem direito ao reequilíbrio econômico-financeiro no contrato feito com a Administração, repassando esse aumento, o qual é comprovado com notas fiscais de compra do produto? Em caso positivo, mesmo que o valor não represente 15% de aumento? 3 – O que deve ser entendido por conseqüências incalculáveis no caso de fatos previsíveis no reequilíbrio da compra de um produto com entrega parcelada?
>
> **Resposta**
>
> Trata-se de pergunta dividida em diversas questões, as quais serão respondidas indicando a seqüência apontada pelo consulente. Antes, todavia, de adentrar as questões propriamente relacionadas pelo solicitante, convém que se esclareça respeito do que seja reequilíbrio econômico financeiro, para posteriormente responder sobre os pontos questionados.
>
> O tema já foi objeto de estudos por diversas vezes na seção de melhores práticas da revista Fórum de Contratação e Gestão Pública, sendo dali extraído o seguinte esclarecimento:
>
> Reequilíbrio Financeiro
>
> – *Conceito* Denomina-se reequilíbrio o restabelecimento da equação inicialmente estabelecida entre os contratantes, de maneira que se preserve a mesma relação entre as prestações de ambas, fixada na ocasião da pactuação entre contratante e contratado, para que assim nenhuma das partes seja desfavorecida em relação ao que fora avençado. Está

relacionado com a composição de custos do bem ou serviço objeto do contrato, sendo aplicado nas situações em que a variação para maior ou menor do preço dos insumos que integram o objeto termina por causar desequilíbrio entre as prestações assumidas por cada uma das partes. É importante ressaltar que a possibilidade do reequilíbrio está relacionada com a imprevisibilidade do fato que lhe deu causa, ou se previsível, com a impossibilidade de lhe mensurar, ainda, que por estimativa o impacto.

– *Natureza Jurídica* Trata-se de ato administrativo de caráter vinculado, porquanto uma vez demonstrada a necessidade de reequilíbrio não há que se falar em discricionariedade da Administração a esse respeito.

– *Aplicação na Execução dos Contratos* Aplica-se em relação aos atos futuros e anteriores à concretização do reequilíbrio, conquanto posteriores ao pleito que solicitou a sua aplicação devidamente demonstrada. Deverá se dar por intermédio de termo aditivo. Quanto aos valores anteriores ao pleito de reequilíbrio poderá acontecer o restabelecimento da situação dos contratantes, mas através de indenização administrativa ou judiciária.

Repactuação de Preço

– *Conceito* Cuida-se de adequação dos valores avençados em contratos cujo objeto demandem prestação continuada, para execução de serviços ou fornecimentos, aos preços de mercado, consoante a disposição contida no Decreto nº 2.271/97, conquanto se tenha observado o interregno de um ano. Tal adequação tanto poderá ser realizada para majorar o valor contratado como para reduzi-lo.

Convém advertir, todavia, que o Decreto 2.271/97, porquanto discipline matéria para a qual possuem competência própria os demais entes federativos (Estados e Municípios), tem aplicação apenas no âmbito da Administração Pública Federal.

– *Natureza Jurídica* Trata-se o ato concretizador da repactuação de ato administrativo de natureza vinculada, porquanto verificado o novo posicionamento dos preços no mercado impõe-se a sua realização.

– *Aplicação na Execução dos Contratos* Dirige-se apenas aos serviços e fornecimentos futuros, posteriores a um ano de vigência do contrato firmado. Dar-se-á a repactuação por intermédio de termo aditivo.

Revisão Contratual

– *Conceito* Não há na legislação de licitações e contratos previsão de instituto com tal nomenclatura, daí se concluir que a revisão contratual a respeito da qual se pretende definição seja aquela determinada pela modificação das situações relacionadas com os preços de mercado, ou ocasionada pelo desequilíbrio na álea estabelecida entre os contratantes, por alguma razão estranha às suas vontades, ou mesmo em decorrência da corrosão inflacionária. Assim é de se entender que toda situação que conduza a reequilíbrio, repactuação ou reajuste se extraiu de uma revisão contratual. Trata-se, pois, do exame das condições do contrato a fim de

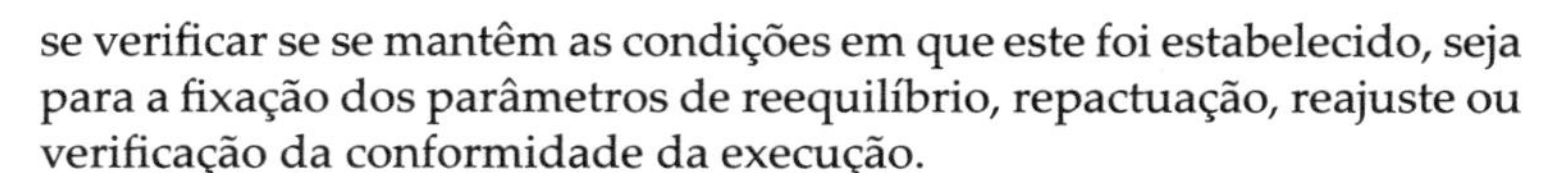

se verificar se se mantêm as condições em que este foi estabelecido, seja para a fixação dos parâmetros de reequilíbrio, repactuação, reajuste ou verificação da conformidade da execução.

– *Natureza Jurídica* Trata-se de fato jurídico do qual poderá decorrer um ato jurídico alterando ou mesmo extinguindo o contrato.

– *Aplicação na Execução dos Contratos* Deverá ser realizada mediante procedimento administrativo, regulado pela legislação própria pertinente à execução de contratos a Lei nº 8.666/93 aplicando-se, ainda, no que couber a lei geral de processo administrativo (no âmbito federal a Lei 9.784/99), sempre se assegurando o contraditório e ampla defesa.

Atualização Monetária

– *Conceito* Atualização monetária ou reajuste é a correção do valor contratado aplicando-se algum índice de mensuração da inflação no período que não poderá ser inferior a um ano. É medida de profilaxia contra a corrosão inflacionária da moeda.

– *Natureza Jurídica* Fato econômico, cuja repercussão no plano dos contratos administrativos materializa-se em ato administrativo vinculado, porquanto não há campo para discricionariedade a respeito da concretização da atualização monetária.

– *Aplicação na Execução dos Contratos* Após um ano de contrato far-se-á a correção pelo índice pactuado, através de termo aditivo.

Reajuste de Preço

– *Conceito* A expressão "reajuste" tem comportado conotações diferentes na doutrina, pois enquanto alguns considerem como tal apenas a correção do contrato, protegendo-o da corrosão inflacionária, há entendimento, é o caso de Jorge Ulisses Jacoby Fernandes, que a expressão comporta além do restabelecimento do valor aquisitivo da moeda o restabelecimento do preço dos insumos.

– *Natureza Jurídica* Fato econômico cuja repercussão no âmbito contratual administrativo dá-se mediante ato administrativo de natureza vinculada.

– *Aplicação na Execução dos Contratos* Mediante o uso de termo aditivo.

DIFERENCIAÇÃO ENTRE OS INSTITUTOS

São institutos e fenômenos diferentes entre si, mas bastante próximos, inclusive pela área de sua ocorrência os contratos administrativos.

Pode-se, todavia, indicar como diferenças preponderantes as seguintes aquelas delineadas nas suas respectivas definições e naturezas jurídicas, sendo, todavia valiosa para esse fim a apreciação do que dispõe o quadro comparativo apresentado por Jorge Ulisses Jacoby Fernandes, onde descreve as diferenças e pontos comuns entre reequilíbrio, repactuação e reajuste, onde se consigna que enquanto reequilíbrio não tem período definido, reajuste e repactuação somente ocorrer após o transcurso de um ano; quanto aos índices aplicáveis em relação a cada um, apenas o reajuste possui índice pré-definido, em razão de sua previsibilidade, tanto que previsto no próprio termo de contrato, já o reequilíbrio e a repactuação dependem da situação que os motivou e seu impacto no mercado; quanto ao objetivo: todos diferem entre si, reequilíbrio busca restabelecer preço dos insumos; reajuste o restabelecimento do preço dos insumos ou o poder aquisitivo da moeda; já a repactuação adequação do valor do contrato àqueles em vigor no mercado.

Após estas considerações, passa-se a responder às questões apresentadas.

R.1: Para que se proceda à interpretação de expressões, é fundamental a indicação da procedência da mesma, porquanto somente assim será possível que seja compreendida a mesma conforme o contexto em que foi produzida.

R.2: É possível que tal situação venha a configurar hipótese na qual se admite a realização do reequilíbrio econômico financeiro, desde que, consoante afirmado no texto que precede a estas respostas, do qual se extrai um trecho para melhor configurar a questão, se tenha a necessidade imperativa por impossibilidade de manutenção dos valores avençados, do "restabelecimento da equação inicialmente estabelecida entre os contratantes, de maneira que se preserve a mesma relação entre as prestações de ambas, fixada na ocasião da pactuação entre contratante e contratado, para que assim nenhuma das partes seja desfavorecida em relação ao que fora avençado. Está relacionado com a composição de custos do bem ou serviço objeto do contrato, sendo aplicado nas situações em que a variação para maior ou menor do preço dos insumos que integram o objeto termina por causar desequilíbrio entre as prestações assumidas por cada uma das partes".

O que torna fundamental o reequilíbrio econômico financeiro não é o percentual, mas a ruptura da álea econômica inicialmente estabelecida, gerando uma prestação por demais onerosa para uma das partes contratantes.

R.3: Por conseqüências incalculáveis deve-se entender aqueles sucedâneos da variação da composição dos custos do serviço ou produto, que não podiam ser antevistas pelos contratantes, pois embora fosse possível imaginar a ocorrência de um aumento não era concebível que o mesmo viesse a ter dimensões tão elevadas, como, por exemplo, vem acontecendo com a variação do petróleo. Era perfeitamente imaginável que o petróleo e seus derivados tivessem alta, porém não até os patamares atualmente atingidos.

No caso de compra com entrega parcelada, o reequilíbrio deverá atender apenas aquelas parcelas ainda não entregues, em relação às quais houve incidência da variação da composição de custos.

1 Lei nº 9.069/1995 Plano Real: Art. 28. Nos contratos celebrados ou convertidos em REAL com cláusula de correção monetária por índices de preço ou por índice que reflita a variação ponderada dos custos dos insumos utilizados, a periodicidade de aplicação dessas cláusulas será anual.

§1º É nula de pleno direito e não surtirá nenhum efeito cláusula de correção monetária cuja periodicidade seja inferior a um ano.

2 *Vide*: *Sistema de registro de preços e pregão*. 2. ed. Belo Horizonte: Fórum, 2005. p. 339.

3 *Idem*.[62]

Reajuste de contrato e convenção coletiva

Pergunta

Considerando uma licitação através de pregão de serviços de limpeza e conservação, determinada empresa ganhou a licitação com a menor proposta, logo após a assinatura do contrato em 10.10.2005, com um valor mensal de R$10.500,00 já em 01.01.2006, a empresa apresentaria convenção coletiva de trabalho do ano de 2006, com aumento de salário obviamente acarretando uma despesa maior do que a prevista no contrato. É legal este ato pela empresa? Qual a forma que os senhores julgam conveniente para evitar este problema? A Administração tem obrigação de aceitar esta imposição?

Resposta

O reajuste de contrato realizado com a Administração somente poderá se dar antes de decorrido o lapso de um ano nos casos da ocorrência de fatos imprevisíveis, ou previsíveis, mas de conseqüências inestimáveis.

Não é esta, evidentemente, a situação do contrato em questão, porquanto a realização de convenção coletiva é conhecida pela empresa que se contratou para a prestação de serviços, bem como é do conhecimento desta a data em que deverá ocorrer a convenção coletiva de trabalho.

Entretanto, o caso em questão não corresponde a reajuste, que indica a necessidade de restabelecimento do preço dos insumos ou do poder aquisitivo da moeda.

De outra parte, sendo conhecida a realização de convenção coletiva pela contratada, é certo que esta já incluiu em sua composição de custo tais incidências. Se não o fez, agiu na tentativa de levar vantagem no procedimento licitatório, oferecendo valor menor e buscando logo a seguir a recomposição, de modo a levar vantagem sobre os demais participantes do certame.

Portanto, fere o princípio da moralidade administrativa o reajuste ou recomposição de valor contratual com fundamento em convenção coletiva, porquanto fato previsível e com data certa para sua ocorrência.[63]

---

[62] OLIVEIRA, Antônio Flávio de. Reequilíbrio econômico financeiro. *Fórum de Contratação e Gestão Pública – FCGP*, Belo Horizonte, ano 7, n. 80, p. 42-44, ago. 2008. Disponível em: <http://www.editoraforum.com.br/sist/conteudo/lista_conteudo.asp?FIDT_CONTEUDO=54547>. Acesso em: 21 set. 2008.

[63] *Fórum de Contratação e Gestão Pública – FCGP*, Belo Horizonte, ano 6, n. 67, p. 89, jul. 2007. Disponível em: <http://www.editoraforum.com.br/sist/conteudo/lista_conteudo.asp?FIDT_

Como se vê, por si só a superveniência de convenção coletiva não constitui supedâneo para a realização de reequilíbrio econômico-financeiro.

Passa-se, então ao atendimento dos questionamentos pontuais formulados pelo orientando.

Questionamento a): *É necessário que se proceda à pesquisa de preços no mercado, para saber se — com o deferimento do* quantum *pretendido pela contratada por intermédio da repactuação — os preços contratados continuam sendo os mais vantajosos para Administração?*

R.a: Sempre que se realizar reequilíbrio econômico-financeiro de contratos é fundamental a realização de pesquisa de mercado com esta finalidade, haja vista serem princípios constitucionais o da Eficiência e Economicidade. Portanto, caso não permaneça vantajosa para a Administração a contratação, porque superiores os valores nela praticados àqueles exercidos pelo mercado, não é conveniente que seja esta mantida.

Questionamento b): *Essa pesquisa continuaria sendo necessária mesmo que a licitação tenha ocorrido em dezembro de 2008? (OBS.: A abertura do respectivo Pregão eletrônico se deu em 11.12.2008 e a habilitação da licitante vencedora se iniciou e findou em 18.12.2008)*

R.b: Não se trata da proximidade com o período em que foi realizado o certame licitatório, mas na verificação de que permanecem os valores praticados consentâneos com aqueles que o mercado pratica, do que poderá se extrair a eficiência administrativa.

Questionamento c): *Essa pesquisa continuaria sendo necessária mesmo que cerca de 95% do valor da contratação esteja relacionado, direita ou indiretamente, ao custo da mão de obra?*

R.c: Ora, mesmo contratações envolvendo predominantemente mão de obra possuem correspondência no mercado, sendo perfeitamente factível e necessário que se verifique que serviços contratados pela Administração estão com seus valores adequados aos praticados em iguais condições em face de particulares e outros contratantes estatais.

CONTEUDO=0041478&FARG_PESQUISA=convenção%20coletiva&FDOCHITS=316%20315%20286%20285%20218%20217%20181%20180%20154%20153%2057%2056%206%205>. Acesso em: 21 set. 2008.

Questionamento d): *O fato de, segundo as respectivas planilhas, cerca de 95% da contratação estar relacionada a mão de obra não é um indício de equívoco ou jogo de planilha?*

R.d: Para afirmar sobre a existência de indícios de equívoco ou jogo de planilha seria necessário minucioso exame dos autos contendo o procedimento licitatório, atividade não compreendida nos limites desta orientação.

Questionamento e): *A previsão mensal (pela análise das planilhas) de um lucro total mensal de R$8,62 (oito reais e sessenta e dois centavos) em um contrato de R$16.795,94 (dezesseis mil, setecentos e noventa e cinco reais e noventa e quatro centavos) é um indício de erro de planilha ou jogo de planilha? Em caso afirmativo, o que geralmente causa esse tipo de erro ou onde se dá, em regra, o jogo de planilha para esse tipo de contratação?*

R.e: De fato a identificação de lucro mensal em valor irrisório, como o indicado, aponta para algum tipo de problema na formulação do contrato, embora, pelas razões afirmadas na reposta ao questionamento anterior, não se possa afirmar sobre a sua natureza.

Repactuação e reajuste

Pergunta

No dia 09.03.2008 foi firmado Contrato 007/2008-TRE/XX, objetivando a contratação de serviço especializado de vigilância e segurança armada para este Regional, através do Pregão nº 001/2008 – TRE/XX. O referido contrato tinha como vigência o período de 09.03.2008 a 09.01.2009, sendo devidamente prorrogado no dia 11.11.2008 (data da assinatura do aditivo), que alterou a vigência para 09.01.2009 a 08.01.2010. Ocorre que no dia 04.12.2008 (data posterior a assinatura do aditivo) foi firmada a Convenção Coletiva de Trabalho que aumentou em 12% o salário da categoria dos vigilantes e 25% seu *ticket* alimentação, tendo como data-base para vigência o 1º.01.2009 a 31.12.2009 (os percentuais de reajuste foram bem mais elevados que os de costume). Tendo em vista o impacto financeiro gerado por tal Convenção Coletiva de Trabalho, a contratada protocolou no dia 16.01.2009 pedido de repactuação do valor do contrato nesta Corte. Pergunta-se: a) Diante do Acórdão nº 1828/2008-TCU-Plenário, o Tribunal de Contas da União, no qual é estabelecido que a repactuação deverá ser pleiteada até a data da prorrogação contratual subsequente, sendo certo que, se não o for de forma tempestiva, haverá a preclusão do direito da contratada de repactuar. Há a possibilidade de conceder a mencionada repactuação no caso narrado? Atento que a assinatura da prorrogação deu-se em data anterior à Convenção, embora a vigência tenha sido posterior. b) Caso positivo, a partir de que data deverá ser concedida a repactuação? Quando completar os doze meses? Da data do requerimento? Ou da data da vigência da Convenção Coletiva? c) É possível considerar que a repactuação é espécie do gênero reajuste, por isso a menção contratual ao reajuste supre a omissão da repactuação?

Resposta

Após discorrer sobre situação na qual contrato de serviços de vigilância e segurança é prorrogado e após ter ocorrido a prorrogação, sobrevém convenção coletiva, na qual se pactuou em percentual não usual alteração de salários e no *ticket* alimentação, questionou-se:

Questão "a" – "*Diante do Acórdão nº 1828/2008-TCU-Plenário, o Tribunal de Contas da União, no qual é estabelecido que a repactuação deverá ser pleiteada até a data da prorrogação contratual subsequente, sendo certo que, se não o for de forma tempestiva, haverá a preclusão do direito da contratada de repactuar. Há a possibilidade de conceder a mencionada repactuação no caso narrado? Atento que a assinatura da prorrogação deu-se em data anterior à Convenção, embora a vigência tenha sido posterior*".

R.a) Na verdade não se trata de repactuação, mas de reequilíbrio econômico-financeiro, o que se pretende realizar no caso vertente, pois não estarão sendo submetidas as condições contratuais a uma nova pactuação, mas buscando-se o reequilíbrio da equação inicialmente estabelecida, conforme as planilhas apresentadas pelo licitante vencedor, adequadas com o edital.

A respeito do tema é esclarecedora a lição de Jorge Ulisses Jacoby Fernandes, que apresenta quadro elucidativo em sua obra *Sistema de registro de preços e pregão*.[64]

Questão "b" – "*Caso positivo, a partir de que data deverá ser concedida a repactuação? Quando completar os doze meses? Da data do requerimento? Ou da data da vigência da Convenção Coletiva?*"

R.b) O reequilíbrio econômico-financeiro deverá ser realizado levando-se em consideração a data em que ocorreu o desequilíbrio

[64] *Sistema de registro de preços e pregão*. 3. ed. Belo Horizonte: Fórum, 2008. p. 299-300.

contratual, porquanto com tal medida busca-se evitar o enriquecimento de uma das partes contratantes em relação à outra.

Questão "c" – "*É possível considerar que a repactuação é espécie do gênero reajuste, por isso a menção contratual ao reajuste supre a omissão da repactuação?*"

R.c) Tal classificação somente será possível partindo-se de instrumento que tenha por objetivo ordenar a sua realização. Assim, levando-se em conta o que dispõe o Decreto nº 2.271/97, em seu art. 5º, é possível concluir que reajuste, porquanto este se dará a partir de índices preestabelecidos em contrato, não corresponde a repactuação, esta fixada com o intuito de "adequação aos novos preços de mercado".

Como se vê, enquanto a repactuação busca adequar os valores contratados ao preço de mercado, o reajuste tem como fundamento a aplicação de índice contratualmente estabelecido.

Repactuação retroativa

Pergunta

No caso hipotético em que empresa solicita em 04.08 repactuação retroativa a maio de 2006, tendo o contrato celebrado em outubro de 2005, seria devida a repactuação nestes termos? ou seria mais correto deferimento de indenização dos anos anteriores a 2008, devendo a Administração pagá-los mediante reconhecimento de dívida?

Resposta

A repactuação de contratos somente poderá ocorrer durante o período de vigência de tais instrumentos e em relação às prestações vincendas.

Uma vez que tenha o ajuste em questão cessado o seu prazo de vigência, eventuais desequilíbrios deverão ser solucionados por outros meios, sendo um desses meios a indenização administrativa, que, todavia, deverá ser realizada com cautela, havendo, pois, que serem tomadas precauções quanto a constatação de eventuais diferenças, terem sido atestado recebimento de bens em qualidade superior àquela originalmente estabelecida, verificação das razões pelas quais ocorreram os desequilíbrios, bem como para observar se estes podem ser atribuídos, ainda que em parte à Administração Pública.

Além das situações apresentadas acima, que são meramente exemplificativas, é fundamental que eventuais desequilíbrios na álea contratual, quando forem estes os motivos para a repactuação, tenham sido apontados pelo contratante anteriormente à assinatura de aditivo de prorrogação de contrato. Pois, do contrário, ao assinar prorrogação do ajuste, sem estabelecer óbice ao valor fixado, terá tacitamente concordado com a manutenção das condições inicialmente estabelecidas.

Rescisão unilateral e indenização

Pergunta

O Município contratou empresa para prestação se serviços de embalagem de *kit* pedagógico, decorrente de Pregão eletrônico. O contrato já está assinado e publicado. Entretanto, a Administração deseja modificar o objeto (embalagem). É possível a rescisão unilateral sem gerar indenização? Como deve o Município proceder?

Embora o art. 79, I, da Lei de Licitações e Contratos Administrativos afirme que apenas os casos elencados nos incisos I a XII e XVII do art. 78 podem ser determinados por ato unilateral da Administração, não é exatamente este o significado da compreensão dos dispositivos em questão. Também a hipótese em que não mais exista interesse por parte do Poder Público na concretização do objeto contratado poderá ensejar motivo para a rescisão unilateral.

A situação apresentada na questão formulada não se enquadra em nenhuma das hipóteses previstas no disposto nos incisos do art. 78 da Lei nº 8.666/93. O que significa que poderá haver consequências econômicas para a Administração a rescisão unilateral, decorrente de demanda judicial pela empresa contratada.

Rescisão unilateral – Mão de obra infantil – Penalidade

Pergunta

Rescisão Unilateral – Trabalho Infantil (art. 78, XVIII e 79 da Lei nº 8.666/93 e art. 27, V, CF/88). A Lei nº 9.854/99 acrescentou o inciso XVIII ao art. 78 da Lei nº 8.666/93, que dispõe sobre as hipóteses de rescisão contratual. Verifica-se, entretanto, que o art. 79, inciso I, da

LLC, que enumera as hipóteses de rescisão unilateral do contrato, não contemplou a hipótese prevista no inciso XVIII do art. 78 da Lei nº 8.666/93 alterado pela Lei nº 9.854/99. Pergunta-se: Qual a interpretação doutrinária e jurisprudencial para o disposto no inc. I do art. 79, o qual enumera as hipóteses em que haverá a rescisão unilateral do contrato pela Administração? Por não se tratar de rescisão amigável (art. 79, inc. II), quando se verificar que o contratado é empregador que pratica a conduta vedada pelo art. 27, inc. V, da Carta Magna, somente poderá ser realizada a rescisão judicialmente? A rescisão unilateral diante da constatação de trabalho infantil já possui respaldo que dirima o claro equívoco do legislador ao não atualizar o art. 79, I, da Lei nº 8.666/93? Diante desse panorama, poderia um contrato administrativo contemplar cláusula contendo o art. 78, XVIII, como causa de rescisão unilateral?

Resposta

De fato laborou mal o legislador ao alterar o dispositivo do art. 78 da Lei de Licitações e Contratos, inserindo-lhe o inciso XVIII, sem a devida modificação também no art. 79, para ali incluir dentre as hipóteses de rescisão unilateral aquela relativa à contratação de mão de obra infantil, o que aparentemente tornaria inexequível a medida penal administrativa.

Entretanto, é de se notar que o art. 79, em seu inciso I, estabelece como sendo uma das hipóteses nas quais é aplicável a penalidade de rescisão unilateral *"o não cumprimento de cláusulas contratuais,* especificações, projetos ou prazos".

De outra parte, deve-se volver ao disposto no art. 55, XIII, que estabelece como sendo cláusula essencial dos contratos administrativos aquela que fixe:

> XIII – a obrigação do contratado de manter, durante toda a execução do contrato, em compatibilidade com *as obrigações por ele assumidas,* todas as condições de habilitação e qualificação exigidas na licitação.

O art. 27, V, da Lei nº 8.666/93, que trata da habilitação, por seu turno exige: "cumprimento do disposto no inciso XXXIII do art. 7º da Constituição Federal", que veda o trabalho de menores, salvo na condição de aprendiz a partir dos 14 (catorze) anos de idade.

Portanto, em que pese o exercício de interpretação sistemática necessário para a aplicação do dispositivo do art. 78, XVIII, da Lei de Licitações e Contratos Administrativos, incluído pela Lei nº 9.854/1999, é possível a aplicação, no caso, da rescisão unilateral fundamentando-a na hipótese do art. 79, I, haja vista que restará caracterizado descumprimento da cláusula contratual que determina a manutenção das condições de habilitação e qualificação exigidas na licitação.

Destarte, não é necessário que se faça incluir no contrato que o descumprimento do disposto no art. 78, XVIII, ensejará a rescisão unilateral do contrato.

Revisão, reequilíbrio, repactuação, atualização monetária e reajuste – Diferenças

Pergunta

Revisão, reequilíbrio, repactuação, atualização monetária e reajuste são termos sinônimos? Se não quais são suas diferenças nas práticas da execução dos contratos? Quais são seus requisitos para concessão?

Resposta

Anteriormente tratou-se do tema, distinguindo os institutos mencionados no questionamento nos seguintes termos:

Reequilíbrio Financeiro

- *Conceito* – Denomina-se reequilíbrio o restabelecimento da equação inicialmente estabelecida entre os contratantes, de maneira que se preserve a mesma relação entre as prestações de ambas, fixada na ocasião da pactuação entre contratante e contratado, para que assim nenhuma das partes seja desfavorecida em relação ao que fora avençado. Está relacionado com a composição de custos do bem ou serviço objeto do contrato, sendo aplicado nas situações em que a variação para maior ou menor do preço dos insumos que integram o objeto termina por causar desequilíbrio entre as prestações assumidas por cada uma das partes. É importante ressaltar que a possibilidade do reequilíbrio está relacionada com a imprevisibilidade do fato que lhe deu causa, ou se previsível, com a impossibilidade de lhe mensurar, ainda que por estimativa, o impacto.

- *Natureza Jurídica* – Trata-se de ato administrativo de caráter vinculado, porquanto uma vez demonstrada a necessidade de reequilíbrio não há que se falar em discricionariedade da Administração a esse respeito.
- *Aplicação na Execução dos Contratos* – Aplica-se em relação aos atos futuros e anteriores à concretização do reequilíbrio, conquanto posteriores ao pleito que solicitou a sua aplicação devidamente demonstrada. Deverá se dar por intermédio de termo aditivo. Quanto aos valores anteriores ao pleito de reequilíbrio poderá acontecer o restabelecimento da situação dos contratantes, mas através de indenização administrativa ou judiciária.

Repactuação de Preço

- *Conceito* – Cuida-se de adequação dos valores avençados em contratos cujo objeto demandem prestação continuada, para execução de serviços ou fornecimentos, aos preços de mercado, consoante a disposição contida no Decreto nº 2.271/97, conquanto se tenha observado o interregno de um ano. Tal adequação tanto poderá ser realizada para majorar o valor contratado como para reduzi-lo.
  Convém advertir, todavia, que o Decreto nº 2.271/97, porquanto discipline matéria para a qual possuem competência própria os demais entes federativos (Estados e Municípios), tem aplicação apenas no âmbito da Administração Pública Federal.
- *Natureza Jurídica* – Trata-se o ato concretizador da repactuação de ato administrativo de natureza vinculada, porquanto verificado o novo posicionamento dos preços no mercado impõe-se a sua realização.
- *Aplicação na Execução dos Contratos* – Dirige-se apenas aos serviços e fornecimentos futuros, posteriores a um ano de vigência do contrato firmado. Dar-se-á a repactuação por intermédio de termo aditivo.

Revisão Contratual

- *Conceito* – Não há na legislação de licitações e contratos previsão de instituto com tal nomenclatura, daí se concluir que a revisão contratual a respeito da qual se pretende definição seja aquela determinada pela modificação das situações relacionadas com os preços de mercado, ou ocasionada pelo desequilíbrio na álea estabelecida entre os contratantes, por alguma razão estranha às suas vontades, ou mesmo em decorrência da corrosão inflacionária. Assim é de se entender que toda situação que conduza a reequilíbrio, repactuação ou reajuste se extraiu de uma revisão contratual. Trata-se, pois, do exame das condições do contrato a fim de se verificar se se mantém as condições em que este foi estabelecido, seja para a fixação dos parâmetros de reequilíbrio, repactuação, reajuste ou verificação da conformidade da execução.

- *Natureza Jurídica* – Trata-se de fato jurídico do qual poderá decorrer um ato jurídico alterando ou mesmo extinguindo o contrato.
- *Aplicação na Execução dos Contratos* – Deverá ser realizada mediante procedimento administrativo, regulado pela legislação própria pertinente à execução de contratos — a Lei nº 8.666/93 — aplicando-se, ainda, no que couber, a lei geral de processo administrativo (no âmbito federal a Lei nº 9.784/99), sempre se assegurando o contraditório e ampla defesa.

Atualização Monetária

- *Conceito* – Atualização monetária ou reajuste é a correção do valor contratado aplicando-se algum índice de mensuração da inflação no período que não poderá ser inferior a um ano.[65] É medida de profilaxia contra a corrosão inflacionária da moeda.
- *Natureza Jurídica* – Fato econômico, cuja repercussão no plano dos contratos administrativos materializa-se em ato administrativo vinculado, porquanto não há campo para discricionariedade a respeito da concretização da atualização monetária.
- *Aplicação na Execução dos Contratos* – Após um ano de contrato far-se-á a correção pelo índice pactuado, através de termo aditivo.

Reajuste de Preço

- *Conceito* – A expressão "reajuste" tem comportado conotações diferentes na doutrina, pois enquanto alguns considerem como

[65] Lei nº 9.069/1995 – Plano Real: Art. 28. Nos contratos celebrados ou convertidos em REAL com cláusula de correção monetária por índices de preço ou por índice que reflita a variação ponderada dos custos dos insumos utilizados, a periodicidade de aplicação dessas cláusulas será anual.
§1º É nula de pleno direito e não surtirá nenhum efeito cláusula de correção monetária cuja periodicidade seja inferior a um ano.

tal apenas a correção do contrato, protegendo-o da corrosão inflacionária, há entendimento, é o caso de Jorge Ulisses Jacoby Fernandes, que a expressão comporta além do restabelecimento do valor aquisitivo da moeda o restabelecimento do preço dos insumos.[66]

- *Natureza Jurídica* – Fato econômico cuja repercussão no âmbito contratual administrativo dá-se mediante ato administrativo de natureza vinculada.
- *Aplicação na Execução dos Contratos* – Mediante o uso de termo aditivo.

Diferenciação entre os Institutos

- São institutos e fenômenos diferentes entre si, mas bastante próximos, inclusive pela área de sua ocorrência — os contratos administrativos.
- Pode-se, todavia, indicar como diferenças preponderantes as seguintes àquelas delineadas nas suas respectivas definições e naturezas jurídicas, sendo, todavia, valioso para esse fim a apreciação do que dispõe o quadro comparativo apresentado por Jorge Ulisses Jacoby Fernandes,[67] no qual descreve as diferenças e pontos comuns entre reequilíbrio, repactuação e reajuste, em que se consigna que enquanto reequilíbrio não tem período definido, reajuste e repactuação somente ocorrer após o transcurso de um ano; quanto aos índices aplicáveis em relação a cada um, apenas o reajuste possui índice predefinido, em razão de sua previsibilidade, tanto que previsto no próprio termo de contrato, já o reequilíbrio e a repactuação dependem da situação que os motivou e seu impacto no mercado; quanto ao objetivo: todos diferem entre si, reequilíbrio busca restabelecer preço dos insumos; reajuste — o restabelecimento do preço dos insumos ou o poder aquisitivo da moeda; já a repactuação — adequação do valor do contrato àqueles em vigor no mercado.

[66] *Vide*: *Sistema de registro de preços e pregão*. 2. ed. Belo Horizonte: Fórum, 2005. p. 339.

[67] *Idem*.

Revogação de lei complementar por lei ordinária

Pergunta

A Lei nº 1068/02 alterou a estrutura de remuneração dos Grupos Ocupacionais que nomina, pertencentes ao quadro do Poder Executivo, conforme consta em seu preâmbulo ("Altera a estrutura de remuneração dos Grupos Ocupacionais que nomina, atualizando-a em relação à moeda corrente do País, excluindo-os do Capítulo XIII e respectivas Seções – artigos 31 a 47, da Lei Complementar nº 67, de 9 de dezembro de 1992"). Em seu corpo, contudo, a citada lei revogou dispositivos da LC nº 68/92, que instituiu o Regime Jurídico dos Servidores Públicos Civis do Estado de Rondônia, dentre eles o art. 87, referente ao adicional por tempo de serviço (além do adicional noturno e de insalubridade). O §2º do art. 1º prescreveu ainda que não se aplicava "... aos cargos próprios da Secretaria de Estado da Saúde e Secretaria de Estado da Educação, cujas atribuições estejam diretamente ligadas a atividades típicas de saúde ou educação, e aos cargos de estrutura administrativa com planos específicos, (...)". Inicialmente o entendimento foi no sentido a LC nº 92/93, que instituiu o Plano de Carreira, Cargos e Salários do Judiciário, não tratou de forma específica sobre os anuênios, estando a disciplina deste adicional regulada tão somente da LC nº 68/92. Manteve-se o entendimento de que adicional foi revogado com a edição da Lei nº 1068/02, mormente por ser a lei do regime jurídico materialmente ordinária e, consequência disso, deveriam ser adotadas as medidas necessárias para elaboração da estrutura remuneratória disposta na lei em comento, com inserção da vantagem pessoal (VP), englobando as parcelas relativas a anuênios e quintos. Ocorre que em 2003, a Lei Complementar nº 280, acrescentando e dando nova redação a dispositivos da Lei Complementar nº 92/93, trouxe a seguinte disposição: Art. 43. Os valores de remuneração dos Cargos em Comissão dos servidores do Poder Judiciário são os fixados de acordo com o Anexo XIII – Tabelas I e II, com acréscimo do adicional por tempo de serviço à razão de 1% (um por cento) ao ano sobre o básico do Cargo em Comissão. Em sua redação original, o aludido dispositivo dispunha: "Art. 43 – Os valores de remuneração dos cargos em comissão são fixados em lei, observados os reajustes gerais previstos para os servidores públicos civis do Estado de Rondônia (Anexo XIII – Tabelas I e II)". Portanto, até então, os anuênios estavam regulados somente na LC nº 68/92. Tendo em vista o disposto nesta lei, solicitamos responder os seguintes questionamentos, os quais estão dispostos em duas linhas diametralmente opostas: 1. Podem os anuênios ter sido revogados pela Lei nº 1068/02 e "transformados em VP, equivalente a um valor fixo" e, ao mesmo tempo, poderem subsistir, em decorrência do disposto na LC nº 280/03, ou seja, continuarem incidindo em favor de servidores investidos em cargo em comissão? Ressalte-se que o STF entende que a simples divergência entre a ementa da lei e o seu conteúdo não configura afronta à Constituição – ADI nº 1.096-4, rel. Min. Celso de Mello. 2. Caso positiva a resposta acima, como lidar a Administração com uma situação de distinção entre servidores, dado que, apegando-se ao texto literal da LC nº 280, somente os servidores investidos em cargos em comissão teriam direito a que a incidência dos anuênios continuasse, inclusive deslocando-se o percentual para o vencimento básico do cargo em comissão, em que pese terem sido transformadas em VP com a Lei nº 1068? É possível defender a concessão também a servidores exclusivamente comissionados?; 3. Em linha oposta, seria possível defender uma interpretação conforme a Constituição, na medida em que a LC nº 280/03 traz no seu dispositivo um conteúdo discriminatório, que afronta o princípio da igualdade, portanto, a rigor, seria materialmente inconstitucional? Ou seria mesmo possível defender-se a não aplicação da Lei nº 1068 aos servidores do Poder Judiciário, dado se tratar de lei ordinária revogando lei complementar, tese que já foi afastada no âmbito desta Administração? Por favor solicitamos abordagem de todos os pontos acima. Dada a complexidade da questão, aquiescemos no envio de resposta até o final desta semana.

Resposta

Antes de se iniciar a resposta às questões formuladas ao final é necessário que se elucide que a exigência de lei complementar, para disciplinar determinada matéria deverá estar prevista na Constituição do Estado, sob pena de ter esta sido utilizada desnecessariamente, fazendo com que a norma mesmo que aprovada como lei complementar tenha o caráter material de lei ordinária, permitindo, portanto, a sua revogação ou alteração por lei dessa ordem.

Tendo ocorrido, pois, de não ter sido exigida lei complementar para a disciplina dos temas em questão, ter-se-á na verdade lei ordinária, não obstante a nomenclatura e o *quorum* de maioria absoluta na votação.

Feitas as considerações acima, passa-se à resposta de cada um dos questionamentos *de per si*.

R.1: Se os anuênios foram revogados e a revogação deu-se de forma válida porque possível, diante das considerações acima, a revogação da lei "complementar" apenas em sentido formal, pela novel lei ordinária, não haverá que se falar em aplicação do dispositivo posteriormente, exceto no caso de a própria norma revogadora ter feito ressalva a respeito da permanência do dispositivo em questão, para incidir sobre casos determinados, conforme nela, lei revogadora, indicados.

R.2: Embora prejudicado o questionamento em face da resposta à pergunta de número 1, cumpre advertir que não é válida, por inconstitucional, a distinção entre servidores comissionados e estáveis, ressalvando-se apenas aquelas autorizadas pelo próprio texto da Constituição de 1988.

R.3: *A priori*, diante das informações trazidas e aqui consideradas, não se vislumbra a possibilidade de interpretação conforme a Constituição que possa preservar a validade do dispositivo de modo que se estabeleça tratamento diferenciado entre servidores públicos de um mesmo âmbito, sujeitos ao mesmo regime jurídico.

Seguros – Contratação e intermediação de corretores

Pergunta

Tendo em vista a revogação do art. 23 do Decreto-Lei nº 73/1966 pela Lei Complementar nº 126/2007, pergunto: persiste a vedação de órgão público contratar seguros com intermediação de corretores? Caso positivo, qual seria a base legal?

Resposta

Consoante com o entendimento expressado pelo Tribunal de Contas da União, embora fizesse referência ao art. 23 do Decreto-Lei nº 73/1966, deve-se amparar, porquanto ainda em vigor, a vedação à intermediação no disposto no art. 16, §§3º e 6º, do Decreto nº 93.871/86.

Para melhor elucidar a respeito do tema convém chamar atenção para o Acórdão nº 887/2007-Plenário, expedido pelo TCU em 17.05.2007.

É de ressaltar que a decisão proferida pelo Plenário do TCU é de data posterior àquela em que ocorreu a alteração legislativa pela Lei Complementar nº 126/2007 (datada de 15.01.2007). No entanto, mesmo assim expressou o entendimento pela contratação diretamente com as seguradoras, o que certamente resulta do fundamento também amparado no que dispõe o art. 16, §§3º e 6º, do Decreto nº 93.871/86, nos seguintes termos:

> Por fim, ao nomear, para prorrogação do contrato, a Assurê, independentemente desta ter sido a corretora do contrato anterior, o responsável favoreceu uma empresa privada, infringindo o princípio da impessoalidade. Além disso, os seguros nucleares, por se tratarem de risco com regras próprias, não permitem a intermediação de terceiros, conforme o próprio entendimento do IRB. (fls. 75 e 82, Anexo 1).
>
> A indicação, também, foi de encontro ao princípio da legalidade e ao entendimento deste Tribunal, independentemente de se referir a seguros nucleares.

Convém tecer algumas ponderações, com base em decisões desta Corte de Contas, referentes à intermediação de corretoras nos contratos de seguro da administração pública. O Voto do Ministro Adhemar Paladini Ghisi, na Decisão nº 400/1995-TCU-Plenário, relativo ao processo TC010.330/1995-0 (Representação contra licitação promovida pela Caixa Econômica Federal para contratação de seguro), esclarece muito bem a questão. Transcrevemos alguns pontos julgados relevantes deste processo:

"Voto do Ministro Relator

4. Consoante verifiquei, a contratação de Corretor de seguros na transação que ora se aprecia não é, na verdade, facultada, como defendeu a Unidade Técnica, mas em verdade, vedada.

5. A Lei nº 4.594/64, alterada pela Lei nº 6.317/75, ao dispor sobre a profissão do Corretor de Seguros, previu: "Art. 1º. O corretor de seguros, seja pessoa física ou jurídica, é o intermediário legalmente autorizado a angariar e promover contratos de seguros, admitidos pela legislação vigente, entre as Sociedades de Seguros e as pessoas físicas ou jurídicas, `de direito público ou privado". (grifo nosso)

6. Conforme se observa, o art. 1º retrotranscrito atribuía competência ao corretor de seguros para intermediar transações, inclusive com pessoas jurídicas de direito público. Contudo, tal intermediação não era obrigatória, consoante se verifica do texto do art. 18 da mesma Lei: "Art. 18. As sociedades de seguros, por suas matrizes, filiais, sucursais, agências ou representantes, só poderão receber proposta de contrato de seguros: a) por intermédio do corretor de seguros devidamente habilitado; b) diretamente dos proponentes, ou seus legítimos representantes".

7. Entretanto, a mencionada Lei nº 4.594/64 foi revogada pelo art. 153 do Decreto-lei nº 73, de 21.11.66, que alterou substancialmente a competência dos corretores de seguros, ao prever em seus arts. 23 e 122: "Art. 23. Os seguros dos bens, direitos, créditos e serviços dos órgãos do Poder Público, bem como os de terceiros que garantam operações com ditos órgãos, 'serão contratados diretamente com a Sociedade Seguradora Nacional' que for escolhida mediante sorteio. §1º. Nos casos de seguros não tarifados, a escolha da Sociedade Seguradora será feita por concorrência pública.... Art. 122. O corretor de seguros, pessoa física ou jurídica, é o intermediário legalmente autorizado a angariar e promover contratos de seguro entre as Sociedades Seguradoras 'e as pessoas jurídicas de direito privado'". (grifos nossos)

8. No presente caso, clara está a intenção do legislador de eliminar a intermediação na contratação de seguros pelos órgãos do Poder Público. E para que não pairassem dúvidas quanto ao alcance da expressão "órgãos do Poder Público" mencionada no dito art. 23, foi editado, em 28.02.67, o Decreto-lei nº 296, alterando a redação do art. 23 do Decreto-lei nº 73/66, introduzindo após a expressão "órgãos do Poder Público" o complemento "da administração direta e indireta".

> 9. A mesma intenção foi reafirmada mais recentemente, nos §§3º e 6º do Decreto nº 93.871/86, sendo "in verbis": "Art. 16. Compete ao IRB realizar sorteios e concorrências públicas para colocação dos seguros dos bens, direitos, créditos e serviços dos Órgãos do Poder Público da Administração Direta e Indireta, bem como os de bens de terceiros que garantam operações com ditos Órgãos.... §3º. Na formalização dos seguros previstos neste artigo é vedada a interveniência de corretores ou intermediários, no ato da contratação e enquanto vigorar o ajuste, admitindo-se, todavia, que a entidade segurada contrate serviços de assistência técnica de empresa administradora de seguros... §6º. Consideram-se órgãos da administração indireta para os fins de aplicação do art. 23 do Decreto-lei nº 73, de 21 de novembro de 1966, além das autarquias e empresas públicas, as fundações e sociedades de economia mista quando criadas por lei federal".

No mesmo acórdão decidiu-se a respeito do seguinte modo, que a seguir se transcreve:

> 9.4. determinar à Eletrobrás Termonuclear S.A. (Eletronuclear), nos termos art. 250, inciso II, do Regimento Interno do TCU, que:
>
> 9.4.1. abstenha-se de indicar corretoras, quando da celebração de contratos de seguros de riscos nucleares ou de bens de sua propriedade, em vista do disposto nos arts. 23 do Decreto-Lei nº 73, de 21.11.66, alterado pelo Decreto-Lei nº 296, de 28.02.67, c/c art. 16, §§3º e 6º do Decreto nº 93.871/86, bem assim da jurisprudência firmada no âmbito desta Corte de Contas (Decisão 400/95-Plenário); e
>
> 9.4.2. abstenha-se de indicar corretores ou intermediários (brokers) ao IRB, para a colocação dos riscos no mercado ressegurador internacional;

Destarte, deve-se concluir pela continuidade da vedação de contratação de corretoras para a intermediação de ajustes relativos a seguros pela Administração Pública, haja vista a existência de outro fundamento além daquele constante do revogado art. 23 do Decreto-Lei nº 73/66.

Serviços advocatícios e duração do contrato

Pergunta

Na contratação de serviços advocatícios para atuação específica em determinado processo, considerando que o trânsito em julgando do processo pode demorar vários anos, pergunta-se: é necessário realizar termos aditivos de prazo do contrato, se o valor dos honorários advocatícios já estiver pago? E se o trânsito em julgado do processo levar mais do que 05 anos?

Resposta

Não há amparo legal para vigência de contrato com duração superior ao limite de 60 (sessenta) meses previsto na Lei de Licitações, exceto no caso de prorrogação excepcional por mais 12 (doze) meses.

Sendo assim, a contratação de serviços advocatícios, ou qualquer outro tipo de serviço que tenha necessidade de continuar por período maior, deverá ser realizada levando-se em consideração que sua duração máxima será de 72 (setenta e dois) meses.

Caso após o transcurso desse lapso não tenha finalizado a ação judicial haverá a necessidade de se realizar nova licitação, ou contratação direta, que também deverá ter sua vigência limitada pelo prazo máximo preconizado já como exceção no art. 57, II, da Lei de Licitações, que poderá ser estendido por mais 12 (doze) meses, consoante a previsão do §4º do mesmo artigo, em caráter excepcional, conquanto devidamente justificado e mediante autorização da autoridade superior.

Serviços contínuos e duração contratual

Pergunta

Há possibilidade de vigência de contrato de prestação de serviços não contínuos de um exercício para outro, em havendo recurso no exercício da celebração e fazendo-se o empenho de toda a despesa, com parcelas a serem pagas, por exercício findo?

Resposta

Nada impede que a contratação de serviços, ainda que não contínuos, se dê por período abrangente de dois exercícios financeiros, conquanto as circunstâncias relacionadas com a necessidade e interesse público assim demandem. Desse modo, nada impede que a realização de contrato de serviço de natureza não continuada, mas que demande prazo superior ao que sobejar do ano calendário em curso, tendo sido firmado, por exemplo, no mês de dezembro, tenha a sua execução até o mês de agosto do exercício seguinte.

Ora, não é a natureza de se tratar de serviços contínuos ou não que permitem que o contrato seja firmado em um exercício tendo vigência até o próximo, mas a necessidade decorrente das condições de execução dos mesmos serviços, que podem ser tais de forma a impedir que o encerramento da atividade, pela sua conclusão, se dê antes de findo o ano civil.

Essa, aliás, é claramente a situação contemplada no artigo 57, inciso I, da Lei nº 8.666/93, que excepciona da determinação contida no *caput* do mesmo artigo os casos de contratos, ainda que não relativos a serviços continuados, conquanto se tratem de projetos cujos produtos estejam contemplados nas metas estabelecidas no plano plurianual.

Por outro lado, deve-se ter em conta se se trata de contrato por prazo certo ou contrato por escopo, os quais, na lição de Joel de Menezes Niebuhr:

> Contrato por prazo certo é aquele cujo prazo de execução se extingue em razão de termo preestabelecido. Melhor explicando, é aquele cujo prazo de execução extingue-se em data preestabelecida, independentemente do que fora ou não realizado pelo contratado. Os contratos de prestação de serviços contínuos, como vigilância, limpeza etc., são contratos por prazo certo.
>
> [...]
>
> Contrato por escopo é aquele cujo prazo de execução somente se extingue quando o contratado entrega para a Administração o objeto contratado. Daí que o tempo não importa o encerramento das obrigações. O tempo apenas caracteriza ou não a mora do contratado. Por exemplo, a Administração contrata alguém para construir um prédio de três andares, prevendo prazo de execução de seis meses. Se o contratado não constrói o prédio em seis meses, ele está em mora. Mas isso não significa que, ao cabo dos seis meses, o contrato está extinto e que as obrigações enfeixadas nele também.[68]

Portanto, há que se considerar tais situações, que inclusive irão refletir no pagamento das parcelas a que fará jus o contratado, especialmente no caso de contrato por escopo, quando o pagamento será feito proporcionalmente ao que tiver sido executado, mesmo que o empenho tenha sido global, consoante com a previsão contida no

---

[68] *Licitação pública e contrato administrativo*. Curitiba: Zênite, 2008. p. 452-453.

contrato, que certamente terá adotado tal cautela. Nesta situação não tendo sido concluída a ação demandada ficará pendente o pagamento correspondente, ainda que deva ser feito no exercício seguinte, a conta de restos a pagar.

Serviços e planilha

Pergunta

1. Caso Concreto: Uma contratação de Serviço de Reprografia, sendo o custo composto de: 70% Equipamentos/insumos e 30% de mão de obra. A prestação do serviço será na instalação da *Contratante*. Diante disso, pergunta-se: a) Essa contratação caracteriza-se como prestação de serviço *com* ou *sem* cessão de mão de obra? b) Na hipótese de se tratar de contrato com cessão de mão de obra, é obrigatória a abertura da planilha de custos, nos moldes da IN nº 02/2008, com detalhamentos de salários, encargos, tributos, etc., mesmo que a participação dos custos da mão de obra seja apenas de 30%? c) Na hipótese de ser obrigatória a abertura, qual a finalidade em detalhar a planilha de custos com salários, encargos e tributos? d) Acerca da responsabilidade do Contratante, essa será solidária ou subsidiária? 2) Fora o caso acima, as contratações com *cessão de mão de obra*, nas quais não há predominância de mão de obra, pode-se facultar o detalhamento da planilha de custos, nos moldes da IN nº 02/2008 (salários, encargos, tributos), e elaborar uma planilha mais simplificada? ***

Resposta

Trata-se de contratação de serviços em relação aos quais a composição dos custos totais é representada por 70% (setenta por cento) por valor de locação de equipamentos e insumos utilizados na reprografia e 30% (trinta por cento) relativo à mão de obra utilizada na sua realização.

Apresentada a situação o consulente perquire a respeito das características da contratação, subdividindo a questão em duas alíneas, que serão individualmente respondidas.

R.1.a: Mesmo que a parcela mais significativa do valor da contratação esteja direcionada para a cobertura dos custos com locação de equipamento e pagamento de insumos por estes utilizados, não há a absorção da presença do componente "serviço pessoal". Portanto, trata-se de serviço prestado com a utilização de mão de obra.

Entretanto, não se pode afirmar que se dá este serviço com "cessão" da mão de obra utilizada, porquanto o empregado executor da tarefa mantém o vínculo e a relação de subordinação com a empresa que o contratou e para a qual ele desempenha suas atividades, apenas o produto final deste labor é que se direciona à contratante dos serviços de reprografia. Assim, embora presente o elemento "mão de obra" não é correto que se afirme que dá-se a contratação com "cessão" de mão de obra.

R.1.b: Embora não seja tecnicamente adequada a utilização da expressão "cessão" no caso vertente, deverá situações tais como a que motivou o presente questionamento cumprir com a exigência de apresentação de planilha de composição de custo, especialmente porque essa providência constitui premissa inexorável para eventual pedido futuro de reequilíbrio econômico-financeiro.

R.1.c: Respondido na parte final da resposta anterior.

R.1.d: A responsabilidade do tomador de serviços terceirizados, como ocorre na situação apresentada, será, nos termos da Súmula nº 331 do Tribunal Superior do Trabalho, que abaixo se transcreve, subsidiária:

> Súmula Nº 331 do TST
>
> CONTRATO DE PRESTAÇÃO DE SERVIÇOS. LEGALIDADE (mantida) – Res. 121/2003, *DJ* 19, 20 e 21.11.2003
>
> I – A contratação de trabalhadores por empresa interposta é ilegal, formando-se o vínculo diretamente com o tomador dos serviços, salvo no caso de trabalho temporário (Lei nº 6.019, de 03.01.1974).
>
> II – A contratação irregular de trabalhador, mediante empresa interposta, não gera vínculo de emprego com os órgãos da administração pública direta, indireta ou fundacional (art. 37, II, da CF/1988).
>
> III – Não forma vínculo de emprego com o tomador a contratação de serviços de vigilância (Lei nº 7.102, de 20.06.1983) e de conservação e limpeza, bem como a de serviços especializados ligados à atividade-meio do tomador, desde que inexistente a pessoalidade e a subordinação direta.
>
> IV – *O inadimplemento das obrigações trabalhistas, por parte do empregador, implica a responsabilidade subsidiária do tomador dos serviços, quanto àquelas obrigações, inclusive quanto aos órgãos da administração direta, das autarquias, das fundações públicas, das empresas públicas e das sociedades de economia mista, desde que hajam participado da relação processual e constem também do título executivo judicial* (art. 71 da Lei nº 8.666, de 21.06.1993).

Portanto, é fundamental o acompanhamento por parte do contratante das condições do contratado em relação aos seus empregados, com o intuito de evitar responsabilização posterior.

R.2: A situação apresentada já se caracteriza como uma das quais não predomina "mão de obra". Ressalte-se que a apresentação de planilha é fundamental para eventual reequilíbrio econômico-financeiro. Ademais, a elaboração de planilha de custos não é facultativa, mas imposição legal, presente no art. 7º, §2º, II, da Lei nº 8.666/93.

Serviços e prorrogação de contratos de manutenção

Solicitação

1. Definição de serviços; 2. Jurisprudência sobre prorrogação de Contratos de manutenção.

Resposta

Embora não se trate de questionamento, mas da solicitação de manifestação quanto a definição do que seja serviço, para efeito de procedimento licitatório, tratar-se-á do presente pedido no mesmo molde que os questionamentos.

Pode-se definir como serviços, para efeito do que dispõe a Lei de Licitações e Contratos Administrativos, as contratações realizadas com o intuito de obter uma prestação laboral, de qualquer natureza, ou que não implique na entrega de bem, onde predomine um benefício ou atividade realizada em favor do contratante sobre eventuais fornecimentos decorrentes.

A própria Lei de Licitações e Contratos Administrativos, em seu artigo 6º, II, cuida de definir serviços nos seguintes termos:

> Art. 6º. Para os fins desta Lei, considera-se:
>
> [...]
>
> II – Serviço – toda atividade destinada a obter determinada utilidade de interesse para a Administração, tais como: demolição, conserto, instalação, montagem, operação, conservação, reparação, adaptação, manutenção, transporte, locação de bens, publicidade, seguro ou trabalhos técnico-profissionais;

A definição legal, todavia, é tida pela doutrina como deficiente e insuficiente para a constatação do que seja serviços, discernindo tais prestações de fornecimento de bens, neste sentido Marçal Justen

Filho. Já a jurisprudência do TCU não soluciona o problema, pois como anotado por Jorge Ulisses Jacoby Fernandes, em sua obra *Vade-mécum de licitações e contratos*, aquela Corte de Contas na Decisão nº 359/1995, manda observar a respeito a definição contida no art. 6º da Lei nº 8.666/93 e na Norma de Execução nº 08, de 29.12.1993, da STN.[69]

Portanto, em função da aplicação do princípio da substancialidade, recomenda-se a adoção de definição nos moldes expressos no segundo parágrafo desta orientação, porquanto desse modo adequa-se tanto ao que expressa o dispositivo legal, quanto o conteúdo predominante da contratação.

Jurisprudência Acerca de Contrato de Manutenção:

A respeito do tema indica-se para efeito do que se solicita os seguintes acórdãos do TCU, anotados por Jorge Ulisses Jacoby Fernandes em *Vade-mécum de licitações e contratos*: Acórdão nº 992/2004-Plenário; Acórdão nº 738/2005-1ª Câmara; Acórdão nº 576/2004-2ª Câmara e Acórdão nº 1.467/2004-1ª Câmara.

Serviços sem cobertura contratual

Pergunta

Contrato emergencial para serviço de vigilância armada – prazo de 180 dias – vencimento da duração contratual – continuidade da prestação de serviço por mais 46 dias sem cobertura contratual – pagamento dos serviços prestados – enriquecimento sem causa. Foi contratada empresa para prestação de serviços de vigilância armada com base no art. 24, IV (emergencial), para o prazo de 180 dias. Findo este prazo, a empresa continuou a prestação de serviço por mais 46 dias, sem cobertura contratual, sob a alegação de que não foi comunicada do encerramento do contrato. Pergunta-se: 1. é devido pagamento à contratada pelos serviços prestados mesmo depois de encerrado o contrato que ela [a empresa] assinou em conjunto com a Administração e conhecedora que era de que o prazo era determinado (180 dias)?

Resposta

No caso apresentado, não obstante deva-se presumir ser do conhecimento da contratada ter conhecimento dos termos do contrato

[69] JACOBY FERNANDES, Jorge Ulisses. *Vade-mécum de licitações e contratos*. 3. ed. Belo Horizonte: Fórum, 2006. p. 158.

firmado entre si e a parte contratante, inclusive o prazo de vigência, é óbvio que não deve ser admitido que a Administração se locuplete do esforço alheio.

Mesmo constando do contrato o prazo de vigência, 180 (cento e oitenta) dias, não poderia o órgão público contratante permitir que após ter findado o período de vigência a empresa contratada tivesse continuado a exercer as tarefas como se ainda perdurasse o contrato. Entretanto, o que fundamenta o direito à percepção de remuneração pelo serviço desempenhado não é o contrato já expirado, mas o fato de ter a empresa desempenhado tarefas a favor do Poder Público, as quais, caso não sejam remuneradas, provocará o enriquecimento sem causa da Administração em detrimento do particular.

Porém, para o pagamento dos serviços desempenhados durante os 46 (quarenta e seis) dias deverá se utilizar de procedimento administrativo objetivando a indenização pelo esforço despendido, conforme os preços vigentes no mercado, deixando de considerar para esse fim o que dispõe o contrato, haja vista que expirado.

Serviços terceirizados e ação contra a contratante

Pergunta

Contrato de prestação de serviço de vigilância oriundo de Pregão. Chegou a notícia de que houve duas reclamações trabalhistas contra a empresa, figurando a XXXXX no polo passivo. Numa das ações houve acordo e na outra não, está prosseguindo — acabou de acontecer a 1ª audiência, está em fase de julgamento. O que a XXXXX deve ou não fazer? Como proceder?

Resposta

Em tais situações a primeira providência a tomar é promover a defesa da entidade pública, com fundamento no disposto no artigo 71, parágrafo único, da Lei nº 8.666/93, com toda urgência possível a fim de garantir o cumprimento do prazo para a oposição da resistência (contestação).

Convém lembrar que as Cortes trabalhistas não vinham acolhendo esse tipo de defesa, sob o argumento de inconstitucionalidade do dispositivo, o que recentemente tornou-se superado em face da decisão do STF na ADC nº 16, que julgou, por maioria, constitucional o referido dispositivo.

De outra parte, deverá a Administração tomar todas as providências para a rescisão contratual, com fundamento no que estabelece o art. 55, XIII, da Lei de Licitações e Contratos, haja vista que ao deixar de cumprir com obrigações trabalhistas a contratada estará perdendo as condições que possibilitaram a sua habilitação no certame, situação que se obrigou a manter durante todo o período de vigência contratual.

Vale, ainda, lembrar que a abertura de procedimento administrativo para a rescisão contratual, com qualquer fundamento que seja, deverá observar os princípios do contraditório e da ampla defesa, sob pena de nulidade dos atos praticados.

Serviços terceirizados e faltas dos empregados prestadores

Pergunta

A Administração contratou a prestação de serviços de recepção. Quando, por algum motivo, os empregados da empresa terceirizada faltam ao serviço e a Administração não recebe a prestação dos serviços, tem-se realizado a glosa nos pagamentos devidos à contratada, com base no valor do homem-mês, conforme informado na planilha de custos apresentada pela vencedora à época da licitação. A empresa contratada questiona que os valores a serem descontados quando da não prestação dos serviços devem ser com base no valor efetivo do empregado, uma vez que determinados custos da planilha (férias, 13º etc.) continuam sendo devidos ao empregado faltante, permanecendo, portanto, o custo para empresa. Assiste razão à contratada?

Resposta

O que há de ser descontado da empresa prestadora de serviços terceirizados não será o valor correspondente à remuneração do empregado, haja vista que não há relação direta entre si e o trabalhador, mas o montante correspondente à fração que aquele trabalhador representa no contrato firmado entre a Administração Pública e a empresa terceirizada, incluindo todos os elementos que integram o custo do referido trabalhador.

Não é correto que se pretenda que tais descontos sejam efetuados apenas da remuneração do trabalhador, inclusive porque em situações de falta é responsabilidade da empresa terceirizada suprir a necessidade da Administração com outro trabalhador, solucionando ela própria eventuais problemas que possa ter com seus empregados. Correta, portanto, a glosa efetuada com base no valor homem-mês, conforme a planilha de custos apresentada pela empresa contratada.

Servidor e contratação com a Administração

Pergunta

Um empregado público ocupante de cargo comissionado, de livre nomeação e exoneração, pode celebrar contrato por dispensa de licitação com o órgão para o qual trabalha? Em caso negativo quais as consequências se isto ocorrer? Uma pessoa física contratada pela Administração pode rescindir o contrato com ela firmado e ser contratada para exercer cargo em comissão? Quais as consequências se isto ocorrer?

Resposta

Como não se trata de servidor estatutário, mas empregado celetista exercente de função comissionada, o questionamento deverá ser respondido levando em consideração os princípios constitucionais pertinentes à concretização de atos administrativos.

Sendo assim, deve-se concluir pela violação, na formalização de contrato entre a Administração e servidor (estatutário ou celetista), do princípio da impessoalidade e da moralidade administrativa, podendo, ainda, restar configurada transgressão ao que dispõe a Lei de Improbidade (Lei nº 8.429/1992), em seu art. 9º, VIII; podendo do mesmo modo restar configurada a hipótese do art. 10, VIII.

A violação aos princípios da impessoalidade estaria presente na preferência manifestada em favor do empregado público em detrimento de outros em igualdade de condições, ao passo que a moralidade administrativa é princípio cuja transgressão ocorre sempre que violado qualquer outro dos demais princípios regentes da prática de atos pela Administração Pública, pois exige a sua observância o cumprimento do *trinômio: respeito à lei que estabelece normas a respeito da prática do ato;*

presença de probidade no agir do administrador que o pratica e, por fim, busca de realização do interesse público.

Substituição de dotação orçamentária

Pergunta

Tenho o seguinte questionamento: Fizemos uma licitação na modalidade Concorrência Pública, indicando como fonte "Recursos do Tesouro Estadual"; a licitação transcorreu normalmente e formalizamos o contrato com a empreiteira. Alguns meses depois, em face de dificuldades orçamentárias e financeiras naquela fonte de recursos, propôs-se sua alteração via aditivo contratual, para uma fonte de recursos diretamente arrecadados. Esse procedimento encontra amparo da Lei nº 8.666/93? Ou, existe a possibilidade de haver algum questionamento pelos órgãos de controle externo acerca da não vinculação ao instrumento convocatório, ferindo o art. 54, §1º, dessa lei.

Resposta

A situação apresentada corresponde a impossibilidade jurídica, ante ao disposto no art. 7º, §2º, III, da Lei de Licitações e Contratos Administrativos, cujo teor é o seguinte:

> §2º As obras e os serviços somente poderão ser licitados quando:
>
> [...]
>
> III – houver previsão de recursos orçamentários que assegurem o pagamento das obrigações decorrentes de obras ou serviços a ser executados no exercício financeiro em curso, de acordo com o respectivo cronograma;

Ora, apenas caso não tenha sido cumprida a determinação legal de previsão de recursos orçamentários que assegurem o pagamento das obrigações decorrentes do contrato de obras ou serviços, portanto violação ao dispositivo acima transcrito, surgiria a necessidade tal como apresentada no questionamento.

Ademais, há que se levar em conta, ainda, o que dispõe o §6º do mesmo artigo 7º da Lei de Licitações e Contratos Administrativos, que assim estabelece:

§6º A infringência do disposto neste artigo implica a nulidade dos atos ou contratos realizados e a responsabilidade de quem lhes tenha dado causa.

Finalmente, impende considerar, não se altera a fonte de recursos de execução contratual, mas procede-se à suplementação de créditos orçamentários. Assim, deverá ocorrer inclusive porque a fixação de outra dotação que não aquela previamente estabelecida descaracterizaria a figura do prévio empenho, exigida pelo art. 60, da Lei nº 4.320/64, isto para não dizer do vinculação ao edital, como já manifesto na própria consulta.

Sucessão contratual

Pergunta

Tendo em vista o contido no art. 78, inc. XI, da Lei nº 8.666/93, gostaria de saber a opinião dessa conceituada empresa sobre a seguinte questão: Uma empresa que foi contratada para prestar serviços de limpeza, na qualidade de ME/Contribuinte Individual, que sofreu alteração na sua estrutura societária, no caso, foi transformada em Sociedade Empresária Ltda. (Lei nº 10.406/02), poderá manter a avença com a Administração? Quais os efeitos de tal alteração estrutural no contrato administrativo? Grata pela atenção.

Resposta

A manutenção do contrato firmado com a Administração dependerá de ter a empresa, agora sociedade empresária, mantido as mesmas condições (ou melhores), no que pertine às condições de habilitação previstas nos artigos 27 a 30 da Lei nº 8.666/93.

Vale ressaltar que o art. 78 da Lei de Licitações e Contratos Administrativos elenca os motivos que ensejam a rescisão contratual, mas não impõe a adoção dessa medida. No caso do inciso XI, há ainda ressalva de que a rescisão somente terá lugar no caso de a alteração contratual resultar prejudicial à execução do contrato (*vide* inciso XI, *in fine*).

A alteração, caso tenha ocorrido, deverá ser averbada por meio de simples apostilamento, realizado nos autos da contratação original.

Suspensão judicial de licitação

Pergunta

Assunto: Pregão nº 24/2008 para aquisição de arquivos deslizantes – suspensão do processo licitatório. Prezados Senhores, em 2008, foi realizado, neste Regional, o Pregão eletrônico nº 24/2008 para aquisição de arquivos deslizantes, tendo sido declarada vencedora a empresa "x". Entretanto, em 07.08.2008, antes da assinatura do contrato, uma das empresas licitantes ajuizou ação declaratória de nulidade de ato administrativo com pedido de antecipação dos efeitos da tutela, em desfavor da União Federal (TRT/Yª Região) para que fosse suspensa a eficácia da decisão administrativa que desclassificou a sua proposta. Em primeiro grau, foi indeferida a liminar e após a interposição de agravo pela autora da ação foi deferida a liminar pleiteada para suspender o certame até que fosse analisada novamente a proposta da Agravante, desconsiderando-se os motivos que justificaram a sua desclassificação. Ressalta-se que, antes da suspensão judicial, já havia sido emitida Nota de Empenho no valor referente à entrega imediata. Até a presente data, não houve decisão final na supramencionada ação e o procedimento licitatório encontra-se suspenso por determinação do Tribunal Regional Federal da Yª Região. Portanto, já existe recurso orçamentário próprio empenhado para a compra dos arquivos deslizantes, objeto do Pregão nº 24/2008, sendo que, se até o final do ano não for proferida decisão na ação judicial em trâmite na Justiça Federal, o valor empenhado será devolvido aos cofres públicos. Questiona-se: Considerando a necessidade da compra de arquivos deslizantes; considerando a existência de ata de registro de preços vigente, de outro órgão, contemplando os referidos arquivos; considerando que a compra será efetivada com a utilização de verba disponível no presente exercício, diversa daquela já empenhada para a compra dos arquivos deslizantes objeto do Pregão nº 24/2008; poderia o Tribunal Regional do Trabalho efetuar a compra, aderindo à referida ata de registro de preços? Ou seja: Haveria algum impedimento do Tribunal Regional do Trabalho da Yª Região adquirir arquivos deslizantes (objeto do Pregão eletrônico nº 24/2008) mediante adesão à ata de registro de preços de outro órgão público, considerando a suspensão judicial do procedimento licitatório supramencionado?

Resposta

É importante que não se produza em relação ao processo judicial em questão o chamado "atentado", porquanto ao se contratar a aquisição dos arquivos deslizantes, deixando de haver a necessidade de aquisição do que fora licitado, ocorrerá a hipótese do art. 879, III, do Código de Processo Civil, acarretando a consequência do art. 881, ou seja, o restabelecimento do estado anterior, ou o ressarcimento à parte lesada as perdas e danos que sofreu em consequência do atentado.

Portanto, a atitude prudente a ser adotada é a busca da suspensão da liminar concedida, o que poderá ser envidado mediante pleito formulado ao presidente do Tribunal que concedeu a medida liminar.

Termo de Cooperação Técnica, Termo de Parceria, Termo de Cooperação Mútua e Protocolo de Intenções – Diferenças

Pergunta

Bom dia! Gostaria de saber as semelhanças e diferenças entre Termo de Cooperação Técnica, Termo de Parceria, Termo de Cooperação Mútua e Protocolo de Intenções. E ainda, quanto à formalidade de cada um, eles são mais "simples" que os contratos e convênios? Vocês teriam como nos apresentar o formato de cada um? Quanto ao Protocolo de Intenções, este poderia ser firmado sem abertura de processo administrativo, Parecer Jurídico etc., considerando que deverá ser substituído por um contrato, por exemplo?

Resposta

Na verdade em se tratando de instrumentos administrativos de pactuação as figuras típicas se restringem a "contrato" e "convênio", sendo estes aqueles previstos expressamente na Lei de Licitações e Contratos Administrativos. Aliás, o art. 116, *caput*, da Lei nº 8.666/93, é claro em afirmar que as disposições daquela lei aplicam-se, no que couber, aos convênios, acordos, ajustes e outros instrumentos congêneres celebrados por órgãos e entidades da Administração.

Portanto, estruturalmente não haverá diferenças entre "convênios", "contratos" ou quaisquer outras formas de pactuação firmadas pela Administração Pública.

Entretanto, quanto aos objetivos pretendidos com uns e outros é que haverá variação. Enquanto os contratos se destinam a regulação de relação em que os interesses de contratante e contratado não são coincidentes, mas até mesmo antagônicos, porquanto cada um deles pretende algo diferente e de propriedade do outro, mas que aceitam cambiar; nos convênios há confluência de interesse, pois ambos pretendem atingir o mesmo objetivo.

O que definirá convênio ou contrato, portanto, é o objetivo a ser alcançado.

Quanto às demais formas de pactuação indicadas no pedido de orientação, algumas se confundem com a figura de convênio, como é o caso dos chamados termos de cooperação e de parceria, que pressupõem a existência de objetivo comum a ser atingido por ambos os pactuantes na avença. Assim, pode-se afirmar, pelo menos ante a situação hipotética, que se tratam na verdade de convênios, aos quais se atribui nomenclatura diferente.

Porém, não se define um objeto pelo nome que se lhe atribui, mas pela sua substância. Se a substância do termo de cooperação é a concretização de objetivo comum, estar-se-á diante de convênio.

Já no que diz respeito da figura do "Protocolo de Intenções", tem-se algo diferente, pois não se trata ainda de uma pactuação, mas de promessa de um dia realizá-la sob as bases previamente lançadas naquele termo.

Mas, não obstante o caráter diferenciado do "Protocolo de Intenções", este deverá ser estabelecido com observância do disposto no art. 116 da Lei nº 8.666/93, aplicando-se o que couber na sua elaboração. Tendo o cuidado de não incluir em tais termos obrigações firmes, porquanto estas destoam das características de um mero protocolo.

Destarte, poderá se valer como base para a elaboração de qualquer das figuras da estrutura dos contratos administrativos. Ressalta-se, no entanto, que os chamados termos de cooperação são geralmente convênios, ou, quando não, contratos, daí aplicar-se na sua elaboração as regras do art. 116 da Lei de Licitações e Contratos Administrativos.

Termo de Encerramento de Contrato de Aquisição

Pergunta

A XXXX celebrou contrato com empresa B para fornecimento de copos plásticos descartáveis e o prazo contratual expirou em 18 de dezembro de 2007. Dessa forma, foi feito o Termo de Encerramento de Contrato de Aquisição, mas a Empresa Contratada apesar de notificada por diversas vezes não compareceu para assinatura. Qual o procedimento que deve ser tomado? Há algum problema prático em não assinar este Termo?

Resposta

Para o término de contratos, exceto no caso de rescisão, não há a necessidade de elaboração de instrumento com tal finalidade.

O encerramento de contratos firmados entre a Administração Pública e particulares, ou mesmo entre estes, conquanto tenham sido cumpridos rigorosamente, não terão que ter o seu fim demarcado por um documento que demonstre tal situação. Aliás, o término dos contratos dar-se-á com o cumprimento integral das obrigações ali contidas e com o final de sua vigência, o que já está previamente determinado no instrumento de contrato.

Portanto, repita-se, apenas os distratos é que deverão ser formalizados, porquanto interrompem a duração do contrato ainda durante o seu prazo de vigência e antes de cumpridas todas as obrigações ali previstas.

Termo de Referência

Pergunta

O TRE pretende assinar uma revista jurídica no valor de R$560,00 (Contratação direta – inexigibilidade). Tendo em vista o baixo valor da aquisição e a exclusividade da referida empresa na comercialização do produto, é imprescindível a elaboração de termo de referência?

Resposta

Tendo em vista que a finalidade do termo de referência, ou projeto básico, é consoante bem elucida o art. 8º, II, do Decreto nº 3.507/2000, "propiciar a avaliação do custo pela Administração, diante de orçamento detalhado, considerando os preços praticados no mercado", não faz sentido em se exigir tal documento quando se trate de contratação realizada de forma direta por inexigibilidade, em vista da inviabilidade de competição por se tratar de fornecedor exclusivo.

As disposições a respeito da exigência de projeto básico ou termo de referência (expressão relacionada com o Pregão) devem ser compreendidas como aplicáveis naquelas situações em que tal exigência permita visualizar-lhe razoabilidade, o que não se constata no caso apresentado.

Tomada de contas especial – Valor de alçada

Pergunta

O Tribunal de Contas da União, por meio da Instrução Normativa nº 13, de 04 de dezembro de 1996, determina que só será encaminhada àquele Tribunal a tomada de contas especial se o valor do dano for superior ao valor de alçada, fixado anualmente (art. 6º, *caput*). Qual é o valor de alçada para o exercício 2007?

Resposta

O valor fixado para o exercício de 2007, a partir do qual as tomadas de contas especial de convênios deverão ser encaminhados imediatamente para o Tribunal de Contas da União, é de R$23.000,00 (vinte e três mil reais), fixado no art. 1º, da Decisão Normativa nº 80, de 29 de novembro de 2006, a qual transcreve-se literalmente a seguir:

> Decisão Normativa-TCU Nº 80, de 29 de NOVEMBRO de 2006.
>
> Fixa, para o exercício de 2007, o valor a partir do qual a tomada de contas especial deve ser imediatamente encaminhada ao Tribunal de Contas da União, para julgamento.
>
> O PRESIDENTE DO TRIBUNAL DE CONTAS DA UNIÃO, no uso de suas atribuições constitucionais, legais e regimentais, e considerando o disposto no artigo 8º, §2º, da Lei nº 8.443/92, combinado com o art. 199, §1º, do Regimento Interno, bem como o preceito do art. 6º da Instrução Normativa – TCU nº 13/96, com a redação dada pela IN – TCU nº 35, de 23 de agosto 2000; considerando o que consta do processo nº TC-027.298/2006-5, resolve, *ad referendum* do Plenário:
>
> Art. 1º É fixado, para o exercício de 2007, em R$23.000,00 (vinte e três mil reais) o valor a partir do qual a tomada de contas especial, prevista no art. 1º da IN – TCU nº 13, de 1996, com a redação dada pela IN – TCU nº 35, de 2000, deverá ser imediatamente encaminhada ao Tribunal de Contas da União, para julgamento.
>
> Art. 2º Esta Decisão Normativa entra em vigor na data de sua publicação.
>
> GUILHERME PALMEIRA
>
> Presidente

Treinamento

Pergunta

A Policia Militar do Estado do XXXX tem uma secretaria denominada de Secretaria Especial de Defesa Social/Diretoria de Ensino e Instrução, na qual possui equipe capacitada para dar curso para os agentes de segurança judiciária. A proposta de curso perfaz o valor de R$6.000,00. Todas as propostas apresentadas por empresas particulares têm custo muito superior. É possível a contratação do governo do Estado do XXXX para prestação desse serviço? Ou deveria ser um convênio?

Resposta

Evidentemente não será possível realizar a contratação da Polícia Militar do Estado do XXXX, através de sua secretaria especial, para ministrar o curso em questão, porquanto destoa de suas atribuições legais a prestação de serviços remunerados mediante contraprestação pecuniária, nos moldes da iniciativa privada.

Aliás, nem poderia ser diferente, haja vista o que dispõe a respeito da exploração de atividade econômica pelo Estado o art. 173, *caput*, da Constituição Federal de 1988:

> Art. 173 – Ressalvados os casos previstos nesta Constituição, a exploração direta de atividade econômica pelo Estado só será permitida quando necessária aos imperativos da segurança nacional ou a relevante interesse coletivo, conforme definidos em lei.

Como visto, apenas são excepcionadas para a participação do Estado na atividade econômica as situações nas quais esteja presente imperativo de segurança nacional ou relevante interesse coletivo e, assim mesmo, conforme definidos em lei cuja edição ainda não foi objeto de cuidado pelo Congresso Nacional. Trata-se, portanto, de norma constitucional de eficácia limitada quanto ao princípio institutivo, porque carece, para sua aplicação, de disciplina no plano infraconstitucional.

A respeito do questionamento sobre a possibilidade de utilização da modalidade Convênio, tal situação será viável conquanto fique claro que se tratará de cooperação entre duas administrações porque dirigido o ajuste à concretização de objetivo comum e não de objetivos contrapostos, como ocorre nos contratos.

Verificada a propriedade do objetivo com a utilização da modalidade Convênio devem ser observadas as regras contidas no art. 116 da Lei de Licitações e Contratos Administrativos.

Uso de ata de registro de preços em convênio

Pergunta

1. Pode um convênio aproveitar uma ata de registro de preços vigente, porém que foi celebrada com data anterior ao convênio? Qual a posição do TCU? Qual a norma a ser aplicada? 2. Antes de celebrado do convênio pode ser utilizado o Sistema de Registro de Preços para ir agilizando a futura contratação? 3. Que procedimentos e cautelas devem ser adotadas por ocasião da adesão à ata de registro de preços por outro órgão não participante do sistema? Qual a posição do TCU sobre esta questão? 4. O carona é utilizado apenas no Sistema de Registro de Preços?

Resposta

Como preliminar às respostas suscitadas pelos questionamentos apresentados, é conveniente esclarecer que Sistema de Registro de Preços não é procedimento licitatório, mas registro de preços, objetivando futura contratação, na medida das necessidades públicas relativas aos objetos cujos preços foram registrados, decorrente de procedimento licitatório.

Assim, quando se realiza registro de preços, seja por Pregão ou Concorrência, não se tem como fim imediato a contratação, mas o registro de preços mais vantajoso que, posteriormente, quando surgir a necessidade dos bens ou serviços cujos preços foram registrados, serão contratados na quantidade suficiente para atender à demanda então constatada.

Portanto, no registro de preços os quantitativos são resultantes de estimativa, podendo as contratações ser ou não realizadas até o limite de quantidade estabelecido no registro. Todavia, não existe obrigatoriedade para que a contratação se realize, ou que caso venha a se realizar utilize de todo o volume de bens ou serviços constantes na ata, ou seja, é uma espécie de *cadastro de reserva na licitação*.

Feitas estas considerações iniciais, passa-se a responder os questionamentos enumerados.

R.1: Não há impedimento de que se utilize, para a consecução de objetivos estabelecidos em convênio, ata de registro de preços estabelecida anteriormente à pactuação deste. Em regra o que se exige em convênio é que as aquisições a serem realizadas com recursos repassados em virtude destes seja precedida de procedimento licitatório, o que sempre haverá de ocorrer em sistema de registro de preços, haja vista que as atas resultam de procedimento licitatório pela modalidade Pregão ou Concorrência.

Entretanto, caso venha expresso no convênio a modalidade de licitação a ser utilizada nas aquisições, esta deverá ser observada, sob pena de se ter problemas com a prestação de contas.

Quanto ao questionamento a respeito da posição do TCU, cabe anotar que a questão aparentemente ainda não suscitou manifestação do Tribunal de Contas da União (buscas não retornaram dados a respeito), possivelmente porque não demanda dúvidas.

R.2: O registro de preços não é realizado com objetivo a realização de possível convênio, mas em razão da estimativa de necessidades da Administração, assim se nada impede a utilização de ata anterior ao convênio, conforme anotado na resposta anterior, está superada a questão apresentada.

R.3: Quanto às cautelas a serem adotadas é conveniente trazer a lume as recomendações de Jorge Ulisses Jacoby Fernandes:

> ...o atendimento dos pedidos dos órgãos meramente usuários fica na dependência de:
>
> – prévia consulta e anuência do órgão gerenciador;
>
> – indicação pelo órgão gerenciador do fornecedor ou prestador de serviço;
>
> – aceitação, pelo fornecedor, da contratação pretendida, condicionada esta à não gerar prejuízo aos compromissos assumidos na Ata de Registro de Preços;
>
> – embora a norma seja silente a respeito, deverão ser mantidas as mesmas condições do registro, ressalvadas apenas as negociações promovidas pelo órgão gerenciador, que se fizerem necessárias.[70]

Tal como informado em relação ao questionamento anterior, pesquisa a respeito do tema sítio do TCU não retorna dados.

---

[70] *Sistema de registro de preços e pregão*. 3. ed. Belo Horizonte: Fórum, 2008. p. 670.

R.4: A figura do carona não comporta sua utilização em outras situações que não aquela da Ata de Registro de Preços, ou seja, não é possível a adesão em Pregão, concorrência, leilão, concurso, tomada de preços e convite. A razão é óbvia, pois nestas, diferentemente do que ocorre com o registro de preços não se tem mera expectativa, mas objetivo de contratação, inclusive com a indicação de dotação orçamentária.

Uso de bem público

Pergunta

Solicito a emissão de parecer, pertinente ao seguinte procedimento: – Disponibilizarão de praça pública para a instalação de caixas de som para veiculação de programa de rádio local. São os fatos: a) É pedido de munícipe, que esta Administração Municipal autorize a colocação de caixas de som em praça municipal, buscando veicular músicas e serviços públicos, dentro de uma linha operacional chamada "Projeto Rádio Praça". b) Tal projeto tem como objetivo levar lazer e distração aos munícipes que transitam pelas praças da cidade, tocando músicas pedidas pela população e veiculando avisos de utilidade pública. Pretende, também, os interessados, fazer menções sobre estabelecimentos comerciais que apoiam o projeto. c) Informa a requerente que não se trata de programação de rádio e, sim, uma programação especial visando atingir apenas os transeuntes do local. d) Todo o material necessário para execução do projeto partirá da requerente, não cabendo ônus algum ao Poder Executivo Municipal, salvo a autorização do espaço público. e) O cerne do dissenso situa-se na utilização da área por empresa que obterá lucro com a mesma. O bem de uso comum propiciará serviços de propaganda em benefício de particulares. A Lei Orgânica do Município de XXXXX não exige procedimento licitatório no caso de haver permissão de uso do espaço público. São as indagações: a) No presente caso, há necessidade de procedimento licitatório para o uso do espaço público? b) Em caso negativo, uma Lei Municipal seria suficiente para autorizar o pretendido? c) A falta de procedimento licitatório fere o princípio administrativo da impessoalidade? d) No caso de se opinar pela desnecessidade de procedimento, o Município deve optar pela autorização ou permissão precário do espaço? e) Ainda tratando pela desnecessidade do procedimento licitatório, qual a documentação hábil que a interessada deverá apresentar ao Município?

Certo de poder contar com o valioso auxílio desta instituição, aguardo parecer acerca da matéria.

Resposta

Convém inicialmente esclarecer que a revista se limita à emissão de orientações, manifestações bem mais restritas do que pareceres.

Quanto ao uso de bem público municipal esclarece-se que este deverá se dar em conformidade com o disposto na legislação municipal em vigor, especialmente na Lei Orgânica e alguma legislação especial que discipline a respeito.

É mister, entretanto, ressaltar que uma vez que há vantagem para aquele que irá utilizar de determinados bens públicos, impõe-se a observância ao princípio isonômico, com o objetivo de não resultar em ferimento ao princípio geral da isonomia e ao princípio da impessoalidade, aspecto da isonomia incidente especificamente na confecção de atos administrativos.

Além dessas situações há que se verificar, ainda, se a veiculação de publicidade sonora não estará se realizando em contrariedade as normas de posturas municipais, como, por exemplo, com infração ao limite de decibéis estabelecidos em lei municipal.

Tendo em vista os questionamentos apresentados, passa-se a respondê-los:

a) A necessidade de procedimento licitatório para o uso de bem público está relacionada com o *status* que se dará a tal uso, se precário ou estável, em se tratando de uso precário somente se exigirá prévio procedimento licitatório se alguma norma especificamente o exigir.

b) Embora não se tenha respondido negativamente à primeira questão, vale advertir que a disciplina do uso de bens públicos municipais deverá estar contida em norma municipal.

c) O procedimento licitatório é sucedâneo do princípio da impessoalidade, a ausência de procedimento licitatório em situações na qual este é possível e estas situações geram direitos ou vantagens econômicas para terceiros, obviamente que a não realização de licitação acarretará em transgressão ao princípio.

d) Em se tratando de uso precário e não havendo previsão em lei municipal determinando licitação também nesses casos, caberá a utilização das figuras da permissão ou autorização, ambas de cunho precário.

e) A documentação necessária a ser apresentada pela interessada no serviço deverá ser, inicialmente, toda a documentação necessária para demonstrar que o exercício da atividade que pretende desenvolver é regular, ou seja, de que se trata de empresa constituída com tal finalidade e, ainda, regularidade fiscal com as Fazendas Públicas, porquanto seria irracional que quem esteja em situação de inadimplência receba permissão, autorização e muito menos concessão, por força de vedação legal, presente na Lei nº 8.666/93, arts. 27 a 33, além de outras que estejam presentes em legislação municipal que regule o tema.

Uso de subvenção para pagamento de encargos sociais

Pergunta

Existe vedação legal para pagamento de encargos, tais como INSS e FGTS, dentre outros, com verbas de Subvenção?

Resposta

Tanto a Lei de Responsabilidade Fiscal (Lei Complementar nº 101/2000), em seu art. 25, §2º, quanto a IN STN nº 01/1997, art. 8º, inciso IV, vedam a utilização de recurso proveniente de convênio para finalidade diversa daquela que constitui o seu objeto.

Assim, como o objeto de convênio é sempre o interesse comum dos convenentes dirigido a realização de um fim qualquer, e por concluir que não haveria racionalidade em se concluir que o pagamento de encargos previdenciários e fundo de garantia de tempo de serviço poderiam se caracterizar como objetivo comum de ambos os partícipes em um convênio, há que se ter em conta que tais despesas não podem figurar, de forma isolada, como objeto de convênio.

Todavia, no caso de tais pagamentos estarem relacionados diretamente com o objeto do convênio, como por exemplo em se tratando de subvenção para construção de obra pública decorrerem tais despesas da realização da mesma, entendemos não incidir a vedação em questão, especialmente porque sem o pagamento de tais encargos não será possível levar a cabo a construção da obra para a qual foi concedida a subvenção em questão.

Portanto, será regular a despesa, ainda que com o pagamento de encargos sociais, quando estes decorrerem da realização do objeto pretendido com o subvencionamento, não como objeto principal do convênio.

Utilização de bem público por agência bancária

Pergunta

A utilização de bem público por agência bancária deverá se dar por meio de permissão, concessão de uso ou convênio?

Resposta

A utilização de bem público para o funcionamento de agência bancária, ou atividade similar, deverá se dar por intermédio de permissão de uso, a qual tem caráter precário, sendo relevante anotar a respeito a lição de Hely Lopes Meirelles:

> Permissão de uso: permissão de uso é o ato negocial, unilateral, discricionário e precário através do qual a Administração faculta ao particular a utilização individual de determinado bem público. Como ato negocial, pode ser com ou sem condições, gratuito ou remunerado, por tempo certo ou indeterminado, conforme estabelecido no termo próprio, mas sempre modificável e revogável unilateralmente pela Administração, quando o interesse público o exigir, dados sua natureza precária e o poder discricionário do permitente para consentir e retirar o uso especial do bem público. A revogação faz-se, em geral, sem indenização, salvo se em contrário se dispuser, pois a regra é a revogabilidade sem ônus para a Administração. O ato da revogação deve ser idêntico ao do deferimento da permissão e atender às condições nele previstas.
>
> [...]
>
> Qualquer bem público admite permissão de uso especial a particular, desde que a utilização seja também de interesse da coletividade que irá fruir certas vantagens desse uso, que se assemelha a um serviço de utilidade pública, tal como ocorre com as bancas de jornais, os vestiários em praias e outras instalações particulares convenientes em logradouros públicos.[71]

[71] MEIRELLES, Hely Lopes. *Direito administrativo brasileiro*. 27. ed. São Paulo: Malheiros, 2002. p. 493-494.

Portanto, embora possível que seja utilizado bem público imóvel para o funcionamento de estabelecimento bancário, tal deverá se dar pela forma de permissão e, mesmo assim, conquanto esteja tal utilização relacionada com o interesse da coletividade, sob pena de tratar-se o ato de permissão de ato ilegal, por desvio de finalidade.

Entretanto, caso se trate de situação na qual possa ficar configurado o interesse de múltiplas instituições bancárias em utilizar da localização disponibilizada pelo Poder Público para o funcionamento de agência bancária e, uma vez aptas igualmente a prestar os mesmos serviços, em atenção ao princípio isonômico, entende-se que deverá ser aberto procedimento licitatório para a realização de concessão que se firmará mediante contrato.

São, destarte, situações diferentes com soluções igualmente diferenciadas. Sendo que no primeiro caso apenas uma instituição bancária se encontraria em condições de prestar o serviço, ao passo que em outra situação várias seriam as instituições, com o dever, nesse caso, de realizar procedimento licitatório a fim de se estabelecer tratamento igualitário entre os interessados.

Ressalte-se, mais uma vez, que o que irá nortear a permissão ou concessão, conforme a modalidade escolhida, será a existência de interesse público no oferecimento da comodidade à população.

Utilização de Pregão para serviços

Pergunta

Pode-se realizar licitação na modalidade Pregão para contratação de empresa cujo objeto é o fornecimento, transporte e aplicação de CBUQ (Concreto Betuminoso Usinado à Quente)?

Resposta

Qualquer que seja o objeto da licitação, conquanto possa ser qualificado como "bens e serviços comuns",[72] porquanto possua "padrões de desempenho e qualidade"[73] que "possam ser objetivamente

[72] Extraído do art. 1º, parágrafo único, da Lei nº 10.520/2002, que dispõe sobre a modalidade de licitação denominada Pregão.

[73] *Idem*.

definidos pelo edital, por meio de especificações usuais no mercado",[74] poderá ser licitado por intermédio da modalidade Pregão.

Desse modo, uma vez que se trata de bem e serviço cujas especificações, qualidade e preços são conhecidos e especificados pelo mercado, não haverá qualquer problema em que se realize a licitação pela modalidade Pregão.

---

[74] *Ibidem*.

V

Valor de oferta em certame licitatório – Exequibilidade

Pergunta

Consulta. Em processo licitatório para locação com manutenção de alarme, apto a ser monitorado pela XXX, o valor obtido em Pregão ficou 74,91% inferior ao custo estimado pela Administração. Para propor a homologação do Pregão ao vencedor o pregoeiro fez as seguintes averiguações: 1. Solicitou informações às empresas que forneceram os Atestados de Capacidade Técnica: Banco XXX, RTRT e Banco GGGG, que informaram ser o questionado um bom fornecedor de serviços. 2. Verificou que na documentação de habilitação do fornecedor, obtida junto ao SICAF, não existe ocorrências de inexecução contratual ou de qualquer outro tipo. 3. Solicitou-se ao requisitante e à empresa vencedora que ratificassem os valores apresentados na pesquisa de mercado e proposta, respectivamente. Considerando todo o exposto, entendeu o pregoeiro que, em sendo ratificada a proposta pelo arrematante, este poderia executar os serviços por valor 74,91% inferior ao custo estimado pela Administração, conforme demonstrado em planilha de custos apresentada junto à proposta, não haveria subsídios legais para desclassificação do arrematante por preço inexequível. Entretanto, a área competente para chancela do Contrato se negou a apor sua chancela por entender que o preço é inexequível, devolvendo o processo ao pregoeiro. Ante o exposto, solicitamos o entendimento dessa consultoria, quanto ao aspecto legal para continuidade do certame.

Resposta

A diferença entre o valor obtido no procedimento licitatório e aquele estimado é de fato exorbitante, o que faz concluir a existência de algum problema com o fato relacionado com a estimativa ou com o valor da proposta.

Recomenda-se em tais casos cautela, partindo da verificação dos valores praticados pelo mercado para tais serviços, buscando informação em empresas idôneas fornecedoras de serviços idênticos, assim como em empresas na iniciativa privada que contratem a mesma atividade.

Uma vez que evidenciada a exequibilidade da proposta não haverá razão para que se impeça a concretização da contratação.

No caso vertente, sobreleva a informação trazida de se encontrar a empresa que apresentou a proposta vencedora, munida de declarações que atestam a sua idoneidade e o cumprimento de contratos semelhantes.

Aliás, seria importante para o deslinde da questão a demonstração de que em algum dos contratos que mantêm com outras empresas pratica preços parecidos com aqueles que ofertou no procedimento licitatório, contribuindo, sobremodo, para a constatação da exequibilidade do valor ofertado.

Variação cambial e reequilíbrio econômico

Pergunta

Em uma aquisição de produtos internacionais o contratado solicitou reequilíbrio econômico financeiro em decorrência da variação cambial. Gostaria de saber se a solicitação tem fundamento, uma vez que o contrato determina que os preços ofertados são irreajustáveis.

Resposta

O fato apresentado na questão formulada, com os contornos expostos na questão, não apresenta situação passível de reajuste, mas de reequilíbrio econômico-financeiro, a qual não é objeto do mesmo tratamento dispensado para os casos de reajustamento.

Tratando do tema em resposta a questionamento semelhante, orientou-se na revista *Fórum de Contratação e Gestão Pública – FCGP* no seguinte sentido, discernindo a respeito de cada um dos institutos que propiciam a alteração do valor contratual originalmente estipulado:

> Reequilíbrio Financeiro
>
> – *Conceito* Denomina-se reequilíbrio o restabelecimento da equação inicialmente estabelecida entre os contratantes, de maneira que se preserve a mesma relação entre as prestações de ambas, fixada na ocasião

da pactuação entre contratante e contratado, para que assim nenhuma das partes seja desfavorecida em relação ao que fora avençado. Está relacionado com a composição de custos do bem ou serviço objeto do contrato, sendo aplicado nas situações em que a variação para maior ou menor do preço dos insumos que integram o objeto termina por causar desequilíbrio entre as prestações assumidas por cada uma das partes. É importante ressaltar que a possibilidade do reequilíbrio está relacionada com a imprevisibilidade do fato que lhe deu causa, ou se previsível, com a impossibilidade de lhe mensurar, ainda, que por estimativa o impacto.

– *Natureza Jurídica* Trata-se de ato administrativo de caráter vinculado, porquanto uma vez demonstrada a necessidade de reequilíbrio não há que se falar em discricionariedade da Administração a esse respeito.

– *Aplicação na Execução dos Contratos* Aplica-se em relação aos atos futuros e anteriores à concretização do reequilíbrio, conquanto posteriores ao pleito que solicitou a sua aplicação devidamente demonstrada. Deverá se dar por intermédio de termo aditivo. Quanto aos valores anteriores ao pleito de reequilíbrio poderá acontecer o restabelecimento da situação dos contratantes, mas através de indenização administrativa ou judiciária.

Repactuação de Preço

– *Conceito* Cuida-se de adequação dos valores avençados em contratos cujo objeto demandem prestação continuada, para execução de serviços ou fornecimentos, aos preços de mercado, consoante a disposição contida no Decreto nº 2.271/97, conquanto se tenha observado o interregno de um ano. Tal adequação tanto poderá ser realizada para majorar o valor contratado como para reduzi-lo.

Convém advertir, todavia, que o Decreto 2.271/97, porquanto discipline matéria para a qual possuem competência própria os demais entes federativos (Estados e Municípios), tem aplicação apenas no âmbito da Administração Pública Federal.

– *Natureza Jurídica* Trata-se o ato concretizador da repactuação de ato administrativo de natureza vinculada, porquanto verificado o novo posicionamento dos preços no mercado impõe-se a sua realização.

– *Aplicação na Execução dos Contratos* Dirige-se apenas aos serviços e fornecimentos futuros, posteriores a um ano de vigência do contrato firmado. Dar-se-á a repactuação por intermédio de termo aditivo.

Revisão Contratual

– *Conceito* Não há na legislação de licitações e contratos previsão de instituto com tal nomenclatura, daí se concluir que a revisão contratual a respeito da qual se pretende definição seja aquela determinada pela modificação das situações relacionadas com os preços de mercado, ou ocasionada pelo desequilíbrio na álea estabelecida entre os contratantes, por alguma razão estranha às suas vontades, ou mesmo em decorrência da corrosão inflacionária. Assim é de se entender que toda situação que conduza a reequilíbrio, repactuação ou reajuste se extraiu de uma revisão contratual. Trata-se, pois, do exame das condições do contrato a fim de se verificar se se mantêm as condições em que este foi estabelecido, seja para a fixação dos parâmetros de reequilíbrio, repactuação, reajuste ou verificação da conformidade da execução.

– *Natureza Jurídica* Trata-se de fato jurídico do qual poderá decorrer um ato jurídico alterando ou mesmo extinguindo o contrato.

– *Aplicação na Execução dos Contratos* Deverá ser realizada mediante procedimento administrativo, regulado pela legislação própria pertinente à execução de contratos a Lei nº 8.666/93 aplicando-se, ainda, no que couber a lei geral de processo administrativo (no âmbito federal a Lei 9.784/99), sempre se assegurando o contraditório e ampla defesa.

Atualização Monetária

– *Conceito* Atualização monetária ou reajuste é a correção do valor contratado aplicando-se algum índice de mensuração da inflação no período que não poderá ser inferior a um ano. É medida de profilaxia contra a corrosão inflacionária da moeda.

– *Natureza Jurídica* Fato econômico, cuja repercussão no plano dos contratos administrativos materializa-se em ato administrativo vinculado, porquanto não há campo para discricionariedade a respeito da concretização da atualização monetária.

– *Aplicação na Execução dos Contratos* Após um ano de contrato far-se-á a correção pelo índice pactuado, através de termo aditivo.

Reajuste de Preço

– *Conceito* A expressão "reajuste" tem comportado conotações diferentes na doutrina, pois enquanto alguns considerem como tal apenas a correção do contrato, protegendo-o da corrosão inflacionária, há entendimento, é o caso de Jorge Ulisses Jacoby Fernandes, que a expressão comporta além do restabelecimento do valor aquisitivo da moeda o restabelecimento do preço dos insumos.

– *Natureza Jurídica* Fato econômico cuja repercussão no âmbito contratual administrativo dá-se mediante ato administrativo de natureza vinculada.

– *Aplicação na Execução dos Contratos* Mediante o uso de termo aditivo.

DIFERENCIAÇÃO ENTRE OS INSTITUTOS

São institutos e fenômenos diferentes entre si, mas bastante próximos, inclusive pela área de sua ocorrência os contratos administrativos.

Pode-se, todavia, indicar como diferenças preponderantes as seguintes aquelas delineadas nas suas respectivas definições e naturezas jurídicas, sendo, todavia valiosa para esse fim a apreciação do que dispõe o quadro comparativo apresentado por Jorge Ulisses Jacoby Fernandes, onde descreve as diferenças e pontos comuns entre reequilíbrio, repactuação e reajuste, onde se consigna que enquanto reequilíbrio não tem período definido, reajuste e repactuação somente ocorrer após o transcurso de um ano; quanto aos índices aplicáveis em relação a cada um, apenas

> o reajuste possui índice pré-definido, em razão de sua previsibilidade, tanto que previsto no próprio termo de contrato, já o reequilíbrio e a repactuação dependem da situação que os motivou e seu impacto no mercado; quanto ao objetivo: todos diferem entre si, reequilíbrio busca restabelecer preço dos insumos; reajuste o restabelecimento do preço dos insumos ou o poder aquisitivo da moeda; já a repactuação adequação do valor do contrato àqueles em vigor no mercado.[75]

A situação apresentada, conforme se pode depreender do texto acima transcrito, configura-se como reequilíbrio econômico-contratual, ou seja, não se realizará para corrigir distorções inflacionárias, mas para restabelecer a álea contratual originalmente estabelecida entre as partes, pois o que ocorreu não foi corrosão inflacionária, mas variação cambial imprevisível, que fez com que a equação estabelecida fosse desvirtuada.

Portanto, tem fundamento o pleito em questão, conquanto seja realizada a adequação do valor contratual a título de reequilíbrio e não como reajuste, haja vista que para este é necessário o interstício mínimo de 12 (doze) meses e, ainda, que exista tal possibilidade no contrato firmado.

Veículos – Locação

Pergunta

1. É legal a contratação de serviços de locação de veículos pela Administração Pública. 2. Quais as vantagens e desvantagens nos serviços de locação de veículos pela Administração Pública.

Resposta

Questiona a orientanda sobre a possibilidade de locação de veículos pela Administração Pública, a respeito da legalidade na realização de tais contratações, assim como na segunda parte do questionamento, sobre as vantagens e desvantagens de locação de veículos.

Responde-se à primeira indagação em sentido positivo, pois não há obstáculo legal para a locação de veículos, salvo disposição legal de

[75] OLIVEIRA, Antônio Flávio de. Reequilíbrio econômico financeiro. *Fórum de Contratação e Gestão Pública – FCGP*, Belo Horizonte, ano 7, n. 80, p. 42-44, ago. 2008. Disponível em: <http://www.editoraforum.com.br/sist/conteudo/lista_conteudo.asp?FIDT_CONTEUDO=54547>. Acesso em: 03 fev. 2009.

âmbito local, que porventura exista, para a contratação de tais serviços. Do que se conclui pela legalidade, frente ao ordenamento nacional de licitações e contratos administrativos.

No segundo aspecto, quanto às vantagens e desvantagens presentes em contratações desse tipo é conveniente alertar que algumas vantagens e desvantagens serão aqui apontadas, todavia outras podem decorrer de peculiaridades do próprio órgão ou entidade interessada.

– Vantagens na contratação de serviço de locação de veículos:

- Redução de despesas de manutenção de frota;
- Redução de gastos com o pagamento de taxas e tributos de licenciamento;
- Manutenção de veículos em melhor condição de utilização, porquanto é normal a exigência nos contratos de que tais veículos não tenham mais de dois anos de uso;
- Caso o contrato de locação inclua serviços de motorista – redução de gasto com pessoal.

– Desvantagens na contratação de serviço de locação de veículos:

- Alto custo do valor de locação, podendo chegar, muitas vezes, a quase o valor de compra parcelada dos veículos locados;
- Dificuldade de controle da quilometragem rodada, onerando o contrato de modo excessivo;
- Responsabilização pela justiça trabalhista nos casos de rescisão pela empresa contratada, caso não tenha a Administração tomado o cuidado de verificar as condições de trabalho e pagamento de salários dos motoristas disponibilizados;
- Necessidade de criação de um setor para o controle da frota locada, bem como da quilometragem rodada;
- Necessidade de fiscalização rígida de circulação de tais veículos apenas em atividades oficiais.

São estas algumas das possíveis vantagens e desvantagens na contratação de locação de veículos.

Vigência de contratos em sociedades de economia mista

Pergunta

Considerando que a XXXX é uma sociedade de economia mista concessionária de serviço pública de água e esgoto; considerando que o art. 57 da Lei nº 8.666/93 dispõe que a duração dos contratos ficará adstrita à vigência dos créditos orçamentários; pergunta-se: não tendo a XXXX lei orçamentária, como fica a questão dos prazos contratuais? Havendo reserva de recursos dentro do planejamento contábil da empresa, pode ela prorrogar os seus contratos em analogia ao inciso I do art. 57?

Resposta

O questionamento apresentado pelo orientando é relativo ao período de vigência contratual aplicável em empresas públicas e sociedades de economia mista, haja vista que as mesmas não possuem orçamentos nos moldes das pessoas jurídicas de Direito Público.

Há que se considerar, antes de tudo, que a constituição de empresas públicas e sociedades de economia mista são formas pela qual o Estado intervém no domínio econômico por participação (diretamente). Sendo assim, incide sobre tais situações o disposto no art. 173 da Constituição Federal de 1988, no qual se estabelecem critérios para que haja participação do Poder Público no domínio econômico, bem como as condições em que isto poderá acontecer.

Entretanto, não é correto afirmar que as empresas públicas e as sociedades de economia mistas não possuam orçamento. Tais instituições possuem pelo menos um tipo de orçamento — o de investimento, consoante a determinação estabelecida no art. 165, II, de CF/88, que possui o seguinte teor:

> Art. 165. Leis de iniciativa do Poder Executivo estabelecerão:
>
> I – o plano plurianual;
>
> II – as diretrizes orçamentárias;
>
> III – os orçamentos anuais.
>
> [...]
>
> §5º A lei orçamentária anual compreenderá:
>
> [...]
>
> II – o orçamento de investimento das empresas em que a União, direta e indiretamente, detenha a maioria do capital social com direito a voto;

Portanto, haverá sim orçamento para empresas públicas e sociedades de economia mista e não somente para aquelas pertencentes à União, pois por incidência do Princípio da Simetria Constitucional a regra se aplica igualmente àquelas empresas públicas e sociedades de economia mista das demais unidades que integram a federação.

Daí resulta a conclusão que a vigência dos contratos administrativos firmados por empresas públicas e sociedades de economia mista, mas apenas os contratos administrativos, assim devendo se entender aqueles regidos pela Lei nº 8.666/93, resultantes, portanto, de procedimento licitatório ou contratação direta, deverão ter sua duração máxima coincidindo com a vigência do orçamento de investimentos, o qual será de 12 (doze) meses, podendo, no entanto, ser prorrogado nas hipóteses legais igualmente estabelecidas no mesmo art. 57.

Vigência inferior a 12 meses e reajuste

Pergunta

Contratos com prazos de vigência com menos de 1 (um) ano não têm direito a reajustamento. Então pergunta-se: a) é possível um contrato com prazo de vigência de 120 (cento e vinte) dias, porém que se prolongou por mais de 1 (um) ano, em virtude de paralisações da obra, ter direito ao reajustamento? Qual a fundamentação legal, doutrinária e jurisprudencial?

Resposta

Em se tratando de contratos com prazo de duração inferior a 12 (doze) meses não haverá que se falar em reajuste, porquanto existente óbice legal para a realização de tais reajustes na Lei nº 9.069/1995, art. 70, II.

O fato de ter o contrato se prolongado por mais de 12 (doze) meses em razão de paralisações e desde que estas não possam ser atribuídas à contratada, ensejará repactuação ou reequilíbrio, mas não poderá ser utilizado como argumento para reajuste.

Ademais, o período de interrupção atribuível não poderá ser considerado como período de vigência contratual, especialmente se houve determinação da Administração para que tal interrupção ocorresse.

Vigência por 24 meses – Contrato administrativo

Pergunta

Este Tribunal realizará certame licitatório para a contratação de vigilância eletrônica. A vigência do contrato será de 24 meses podendo ser prorrogada por igual e sucessivo período uma única vez. Assim, indaga-se. Há algum problema na realização do certame inicialmente por 24 meses com esteio no art. 57, II, da Lei nº 8.666/93, levando em conta que o preço poderá ser melhor?

Resposta

Consoante com o teor do art. 57, *caput*, c/c o inciso II, da Lei nº 8.666/93, deve-se proceder a realização de contrato por 12 (doze) meses, prevendo-se a possibilidade de sua prorrogação por igual período, uma vez que a hipótese em questão caracteriza a exceção prevista no inciso II do referido artigo.

Assim procedendo estar-se-á dando cumprimento à determinação legal, segundo a qual os contratos devem viger apenas dentro do período de vigência dos créditos orçamentários com os quais serão remunerados, mas, ao mesmo tempo, aplicando-se a norma excepcional do inciso II, que admite a prorrogação de tais contratos, por até 60 (sessenta) meses.

Todavia, justamente para que a contratação por maior prazo de vigência tenha reflexo sobre os preços que serão ofertados, é fundamental que a possibilidade de prorrogação, para que o contrato vigore por até 24 (vinte e quatro) meses, seja prevista no edital de licitação.

Vigência de contrato – Suspensão do prazo

Pergunta

Contratação de Serviço de Engenharia (Obras). No caso de paralisação da obra ou serviços, por motivo de força maior no decorrer do contrato, o prazo de vigência do contrato é suspenso ou não? Por quê?

Resposta

Sim. Em situações tais ocorrerá a suspensão do prazo de vigência do contrato, o que se dará com fundamento no disposto no art. 78, inciso XIV, da Lei nº 8.666/93, em que pese ali se estabelecer que constitui motivo de rescisão do contrato o caso de "suspensão de sua execução por ordem escrita da Administração, por prazo superior a 120 (cento e vinte) dias, salvo em caso de calamidade pública, grave perturbação da ordem interna ou guerra, ou ainda por repetidas suspensões que totalizem o mesmo prazo". Veja-se que sendo o motivo de tal interrupção "força maior" não terá lugar a possibilidade de rescisão.

No entanto, seria impossível de executar o contrato caso não houvesse a possibilidade de restabelecimento do prazo para a execução da obra ou serviço, o que é solucionado pelo disposto no art. 79, §5º, da Lei de Licitações:

> §5º Ocorrendo impedimento, paralisação ou sustação do contrato, o cronograma de execução será prorrogado automaticamente por igual tempo.

Disto resulta que automaticamente haverá prorrogação pelo mesmo período, mas não impede que por entendimento entre as partes contratantes se estabeleça prazo mais amplo, em razão das desmobilizações e mobilizações envolvidas no processo.

Esta obra foi composta em fonte Palatino Linotype, corpo 10
e impressa em papel Offset 75g (miolo) e Supremo 250g (capa)
pela Gráfica e Editora O Lutador.
Belo Horizonte/MG, julho de 2011.